本书系

国家社会科学基金西部项目

"澜沧江流域彝族传统生态文化研究"

（项目编号：12XMZ104）

最终成果

刘荣昆 著

澜沧江流域
彝族传统生态文化研究

Studies on Traditional Eco-culture of Yi People in the Lancang River Basin

中国社会科学出版社

图书在版编目（CIP）数据

澜沧江流域彝族传统生态文化研究／刘荣昆著.—北京：中国社会
科学出版社，2021.1
ISBN 978 - 7 - 5203 - 7233 - 6

Ⅰ.①澜…　Ⅱ.①刘…　Ⅲ.①澜沧江—流域—彝族—民族文化—
文化生态学—研究　Ⅳ.①K281.7

中国版本图书馆 CIP 数据核字（2020）第 175432 号

出 版 人　赵剑英
责任编辑　耿晓明
责任校对　郝阳洋
责任印制　李寡寡

出　　　版　中国社会科学出版社
社　　　址　北京鼓楼西大街甲 158 号
邮　　　编　100720
网　　　址　http://www.csspw.cn
发 行 部　010 - 84083685
门 市 部　010 - 84029450
经　　　销　新华书店及其他书店

印　　　刷　北京明恒达印务有限公司
装　　　订　廊坊市广阳区广增装订厂
版　　　次　2021 年 1 月第 1 版
印　　　次　2021 年 1 月第 1 次印刷

开　　　本　710×1000　1/16
印　　　张　19.5
字　　　数　302 千字
定　　　价　98.00 元

图1　退耕的土地很快长满杂草和树木

（拍摄于云县后箐乡后箐村）

图2　坡改梯

（拍摄于凤庆县腰街乡开明村）

图 3 茶树下种红薯

（拍摄于凤庆县腰街乡开明村）

图 4 同一片土地中有核桃树、茶树、玉米、蔬菜等

（拍摄于云县后菁乡后菁村）

图 5　玉米地周围茂密的森林

（拍摄于云县后箐乡营盘村）

图 6　自生孵化的鸡仔

（拍摄于云县后箐乡营盘村）

图 7　放养的土鸡

（拍摄于云县后箐乡后箐村）

图 8　从山上移植的野生重楼

（拍摄于云县后箐乡营盘村）

图 9 用作薪柴的树木，长势较快，砍伐后 4—5 年可自然恢复

（拍摄于云县后箐乡营盘村）

图 10 烧水、做饭、取暖、烤酸菜的火塘

（拍摄于云县后箐乡营盘村）

图 11 山货街上店铺中主要出售当地森林中的采集物，
诸如菌子、蕨菜、刺黄连、倒钩刺等等

（拍摄于永平县龙街镇普渡村）

图 12 待售的蓑衣和笋筐

（拍摄于永平县龙街镇普渡村）

图 13 待售的鲜笋和各种菌子

（拍摄于云县县城）

图 14 村寨后边山上拾到的菌子

（拍摄于云县后菁乡营盘村）

图 15　村寨旁边栽上核桃树的麦田

（拍摄于凤庆县腰街乡开明村）

图 16　分散而居

（拍摄于永平县龙街镇普渡村）

图 17　雕刻有动植物图案的木门

（拍摄于巍山县大仓镇乡啄木郎村）

图 18　传统木构夯土建筑

（拍摄于巍山县大仓镇乡啄木郎村）

图 19　花团锦簇的彝族妇女服饰

（拍摄于巍山县大仓镇啄木郎村）

图 20　铁匠家烧炭打铁的炭坑，现因打铁废止，炭坑随之废弃

（拍摄于云县后菁乡营盘村）

图21　村民将枯死的神树当作供奉山神的所在

（拍摄于凤庆县腰街乡开明村）

图22　财神殿神树下的挂彩

（拍摄于云县后箐乡营盘村）

图 23　皮匠村民小组朝山房遗址

（拍摄于云县后箐乡营盘村）

图 24　皮匠村民小组山神树

（拍摄于云县后箐乡营盘村）

图25 婚礼次日祭祀用到的松枝

（拍摄于巍山县大仓镇乡啄木郎村）

图26 婚礼祭献中用到桃花枝

（拍摄于巍山县大仓镇乡啄木郎村）

图27　因小孩哭闹贴到树上的哭贴

（拍摄于巍山县大仓镇乡啄木郎村）

图28　白花木做的木偶祖灵

（拍摄于巍山县大仓镇乡啄木郎村）

图 29　保护农田的界碑

（拍摄于云县涌宝镇地界山）

图 30　创建国家森林城市的横幅

（拍摄于云县档案馆）

图 31　讲究卫生的标语

（拍摄于云县后菁乡后菁村）

图 32　维护村庄环境的标语

（拍摄于云县后菁乡后菁村）

目　　录

导　　论

第一节　选题缘由及意义

工业文明在给人类带来巨大物质财富的同时，也对环境造成严重破坏，如植被减少、部分物种灭绝、水土流失、干旱严重、水土污染、空气污染、温室效应、臭氧层破坏，等等。当物质文明较为丰富和环境遭受严重破坏并给人类带来诸多灾难时，人们不得不反思影响人类幸福生活及子孙后代福祉的生态问题，并且越来越关注人与自然的关系，于是"生态文化"一词凸显出来，成为一个学术概念而备受学界关注。"生态文化"伴随人类的出现就存在，自从人类产生时就不可避免地要面对大自然的种种威胁，同时又要从大自然中获取生活资料，人类自诞生之初就和大自然有着千丝万缕的联系。中国古代的"天人合一"思想，实质上就是生态文化的重要组成部分。生态文化自古有之，只是没有作为一种学术概念出现在历代典籍中。

澜沧江流域彝族生态文化表现出强烈的调适性，具体包括主观上适应自然环境和适当改造自然环境以适应人类需求两个方面。这里的适当改造是指在遵循自然规律的前提下改造，改造自然环境意在让人生活得更舒适，但也要尊重自然生命、恪守自然伦理，在满足人类生活需求的同时要观照自然的承受限度，否则得不偿失。在利用山区丰富的资源支撑生计的同时，对山地森林环境加以改造以便更加有利于谋取生存资源，崇敬自然万物和保护生态环境的系列规制为充分利用和改造自然环境提供保障，可以把生态环境调整在一个相对平衡的状态之下，人与自然和谐共生的调适性维系着山区脆弱生态环境的稳定运行。

生态文化中包含着丰富的认识、利用及保护自然的知识，对生态文明建设具有理论指导和经验借鉴意义。近年来，国家十分重视生态文明建设。党的十五大报告提出实施可持续发展战略；党的十六大报告提出"建立资源节约型、环境友好型社会"；党的十七大报告明确提出"建设生态文明"；党的十八大报告首次单篇论述生态文明，首次把生态文明建设提升至与经济、政治、文化、社会四大建设并列的高度，首次把"美丽中国"作为未来生态文明建设的宏伟目标，生态文明建设受重视的程度愈发提高；党的十九大报告指出生态文明建设是中华民族永续发展的千年大计，要坚持人与自然和谐共生。

在生态文明建设背景下，对彝族传统生态文化进行深入系统研究，具有重大的理论意义和现实意义：

重新审视生态文化的内涵，从人与自然关系的角度探究彝族积淀深厚的、更为广泛的生态文化。在田野调查中我们发现，澜沧江流域彝族聚集区生态状况较好，经过访谈和查阅文献得知，良好的生态情况与彝族积淀深厚的传统生态文化有着密切的关系，关键在于能够处理好人的生存与森林保护之间的关系，其间蕴含着人与森林和谐共生的生态思想。澜沧江流域彝族为了自身的生存和发展，不断调适着与自然环境和谐相处的生活方式、思想观念及风俗习惯，在探索自然的漫长生产生活实践中，形成了与自然和谐共生的生态文化，具体表现在物质层面对自然的适应与利用，精神层面对自然的敬仰与热爱，制度层面对自然的保护与捍卫，这与生态文明中人与自然和谐共生、良性循环、持续繁荣的主旨是一致的，是民族文化宝库中较为珍贵的文化遗产。

分析生态文化与生态文明的关系，寻求二者的契合点，为彝族聚居区的生态文明建设提供理论依据和技术支撑。保护自然山水和生物，便是保护人类自身。在生态文明建设如火如荼开展之时，以澜沧江流域彝族传统生态文化为研究客体，探析彝族与自然和谐共生的文化意蕴，充分挖掘彝族传统生态文化中人与森林和谐共生的生态思想；以促进生态文明建设为旨归，探索人与自然、人与人、人与社会和谐共生、良性循环、全面发展、持续繁荣的方案，以便达到生产、生活、生态"三生共赢"的格局，为彝族聚居区生态文明建设提供理论参考。

第二节　研究现状综述

国外有与本书相关的论著，如蕾切尔·卡逊的《寂静的春天》[①]揭示了工业文明的成果之一"杀虫剂"对生态造成的危害，生态学正式运用到对人类社会的研究。后来又出现了唐纳德·沃斯特的《自然的经济体系——生态思想史》[②]、克莱夫·庞廷的《绿色世界史——环境与伟大文明的衰落》[③]、霍尔姆斯·罗尔斯顿的《环境伦理学》[④]、罗德里克·纳什的《大自然的权利：环境伦理学史》[⑤]，彼得·辛格的《动物解放》等。这些著作都涉及人类对生态环境的影响，对人类一味向自然索取进行了反思。日本有民族生态文化研究的相关成果，把森林文化看成日本民族思想文化的源头，具体如：梅原猛把森林思想看成日本文化的原点，主要在神道教的森林崇拜和佛教的"山川草木悉皆成佛"两个方面，认为日本高达67%的森林覆盖率与这种宗教森林思想有关[⑥]；安田喜宪甚至把森林看作日本文化之

①　[美] 蕾切尔·卡逊：《寂静的春天》，吕瑞兰、李长生译，吉林人民出版社1997年版。

②　[美] 唐纳德·沃斯特：《自然的经济体系——生态思想史》，侯文蕙译，商务印书馆1999年版。

③　[英] 克莱夫·庞廷：《绿色世界史——环境与伟大文明的衰落》，王毅、张学广译，上海人民出版社2002年版。

④　[美] 霍尔姆斯·罗尔斯顿：《环境伦理学》，杨进通译，中国社会科学出版社2000年版。

⑤　[美] 罗德里克·纳什：《大自然的权利：环境伦理学史》，杨进通译，青岛出版社2005年版。

⑥　[日] 梅原猛：《森林思想——日本文化的原点》，卞立强、李力译，中国国际广播出版社1993年版，第129—131页。

母，指出"日本文化是树木的文化、森林的文化"①；上山春平在1969年出版的《照叶树林文化——日本的深层文化》中提出照叶树林文化是日本的深层文化，佐佐木高明则提出"从东亚的照叶树林文化来看日本文化的起源点"②。国内关于民族生态文化研究的成果较多，接下来从综合性、专题性、彝族三个方面对民族生态文化的研究成果进行梳理评介。

一 综合性民族生态文化研究

此处的综合性是指从两个以上层面对民族生态文化开展研究的成果。南文渊的《高原藏族生态文化》堪称第一部综合性研究民族生态文化的著作，此书主要从自然崇拜的视角论述了藏族的生态文化，第七章专门论述了藏族的游牧方式与农耕文化。③ 葛根高娃、乌云巴图从物质、精神、制度三个层面解读了蒙古族生态文化。④ 廖国强、何明、袁国友从环境与文化交互作用的双向视角或复合视角系统研究了中国少数民族的生态文化。⑤ 刘荣昆从稻作、服饰、饮食、居住、宗教、文学、音乐舞蹈七个方面论述了傣族与自然和谐相处的生态文化。⑥ 有部分综合性研究民族生态文化的论文，白兴发从宗教神话、生产耕作方式、树木崇拜、丧葬仪俗等方面探讨了少数民族的生态意识。⑦ 综合性研究成果从多个或单个民族的视角尽可能全面地解析民族生态文化，从中能感受到民族生态文化内涵的广博和宏伟。

---

① ［日］安田喜宪：《森林：日本文化之母》，蔡郭达、邹利明译，上海科学技术出版社2002年版，第164页。

② ［日］佐佐木高明：《照叶树林文化之路：自不丹、云南至日本》，刘愚山译，云南大学出版社1998年版，第183页。

③ 南文渊：《高原藏族生态文化》，甘肃民族出版社2002年版。

④ 葛根高娃、乌云巴图：《蒙古民族的生态文化——亚洲游牧民族遗产》，内蒙古教育出版社2003年版。

⑤ 廖国强、何明、袁国友：《中国少数民族生态文化研究》，云南人民出版社2006年版，第7页。

⑥ 刘荣昆：《傣族生态文化研究》，云南大学出版社2011年版。

⑦ 白兴发：《少数民族传统文化中的生态意识》，《青海民族学院学报》（社会科学版）2003年第3期。

二　专题性民族生态文化研究

有大量从物质、精神、制度中选取某一领域研究民族生态文化的成果。物质层面主要从生计角度研究，研究游牧、刀耕火种、稻作的成果较为显著。关于游牧方面，麻国庆认为蒙古族的游牧技术传统、居住格局、轮牧的方式、宗教价值、环境伦理等与环境有关的知识，直接间接地对草原生态的保护发挥了积极的作用。[①] 葛根高娃、薄音湖更强调其适应性，把蒙古族物质层面的生态文化视为"蒙古民族及其游牧诸先民们在蒙古高原这一特定的自然环境中所创造的、与这一环境相适应的、一整套的生产生活方式与技能及有关的知识体系"[②]。藏族牧民"注重草原生态、文化与畜牧经济的协调"[③]，这对保护草场资源发挥了重要作用。刀耕火种方面，尹绍亭做了较为深入系统的研究，他的核心观点为："刀耕火种是山地民族的一种生计，是他们对山地森林环境的适应方式，是森林孕育的农耕文化，是一个山地人类生态系统，是一个文化生态系统。"[④] 廖国强认为云南少数民族刀耕火种农业中包含着深刻的生态智慧："在维系生态整体稳定性的前提下的适度开发；实行有序的垦休循环制，保护性地利用自然；保护自然植被和人工造林。"[⑤] 稻作方面，童绍玉认为："云南各稻作民族在长期能动适应文化生态的过程中，形成了与其生存环境相适应的独特的民族立体分布格局，独特的生产活动方式和独特的维护生态平衡

① 麻国庆：《草原生态与蒙古族的民间环境知识》，《内蒙古社会科学》（汉文版）2001 年第 1 期。

② 葛根高娃、薄音湖：《蒙古族生态文化的物质层面解读》，《内蒙古社会科学》（汉文版）2002 年第 1 期。

③ 南文渊：《藏族游牧生活考察》，《青海民族研究》1999 年第 1 期。

④ 尹绍亭：《人与森林：生态人类学视野中的刀耕火种》，云南教育出版社 2000 年版，第 337 页。

⑤ 廖国强：《云南少数民族刀耕火种农业中的生态文化》，《广西民族研究》2001 年第 2 期。

的方式。"① 其中所说"与其生存环境相适应""维护生态平衡的方式"都是生态文化的内容。具体而言,研究傣族、哈尼族、壮族、侗族稻作生态文化的成果较多。高立士以传统灌溉为切入点对傣族稻作生态文化进行了深入研究,并总结出傣族传统的农业生态系统:"垄林—坟林—佛寺—园林—竹楼庭院林—人工炭薪林—经济植物种植园林—茶园—水稻田组成。"② 哈尼族梯田被视为"适于自然、利用自然、改造自然又符合自然规律要求所建构的有利于人们生存和发展的农业生态系统"③。覃彩銮认为岭南的自然生态环境造就了壮族以稻作农业为主的生业方式,形成了崇尚和师法自然,与大自然相亲和相互依存的自然生态观。④ 余满晖认为侗族稻作文化中包含着三方面的生态意蕴:"一是传统稻作农田开垦、灌溉及品种选育中的顺应自然倾向;二是传统稻作种植、收贮中的和谐共生现象;三是传统稻作饮食中的均衡协调追求。"⑤ 物质层面研究民族生态文化的成果以生计为研究对象,从目前的研究成果来看,其间贯穿着这样一条脉络:各民族的生计方式以适应环境为基础,以维持生态平衡为过程,以实现人与自然和谐共生为归宿。

精神层面民族生态文化的研究主要集中在生态环保观方面,大多从原始宗教视角进行研究,主要体现在自然崇拜、神山崇拜、神林崇拜、水崇拜、动植物崇拜五个方面。自然崇拜方面,张桥贵认为少数民族自然崇拜中蕴含着人类早期的生态文明观,对保护生态环境具有重要价值和历史贡献。⑥ 杨宗亮认为云南壮族的自然崇拜反映出壮族

---

① 童绍玉:《云南稻作民族文化的生态适应研究》,《楚雄师范学院学报》2001 年第 4 期。

② 高立士:《西双版纳傣族传统灌溉与环保研究》,云南民族出版社 1999 年版,第 42 页。

③ 王清华:《梯田文化论》,云南大学出版社 1999 年版,第 26 页。

④ 覃彩銮:《试论壮族文化的自然生态环境》,《学术论坛》1999 年第 6 期。

⑤ 余满晖:《论贵州侗族传统稻作文化的生态意蕴》,《农业考古》2015 年第 3 期。

⑥ 张桥贵:《少数民族自然崇拜与生态保护》,《生态经济》2000 年第 7 期。

的自然至上和人与有生命的自然物之间的平等关系的生态文化观。①草原自然崇拜中包含着保护自然的思想:"蒙古草原自然崇拜有其现实的生态基础,乃人与自然沟通的特殊方式,蕴涵着朴素的生态文化思想,体现着人对自然的无限伦理关怀。"② 洲塔认为藏族神山观念中各种宗教仪轨和禁忌发挥着保护藏区生态的作用。③ 神山和神林往往被结合在一起研究,周鸿、赵德光、吕汇慧提出神山森林文化传统"是一种朴素的生态伦理观,体现一种敬畏生命的生态伦理学,有着深刻的自然保护意义"的观点④。古开弼从总体上研究了中国各民族祭林拜树的习俗,认为祭林拜树蕴含着中华民族爱林护林育林的悠久文化传统。⑤ 有专门研究单一民族神林的成果,高立士认为傣族"垄林"具有七种生态功能:自然保护区、绿色水库、植物多样性的储存库、地方性小气候的调控器、农林病虫害之天敌繁殖基地、预防风火寒流的自然屏障、传统农业生态系统良性循环的首要环节。⑥ 水崇拜方面,郭家骥认为:"傣族的水信仰、水崇拜和水知识是傣族水文化的核心,在这一核心的文化理念指导下,西双版纳傣族形成了一系列与水密切相关的宗教礼仪和用水习俗,形成了一整套可持续利用和管理水资源的技术和制度,有力地保障了西双版纳数千年来人与自然的和谐发展,使西双版纳成为地球北回归线上仅存的最后一块绿洲。"⑦

---

① 杨宗亮:《云南壮族的自然崇拜及其对生态保护的意义》,《云南民族大学学报》(哲学社会科学版) 2005 年第 2 期。

② 马桂英:《论蒙古草原自然崇拜文化的生态意蕴》,《内蒙古财经学院学报》2006 年第 1 期。

③ 洲塔:《崇山祭神——论藏族神山观念对生态保护的客观作用》,《甘肃社会科学》2010 年第 3 期。

④ 周鸿、赵德光、吕汇慧:《神山森林文化传统的生态伦理学意义》,《生态学杂志》2002 年第 4 期。

⑤ 古开弼:《我国各民族祭林拜树习俗的生态文化透视》,《古今农业》1997 年第 1 期。

⑥ 高立士:《"垄林"傣族纯朴的生态观》,《昆明师范高等专科学校》2000 年第 1 期。

⑦ 郭家骥:《西双版纳傣族的水信仰、水崇拜、水知识及相关用水习俗研究》,《贵州民族研究》2009 年第 3 期。

动植物崇拜方面，白葆莉认为动植物崇拜中包含动植物与人有同等重要地位的生态伦理思想。① 原始宗教在保护生态方面确实发挥着明显效果，这方面的研究成果颇为丰硕，在此不一一列举。少数民族原始宗教中的生态环保观是民族生态文化关注的重要内容，研究理路主要集中在整理挖掘敬畏自然的生态伦理观及相关禁忌在保护自然方面的作用。

少数民族中有大量保护生态环境的制度规约，有部分从制度层面研究民族生态文化的成果。保护生态环境的制度规约有综合性的，也有专门性保护某一种重要生存资源的，于是研究成果相应地有综合性、专题性之分。综合性研究方面，石艳云的《少数民族环境保护习惯规则研究——以黔东南地区为视角》从森林保护、农田保护、水资源保护、野生动物保护四个角度阐述了黔东南地区少数民族环保习惯法的内容。② 刘雁翎认为西南少数民族生态法治观与国家环境法的现代生态法制观有着很大的相容性、通约性与共进性。③ 专题性研究方面，有保护水、森林、草原等重要生存资源的成果。管彦波对西南民族社会中与水文环境相关联的生态知识与规约研究认为："这些知识和规约，对规范村落水事关系、维护村落自然与社会生态有序运行发挥着重要的作用。"④ 徐晓光对与侗族林业相关的习惯法给予高度肯定："侗族村寨社会这些成文、不成文的规矩，几百年来对森林、水利资源的保护以及农业生产水平的提高都发挥着积极的作用。"⑤ 金山、陈大庆认为蒙古族古代草原生态保护法具有重要的生态意义："有效地保护了草原生态环境，达到人与自然的和谐、人与生态的协

---

① 白葆莉：《中国少数民族生态伦理研究》，博士学位论文，中央民族大学，2007 年。
② 石艳云：《少数民族环境保护习惯规则研究——以黔东南地区为视角》，硕士学位论文，贵州大学，2009 年。
③ 刘雁翎：《论西南少数民族的生态法治观价值》，《中国社会科学院研究生院学报》2016 年第 2 期。
④ 管彦波：《民间法视阈下的水文生态环境保护——以西南民族为考察重点》，《贵州社会科学》2015 年第 5 期。
⑤ 徐晓光：《黔东南侗族传统林业生计及其习惯法规范》，《原生态民族文化学刊》2010 年第 2 期。

调发展，为人类社会生态环境保护积累了丰富的经验。"① 这些研究成果都认可少数民族制度规约保护生态环境的作用，并试图探索其现代价值。

三　彝族生态文化研究

　　最早涉及彝族生态文化的研究成果是彭多意的《发展民族社区经济方法探索——以可邑彝族生态文化旅游村项目为例》，而此文中的彝族生态文化与本书研究的生态文化有着较大差别，此文谈及的生态文化是指"民族社区独有的民族文化、传统习俗、生活方式"②，这属于原生态文化的范畴。目前还没有研究彝族生态文化的专著，仅能查到数十篇与此相关的论文。有综合性研究彝族生态文化的成果，王明东从树木分类管理、精神文化、生产生活及社会活动三个方面解析了彝族的生态文化。③ 有从生计角度研究彝族生态文化的成果，赖毅、严火其的《彝族传统山地农作的生物多样性智慧研究》认为："彝族山地农作维护了环境的生物多样性，实现了环境与生产的有机统一。"④ 刘金龙、张明慧、张仁化的《彝族生计、文化与林业传统知识——以云南省南华县为例》中认为彝族的林业传统知识客观上起到保护自然资源、维持生态平衡的作用。⑤ 有从制度层面研究彝族生态文化的成果，王明东、颜绍梅认为云南彝族的水利山林习惯法具有法制功能、文化教育功能、对生态保护的知识积累功能。⑥ 有从原始宗

---

　　① 金山、陈大庆：《人与自然和谐的法则——探析蒙古族古代草原生态保护法》，《中央民族大学学报》2006 年第 2 期。

　　② 彭多意：《发展民族社区经济方法探索——以可邑彝族生态文化旅游村项目为例》，《思想战线》2001 年第 6 期。

　　③ 王明东：《彝族生态文化探析》，《云南师范大学学报》（哲学社会科学版）2002 年第 5 期。

　　④ 赖毅、严火其：《彝族传统山地农作的生物多样性智慧研究》，《中国农史》2009 年第 4 期。

　　⑤ 刘金龙、张明慧、张仁化：《彝族生计、文化与林业传统知识——以云南省南华县为例》，《中国农业大学学报》（社会科学版）2015 年第 6 期。

　　⑥ 王明东、颜绍梅：《云南彝族水利山林习惯法及其功能》，《思想战线》1998 年第 3 期。

教的角度研究彝族生态文化的成果，杨甫旺、伍茜溪的《试论彝族原始宗教对生态保护的意义》认为彝族原始宗教中含有"天人合一"、自然至上、尊重生命、人与自然物之间平等的生态文化观。[①] 龙春林等人对云南高原中部紫溪山地区的彝族传统文化和生物多样性进行调查研究表明："紫溪山丰富的生物多样性受惠于彝族传统文化，当地彝族图腾文化对紫溪山的森林生态系统、生物物种、遗传资源的保护都起着十分重要的作用。"[②] 戴波、蒙睿的《云南彝族多样性图腾崇拜及生态学意义》认为："彝族对山、水、动植物的崇拜实际上保护了生物多样性及彝家的生态环境。"[③] 李晓莉的《论云南彝族原始宗教信仰对生态环境的保护作用——以直苴彝族村为例》指出，云南直苴彝族原始宗教信仰中保留着大量的保护生态环境的思想观念和行为习惯，并已形成一系列内生机制，发挥着保护生态环境的重要作用。[④] 有把彝族生态文化与生态文明建设结合起来研究的成果，杨红的《凉山彝族生态文化的继承与凉山彝区生态文明建设》认为凉山彝族生态文化对凉山彝区生态文明建设具有重要意义。[⑤] 徐丽华的《构建红河州农村生态文明的彝族生态文化建设》试图从彝族生态文化建设的角度去理解和化解环境问题。[⑥] 目前从原始宗教角度研究彝族生态文化的成果较为丰富，没有检索到对彝族传统生态文化进行系统研究的成果，更缺乏把彝族传统生态文化应用到生态文明建设中的具体可行的方案。现阶段彝族生态文化方面的研究还有一些局限性，缺乏从生态

---

① 杨甫旺、伍茜溪：《试论彝族原始宗教对生态保护的意义》，《楚雄师范学院学报》2006 年第 5 期。

② 龙春林、张方玉、裴盛基、陈三阳：《云南紫溪山彝族传统文化对生物多样性的影响》，《生物多样性》1999 年第 3 期。

③ 戴波、蒙睿：《云南彝族多样性图腾崇拜及生态学意义》，《云南师范大学学报》（哲学社会科学版）2004 年第 5 期。

④ 李晓莉：《论云南彝族原始宗教信仰对生态环境的保护作用——以直苴彝族村为例》，《西南民族大学学报》（人文社会科学版）2004 年第 6 期。

⑤ 杨红：《凉山彝族生态文化的继承与凉山彝区生态文明建设》，《西南民族大学学报》（人文社会科学版）2005 年第 2 期。

⑥ 徐丽华：《构建红河州农村生态文明的彝族生态文化建设》，《毕节学院学报》2010 年第 5 期。

文明的视角对彝族生态文化进行较为深入的、综合性的研究。

　　关于澜沧江流域彝族传统生态文化的研究成果也不多见。本书有两篇研究澜沧江流域彝族传统生态文化的研究成果，一篇是杨明艳的《彝族支系俐侎人宗教信仰习俗与生态保护初探》，涉及澜沧江流域临沧俐侎人的生态文化，关注宗教信仰方面。① 澜沧江流域彝族分布较多，迪庆、大理、保山、临沧、普洱、西双版纳等州市均有彝族分布，《彝族支系俐侎人宗教信仰习俗与生态保护初探》，窥见了丰富的澜沧江流域彝族生态文化中的一部分。另一篇是刘荣昆、朱红的《巍山彝族的生态文化及其借鉴意义》，研究了澜沧江流域彝族聚居区之一巍山彝族的生态文化，② 对研究澜沧江流域彝族传统生态文化起到铺垫作用。本书意在以澜沧江流域彝族传统生态文化为切入点，意欲对彝族传统生态文化进行综合、深入研究，丰富彝族人文生态系统的内涵。

四　对研究现状的总结

　　民族生态文化研究已取得十分丰硕的成果，以上仅对其中部分成果进行了梳理，大致能从中看到目前民族生态文化研究的方向。关于民族生态文化研究的不足，黄绍文、廖国强、关磊、袁爱莉《云南哈尼族传统生态文化研究》做了总结："一是'民族生态文化学'探讨严重不足，未形成一门体系化的独立学科。二是田野调查薄弱，许多学者利用的是第二手的田野资料，实证性研究成果不多。三是研究状况呈现不平衡性。学者们的研究主要集中于藏族、蒙古族、傣族、哈尼族、纳西族等几个民族，缺乏对少数民族生态文化的整体观照。四是多学科综合研究尚需加强，前沿性理论指导下的创新之作并不多

---

　　① 杨明艳：《彝族支系俐侎人宗教信仰习俗与生态保护初探》，《临沧师范高等专科学校学报》2007 年第 2 期。

　　② 刘荣昆、朱红：《巍山彝族的生态文化及其借鉴意义》，《保山学院学报》2011 年第 3 期。

见。"① 除此四个方面外，另有以下五个方面的研究还有待深入。

一是民族生态文化的特征缺乏系统化的归纳和提炼，这是制约民族生态文化成为一门独立学科的重要原因。民族生态文化除了有生态文化的共性之外，还因受自然环境、民族传统文化等多种因素的影响，有其自身的特征。民族生态文化特征是支撑其学科独立性的关键因素，正因为民族生态文化有丰富的内涵和独有的特征，这才造就了民族生态文化的不可替代性，导致其他文化不能涵化或者覆盖民族生态文化，从而致使民族生态文化成为一门独立学科人备了必要性和可能性。廓清民族生态文化的特征，有利于明晰其内涵，这对开展民族生态文化研究、普查、数据库建设都是有利的。特征可作为判断民族生态文化的重要标尺，可有效避免过度超越或压缩民族生态文化范围的现象发生。

二是民族生态文化受自然环境因素的影响较大，从自然环境、经济类型方面探讨民族生态文化的成果不多。如今大多数民族生态文化的研究成果都是从民族的角度研究，而较少切入地域因素。然而民族生态文化无论物质、精神、制度层面都深受自然环境的影响。物质层面，不同的自然环境导致经济类型有明显差异，利用及保护资源的技术也有不同。精神层面，不同自然环境的民族宗教信仰有较大差异。制度层面，保护资源的对象、具体措施都存在差异。具体而言，草原、山地、海滨居住的民族物质、精神、制度层面的生态文化有较大差异。或者说北方与南方、西北与西南、东北与东南的民族生态文化都有较大差异。即便把地域范围压缩到西南地区，不同自然环境中的民族生态文化都有较大差异，如贵州喀斯特山地环境的苗族生态文化与云南哀牢山区的哈尼族生态文化有很大差异。即便是同一种少数民族，因其居住自然环境的差异，其生态文化也自有特点，比如澜沧江流域、红河流域、金沙江流域彝族的生态文化存在很大的差异性。

① 黄绍文、廖国强、关磊、袁爱莉：《云南哈尼族传统生态文化研究》，中国社会科学出版社 2013 年版，第 28—29 页。

　　三是民族生态文化的研究成果集中于精神层面，形成从原始宗教中提取生态理念、生态伦理、生态价值的研究倾向。基于此，廖国强提出"虚体中心论"的生态哲学观点："这种'虚体中心论'的生态哲学观是少数民族基于神秘力量而产生的朴素信仰。"① 民族生态文化是由物质文化、精神文化、制度文化构成的一个整体，除了精神层面外，物质及制度层面也有广博的内涵和深刻的思想可供探究。物质层面可以看到少数民族保护生态环境的原动力及大量实用技术，制度层面展现出少数民族保护生态环境的强烈意识和具体措施。相对于精神层面的民族生态文化，物质、制度层面的民族生态文化对于当今的生态文明建设更具有借鉴意义。所以学界在注重研究精神层面的民族生态文化时，应该以包容的精神和开阔的气魄加强对物质、制度层面民族生态文化的研究。多角度、广视野地开展民族生态文化研究，有利于使民族生态文化在学界形成更理性的认识。

　　四是缺乏从历史学视角研究民族生态文化的成果，不能很好地呈现民族生态文化的发展历程。民族生态文化是一个历史发展的动态过程，在历史长时段中积淀而成，有必要理清民族生态文化的发展脉络、发展历程，也就是要掌握民族生态文化的起源、发展、变化、现状。研究民族生态文化史对其学科建设具有重要意义，一门学科如果缺乏历史理路，仿佛是无源之水，就难以呈示其脉络和内涵。民族生态文化史的研究不仅有利于对过去这种文化产生形成的背景及原因有一个系统的领会和掌握，更重要的是能对当今的民族生态文化保护和传承起到借鉴意义。目前学界对民族生态文化的现状缺乏系统的把握，因民族生态文化大多附生在物质、精神、制度文化中，随着物质生活的发展、思想观念的变更、法律制度的推进，传统民族生态文化随之发生较大变化，有一些内容已然消失。在这样的情况下，就很有必要理清民族生态文化的历史，并清查民族生态文化的现状，根据现

---

　　① 廖国强：《生态哲学：从"实体中心论"走向"虚体中心论"——以中国少数民族生态文化为视点》，《思想战线》2010 年第 5 期。

状及社会背景从历史中吸收保护传承民族生态文化的经验及智慧。

五是未能提出操作性强的把民族生态文化应用于现实的对策。对于生态文明建设而言，民族生态文化既能为生态文明建设提供重要的文化基础，增强生态文明建设的文化自信，同时因其实用性强又可为生态文明建设提供方法和技术指导。然而怎样恰当地把民族生态文化应用到生态文明建设中来，这是亟待解决的现实问题。民族生态文化是在特定自然环境中产生并具有较强实用性的文化样态，外来的一些现代科技未必能适应特殊的自然环境，因此在建设生态文明的过程中，如何让民族生态文化和现代科技共同发力是一个值得研究的问题。

第三节　民族生态文化的内涵及特征

一　民族生态文化的内涵

民族生态文化是生态文化的重要组成部分，因此要阐释民族生态文化的内涵，有必要明确生态文化的内涵。学界关于生态文化的定义较多，具体可概括为三个方面，即生态价值观、人与自然的协调关系、自然环境适应体系。很多学者把生态文化看成一种价值观念，余谋昌从精神、制度、物质三个层面阐释了生态文化是人类文化所需选择的一种形式，强调其属于将来。[①] 生态文化不仅属于将来，更有着悠久的历史，而且在人类生存和发展过程中起到协调人与自然关系的重要作用。生态文化不仅仅是一种价值观，更有着丰富的内涵。生态文化被视为"人类处理人与自然以及由此引发的人与人关系的基本立场、观点和方法，是在这种立场、观点和方法指导下人类活动所取得的积极成果的总和"[②]。葛根高娃、乌云巴图认为生态文化有三个不可或缺的要素："第一，在认识上，将人（包括社会）看作是与自然融为一体的。第二，在信仰上，以为自然是有生命的，应该用谦卑的

---

① 余谋昌：《生态文化的理论阐释》，东北林业大学出版社 1996 年版，第 150—151 页。
② 单保庆：《生态文明观的演进与可持续发展》，《生态经济》2001 年第 1 期。

态度来对待自然。第三，在行为上，爱护自然，'取之有道'，既满足了自身需要，又不损害自然。"① 生态文化不仅仅是一种生态价值观，生态文化更是有历史源流、有丰富内涵的文化载体。王玉德、张全民从历史学的角度把生态文化概括为人与自然的协调关系，具体包含四点：影响生态的文化现象；区域生态文化圈的特点和比较；生态文化的发展轨迹；生态文化与社会进程的关系。② 郭家骥认为生态文化是"一个民族对生活于其中的自然环境的适应性体系"③。综合专家学者们对生态文化的诠释，可从更宽更深层次来阐释生态文化。既不能把生态文化大而化之为与生态相关的文化，也不能简单理解为生态与文化的生硬组合。生态文化是研究人与自然关系互动的文化系统，是人们在认识、利用和适应自然的过程中所形成的物质文化、精神文化、制度文化的总和，其核心思想是人与自然和谐共生，一切有利于促进人与自然双向发展的技术、观念、制度都可纳入生态文化的研究范畴。生态文化具有相对固定的运行轨迹：源于自然（生态环境是生态文化存在的基础）→高于自然（利用和保护生态的理念体系）→归于自然（生态思想对保护生态环境的现实意义），生态文化是以自然为轴心处于运动状态的文化。

民族生态文化是生态文化的重要组成部分，学界有一些关于民族生态文化的定义。廖国强、何明、袁国友把中国少数民族生态文化定义为："中国少数民族社会所特有的尊重自然与保护环境的物质技术手段、制度措施、生产生活方式、思想观念、价值体系的总和。"④ 从物质、制度、精神层面定义了中国少数民族的生态文化。喻见把贵州少数民族生态文化概括为"保护自然、热爱自然、合理利用自然的

---

① 葛根高娃、乌云巴图：《蒙古民族的生态文化——亚洲游牧民族遗产》，内蒙古教育出版社 2003 年版，第 6 页。

② 王玉德、张全民等：《中华五千年生态文化》，华中师范大学出版社 1999 年版，第 6—7 页。

③ 郭家骥：《生态文化与可持续发展》，中国书籍出版社 2004 年版，第 8 页。

④ 廖国强、何明、袁国友：《中国少数民族生态文化研究》，云南人民出版社 2006 年版，第 7 页。

文化"①，此处把民族生态文化简单理解为有利于自然保护的文化。廖国强把民族生态文化定义为："中国各少数民族在与自然生态环境交往的漫漫历程中，以特有的生态观、文化观和宇宙观为指导，以调适生态与文化之间的关系、寻求人与自然和谐共存为落脚点和归宿而形成的生态物质文化、生态制度文化、生态观念（精神）文化的总和。"② 此定义还是从物质、制度、精神层面界定民族生态文化，特别强调了"人与自然和谐共存"。基于以上三种民族生态文化的定义，民族生态文化可理解为：民族生态文化是生活在一定自然环境中的民族协调人与自然关系的知识系统，其核心思想是人与其生存发展的自然环境和谐共生，具体包括物质层面认识和利用自然的技术、精神层面认知和敬重自然的观念以及保护自然的制度。澜沧江流域彝族传统生态文化在植被较好的山地环境中产生、形成及发展，其间贯穿着人与森林和谐共生的核心思想。人类产生是人与自然关系的起点，然而人类产生后，为了生存必然从自然环境中直接或间接地摄取资源。如果对自然的摄取缺乏方法、没有原则、失之管控，最后必将致使自然环境遭到严重破坏，受伤的终归还是人类，一些古老文明的衰落与消亡、古代都城的迁移或多或少都与自然环境的破坏有关。反言之，生态平衡和发展是人类长久生存的重要前提条件，各民族保护生态的技术、观念、制度等维系了自然环境的和谐发展，相应地为人类生存提供重要保障。简言之，人类的生存要构建在自然环境生态平衡的基础上，在人类介入自然环境之后，自然环境的生态平衡需要人类的维护。民族生态文化的人与自然和谐共生关系并非各民族生存与自然环境生态平衡的平行运动，而是两者交融、共相促进的整体性系统。

民族生态文化是在人与自然和谐共生的历史实践中积淀过滤而成的。技术是与自然环境相适应的资源利用方式，是保护生态环境的物

---

① 喻见：《贵州少数民族地区生态文化与生态问题论析》，《贵州社会科学》2005 年第 3 期。

② 廖国强：《文化·生态文化·民族生态文化》，《云南民族大学学报》（哲学社会科学版）2011 年第 4 期。

象过程和实践。观念是对生态环境的认知及持守的态度，是保护生态环境的内源机制。制度既是生态意识的集中体现，又是保护生态环境的显性机制，不像一般意义上的法律只具有强制性，而是具有内源性和强制性的双重效果，内源性主要来自各民族的信仰禁忌及口头文化传承，因此有着强烈的认同感和内驱力。生态观念是民族生态文化的主脉，除了精神层面集中展示出生态观念之外，技术层面、制度层面中也包含生态观念。三者共同支撑起人与自然和谐共生关系的存在和发展，判断是否属于民族生态文化的重要标准在于是否促使或者有利于人与自然和谐共生。从更深层次看，民族生态文化集中表现为利用和保护自然的二元同构，技术层面兼有利用和保护的性质，利用彰显于外，但在利用自然的过程中有许多保护自然的观念、技术和制度，利用是保护的动力源泉，保护促进了利用的持续存在，正是在利用与保护的双重推动下，人与自然的共生关系才得以为继。以下两个方面可作为是否属于民族生态文化的基本标准：在适应自然环境和利用自然资源的过程中是否有保护生态的向度，在保护生态环境的过程中是否兼顾人的生存。

二　民族生态文化的特征

（一）适应自然环境的地域性

民族生态文化是居住在一定自然环境中的民族适应自然环境的产物，其间存在一定的耦合关系。文化生态学承认"文化之间存在实质性的不同是由一个社会与其环境互动的特殊适应过程造成的"[①]，依此类推，各民族生态文化的差异性同样与其相适应的自然环境有关。为了生存和发展的需要，对自然环境的适应包括顺应和应对两个方面。顺应主要是指对特定自然环境下的资源顺而用之，也就是因地制宜的生产生活方式。这在传统生计方面表现得较为突

[①] ［美］朱利安·H. 斯图尔特：《文化生态学》，潘艳、陈洪波译，《南方文物》2007年第2期。

出，北方、西北草原民族以游牧为生，东北林区民族以采集、狩猎
为生存资料的主要来源，南方水资源丰富的民族则以稻作为主，西
南山地民族则采取农牧混成的经济方式。应对是指针对不利于生产
生活的自然环境采取的方法和措施，比如游牧民族逐水草而居以确
保牧业稳定，南方稻作民族大多居住干阑式房屋以应对潮湿、炎热
的气候，山地民族把村寨建在森林茂盛之处以确保获取水源及生存
资料。无论是顺应抑或应对，都是少数民族适应自然环境过程中积
累的生态智慧，因自然环境的差异，相应的方式方法也有较大差
异，促使着民族生态文化多样性的形成。

　　根据自然环境及少数民族的经济类型①，可把中国少数民族生
态文化划分为不同的区域，大概可分为采集渔猎生态文化区、游牧
生态文化区、刀耕火种生态文化区、山地耕牧生态文化区、绿洲耕
牧生态文化区、山地耕猎生态文化区、稻作生态文化区、平原农耕
生态文化区等。中国少数民族生态文化的特质表现为人与生存环境
及重要资源的共生关系，各民族的生产生活、技术、语言、婚姻家
庭、社会组织、婚姻家庭都与所赖以生存的环境及重要资源有密切
关系，根据少数民族赖以生存的环境及重要资源的不同，可概括为
三种主要类型：人与草原、人与森林、人与耕地的共生关系。因为
水对草原、森林、耕地的重要滋养意义，其间都贯穿着人与水的共
生关系。

　　各民族的生态文化存在较大差异，与自然环境对文化的模塑作用
密切相关。在特定的自然环境下，生活其中的民族积累了管用的传统
生态知识，这些生态知识具有较强的区域性，搬到其他地方未必适
用："许多地区性、区域性的生态知识大多在本土的文化环境中发挥
作用，不能生搬硬套。"② 民族生态文化具有明显的地理适应性，具
有突出的地域性特征。因为民族生态文化有特定的地域性，所以在研

---

① 林耀华：《民族学通论》，中央民族大学出版社 1997 年版，第 88—96 页。
② 管彦波：《民族地理学》，社会科学文献出版社 2011 年版，第 289 页。

究民族生态文化的过程中不能笼统发论、等而视之、以偏概全，很有必要介入地域因素开展研究。

（二）彰显文化传统的民族性

文化的民族性主要是指各民族文化具有的特质，以差异性的形式外化出来。文化的民族性与自然环境、社会环境、民族心理、历史积淀都有重要关系，自然环境及历史积淀对文化民族性的形成具有重要影响。自然环境是造成民族文化差异的重要因素，对民族的生活方式、经济类型、心理性格都具有显性的模塑作用。不同的历史积淀是造成民族文化差异的另一重要原因："一个民族的文化历史愈长，文化积淀越厚，文化的民族性就愈强。历史愈短，文化积淀越薄，民族性就愈弱。"[①] 历史积淀既推动着民族文化差异性的形成，同时又是民族文化差异性的结果。

作为文化重要组成部分的民族生态文化，同样具有突出的民族性特征，在技术、观念、制度层面都有一定差异。从宏观层面看，各族系的生态文化有较大差异。东胡族系民族以游牧为主要生计方式，在狼崇拜中表现为维护草原生态平衡的理念，存在着大量保护草场的制度。氐羌族系民族耕牧兼营，其生计方式与森林密切相关，神山、神林、神树崇拜中饱含与森林和谐相处的生态观，有许多对森林保护有利的禁忌和乡规民约。百越族系民族多滨水而居，以稻作为主要生计方式，形成一套"林—水—田—人"的生态排序，林崇拜与水崇拜中表现出对森林与水在决定自身生存方面的深刻认知，制度层面的生态文化主要倾向于管理森林和水资源。从中观层面看，同一族系中不同的民族其生态文化也具有差异性。傣族和侗族同属百越族系，有着底蕴深厚的稻作文化，然而各有特点。傣族的是林稻生态系统，森林为稻作生产提供水源、稳定的气候、减少病虫害等多种重要条件，良好的森林生态系统成为水稻生产的重要先决条件。侗族积累了一套稻鱼鸭共生的生计方式，稻鱼鸭促进了农田生态系统的平衡，并能获取多样化的

---

① 何星亮：《文化的民族性与世界性》，《云南社会科学》2002 年第 5 期。

收益。建筑虽同为干阑式建筑,傣族居住的是下层全架空的竹楼,侗族居住的是依山而建的吊脚楼。从微观看,同一民族不同支系的生态文化也具有差异性。因为民族生态文化存在民族性差异,所以有必要从族系、单个民族、民族支系等不同的研究对象审视其生态文化的内涵和特征,进而呈示一个内涵准确、形式多样的民族生态文化群。

(三) 多元交融的整体性

民族生态文化的核心是一致的,都是维护人与其生存发展的自然环境和谐共生。中国各民族经济文化的发展具有整体性:"我国国土之内,自古以来居住着不同的民族,由于社会生活的共同要求,相互联系、相互影响,而且相互融合,发展了共同经济文化,构成一个整体。"[①] 人与自然和谐共生的思想既是各民族经济文化发展的结果,同时又是协调和促进各民族经济文化发展的重要动力。中国各民族的生态文化是一个整体,不论人口多寡、地域差异,各民族的生态文化都是中国民族生态文化的重要组成部分,都在为中国的生态环境保护作着贡献。

民族生态文化是一个有机的整体,技术、观念、制度三个层面的民族生态文化具有密切的内部关联性。首先,从民族生态文化产生及形成的自然环境来看,同一自然环境中的地质、植被、动物、气候等构成整体性生态系统,于是形成以自然环境为统系的生态文化,有利于形成生态环境保护的技术、崇敬自然的生态观念、保护自然的制度。比如草原自然环境中的蒙古族生态文化以维护草原生态平衡和发展为核心层层展开。技术层面的游牧从表面看是择水草而牧,但实际上给了草场恢复的时间,保护了草场的再生产能力。水崇拜、土地崇拜、狼崇拜中蕴含着保护草场的生态观念,水和土地是草生长所必需的自然条件,狼则可避免因畜牧过度而造成草场严重破坏。又如山地环境中的彝族生态文化以维护森林生态的平衡和发展为核心衍生开来,技术层面的遵时采伐、轮伐、间伐、因材施用等原则都有利于森

[①] 方国瑜、林超民:《方国瑜文集》第一辑,云南教育出版社 2001 年版,第 17 页。

林保护，神山、神林、神树崇拜中蕴含着保护森林的生态思想，习惯法、乡规民约中有许多保护森林的内容。其次，从民族生态文化产生及形成的过程来看，技术、观念、制度层面的民族生态文化在产生和形成过程中很难明晰其先后顺序，只能模糊分出以某一层面为主体的顺序。因观念层面的生态文化多包含在自然崇拜中，自然崇拜是人类产生以来的原始宗教重要组成部分，于是观念层面的民族生态文化产生较早，但并不能排除这一阶段就没有任何技术、制度层面民族生态文化的存在和可能。原始社会末期，随着生产形式增多，技术层面的生态文化也更为丰富。明清以降，随着人口的增多，资源需求量加大，生态不平衡的情况在少数民族地区凸显出来，于是制度层面的生态文化随之丰富起来。为了保护生态环境，技术、观念层面保护生态的力度更加彰显。明清及民国时期可视为民族生态文化形成的黄金时期，技术、观念、制度层面的生态文化更加丰富和成熟。总之，民族生态文化的产生、形成和发展不是单线运动，而是一个交融、共进的过程，在历史进程中不断过滤、兼收、互借、整合而得以丰富和发展。再次，从民族生态文化的核心思想来看，技术、观念、制度层面都蕴含着人与自然和谐共生的思想，而且三者之间没有绝对的边界，其间有着多重交集。从技术层面讲，放牧、农耕、狩猎、采集、建房、服饰等具有较强的技术内涵，但其间也伴有观念层面及制度层面的生态文化。以彝族建房为例，木材的选择体现出技术层面的生态文化，在砍伐木材前会有祭祀树木的仪式，其间体现出敬畏树木生命的生态伦理观念，采伐木材的审批程序及数量的限制等又属于制度层面的生态文化。再如，一系列有利于保护生态环境的禁忌本属于原始宗教的内容，其间含有崇敬自然的生态伦理观念，但这些禁忌又因其约束性而具有制度的性质。从单个生态文化事项来看，其间也蕴含着多重生态文化的内容，西南少数民族的刀耕火种及水文化中都包含利于生态保护的技术、观念、制度三个层面。民族生态文化人与自然和谐共生的思想实际上是技术、观念、制度层面内部关联基础上的三位一体，三个层面是一个相互连通、交互作用的整体。

（四）人与自然和谐共生的生态性

文化生态学强调"由适应决定的文化特征""适应过程完全是由生态学过程决定的"[①]，自然环境对文化的特征具有重要影响，文化是在适应环境的过程中产生和形成的。民族生态文化受自然环境的影响更为明显，技术、观念、制度层面都融有适应自然环境的内容。技术层面，生产方式、居住形式、服饰材质等都表现出适应自然环境的丰富内涵。观念层面，自然崇拜对象的差异性与自然环境的差异性联系在一起。藏族地区有大量高山、湖泊，神山、圣湖的崇拜在藏族中较为典型。森林茂密地区的民族普遍崇拜山神、林神、树神、猎神、鸟神。制度层面亦然，制度规约重在保护与生计密切相关的自然资源。诸多与自然环境相对应的文化内涵表明，民族生态文化是各民族在适应环境特别是自然环境的过程中形成的，民族生态文化是在特定自然环境中各种自然因素和社会因素共同作用的生态学结果。

适应和恰当利用自然环境是人与自然和谐共生的重要形式和方式，正是在适应和恰当利用自然环境的过程中，各民族得以生存和发展，自然环境得以长期保持在相对平衡的状态中而继续满足生活其中民族的生存和发展需要。适应看似简单平实，但恰好是求得长期生存与发展的大智慧。民族生态文化中对自然环境的适应表现出较强的综合性，包括对地质、地貌、土壤、植被、水文、气候等多重因素的适应。各民族在适应过程中总结出诸多生态智慧，如因地制宜、不误农时、趋利避害等生存方式。适应是在认识自然环境的基础上对自然环境的综合性利用，属于较为基础的、初级的利用，在顺应自然的思想主导下，摒弃大肆改造自然的妄想，就不会造成自然环境的过度破坏。利用自然资源并不等同于破坏生态环境，在利用自然资源的过程中，蕴含着一些有利于生态保护的技术、观

[①] ［美］J. H. 斯图尔德：《文化生态学的概念和方法》，王庆仁译，《民族译丛》1983年第6期。

念。在技术方面，蒙古族的转场放牧、彝族的森林间伐、稻作民族的水资源分配、山地民族获取生存资源的多样性等等，这些技术中含有利用自然资源的适度和节制原则。在自然资源利用方面含有一些保护生态环境的观念，可持续利用是保护自然资源的内在驱动力，自然资源的实用功能成为促使其再生恢复的重要动力。正是在可持续利用自然资源的驱动下，形成了许多保护自然环境的内源机制。打猎忌打母兽和幼兽，表面看是一个道德伦理的话题，但如果从实用功能的角度去审视，这实际是为了猎物获取的延续。采集方面遵循有利于植物恢复再生的原则，春天采集讲求独花不采、留有嫩芽，夏天拾菌子不能破坏菌窝，秋天采摘果实要留种子。森林提供的木材及其他多重资源功能强化着山地民族保护森林的意识，清水江流域明清时期的木材贸易成为苗侗民族重要的经济来源，这促使苗侗民族间形成互相关联的木材贸易和杉木种植文化，木材贸易获利驱动着杉木种植技术的提高及循环往复的杉木种植。利用自然资源实际上构成了人与自然和谐共生的中间环节，自然资源的利用为人类生存提供重要条件，自然资源的实用功能驱动着人们保护生态环境，在民族生态文化中存在着以利用自然资源为轴心的人与自然和谐共生关系。

（五）兼顾生计与生态的技术性

生计与生态看似不兼容，因为生计意味着要从自然环境中摄取资源及改造原来的自然状况。诚然，无度的自然资源索取和缺乏原则及技术的自然改造无疑会带来严重的生态后果，甚至给人类的生存和文明带来灭顶之灾。这样看来，兼顾生计与生态貌似一对伪命题。但自从有了人类以来，确实存在生态恶化带来人口迁移及文明中断的恶果，反之又存在着许多生态环境与生计共进而历久不衰的事实，其中包括许多少数民族生计与生态兼容的生存方式。少数民族为何能把生计与生态这对矛盾体变为统一体，产生如此效果的关键原因在于与自然环境相适应的技术体系，这与当今技术生态使命之目的恰巧契合："要探索人与自然之生态关系的生态阈值，以此科学地寻求人与自然环境之间的适度关系。"① 然而少数民族的技术体系却早已形成并应用在实践之中，包括三个重要内涵：以适应自然环境及遵守自然规律为前提，以合理、适度利用资源及改造自然为具体方法和手段，以获取人的生存和生态良性循环为旨归。

因地制宜、顺时而为、合理及适度利用资源都蕴含着保护生态的技术。从宽泛的角度来看，游牧民族的转场技术、稻作民族"林—水—肥"一体化的水资源利用技术以及多种生计方式混合民族的资源利用技术都较具典型性。现以西南山地民族为例进行分析。西南山地民族探索形成了一套内涵丰富、务实管用的资源利用技术体系，其间有明显的综合性和多样性。就综合性而言，主要是指综合考量和利用多种因素而形成一个相对稳定完整的技术体系，如农业技术体系由森林利用及保护、自然历、气象预测、土地轮作、作物多样性的技术因素共同构建而成。多样性主要体现在资源分类利用及摄取资源两个方面：资源分类利用技术在土地、水、森林三个方面堪称典型，把土地分为火烧地、轮歇地、持续耕种地三种类型，水资源被分为饮用、洗菜、洗涤、灌溉四个方面。森林资源划分更为具象：第一种是绝对保护的森林，包括水源林、风景林、神山林等带有神圣性色彩的森林；第二种是村社共有但可利用的森林，可供放牧、砍伐木材、伐薪、采集、打猎等；第三种类型通常是经济林，包括果林、竹林、茶园以及部分炭薪林等。资源分类利用看似有闲置迹象，实则不然，土地及森林资源分类利用中流露出适度性与适用性相结合的原则。适度性对于保护资源的意义主要由资源利用的相对平衡性使然；适用性可避免错误使用资源，从而节约了资源。水资源分类利用根据需求层层递进，水资源得到充分利用。摄取资源方面的多样性主要是指从土地和森林中获取多种资源，土地兼有多种生计之利，因耕种作物的多样性，可从土地中获得多样化的粮食，除此之外还能获得饲料、肥料。农林混合的土地还可获得木材、薪柴。休耕及间歇的土地还兼有放牧功能，

① 许斗斗：《技术的社会责任与生态使命》，《自然辩证法研究》2017 年第 3 期。

能从中获取牲畜之益。摄取森林资源的多样性包括大类上的多样性及某一类型资源的多样性。就大类来看，可从森林中获取木材、薪柴、猎物、采集物等多种资源。再细观之，每一个大类的资源中都包含有多种名目，如木材方面，根据功用的需要而在大小、树种、树形的选择上有很多差异。摄取资源的多样性在资源利用方面体现出错位技巧及差序格局，多种资源的摄取通过各种资源的相互补充而规避了土地、森林资源过度利用的危险，多样化摄取资源重在给可再生资源留有恢复的机会。同时也不会因单一谋取资源而造成地力耗竭及物种灭绝，多样化摄取资源对保持生物多样性具有重要意义。

具体而言，一些貌似不利于生态环境的生计方式因为别具智慧的技术而实现了生计与生态的兼容，如傈僳族狩猎中含有生物多样性保护的智慧[1]，麻山苗族支系积累了高效利用与精心维护喀斯特生态系统的经验和技能[2]，基诺族的刀耕火种是基诺族适应利用自然环境的产物[3]。狩猎与生物多样性保护、喀斯特自然环境与人的生存、刀耕火种与生态保护表面上看都是二元背离的，然而三个实例都是在不太可能的情况下创造了奇迹，奇迹的创造主要还在于相关民族采取了与自然环境相适应的生计方式，在确保生态平衡的前提下使自然环境的利用效益尽可能最大化。

民族生态文化的技术成分往往被贴上落后的标签，然而正是某些被符码化为落后的技术发挥着保护生态环境的实用价值。民族生态文化中的技术以适应性、适度性、适用性原则有效协调着人与自然的关系，在人与自然和谐共生关系中发挥着重要作用。在生态恢复过程中要挖掘和传承民族生态文化，特别要注重挖掘和传承具有地域适应性和适用性的技术体系。因为"一个地方的生态环境之所以得以保护，

---

①　艾怀森：《高黎贡山地区的傈僳族狩猎文化与生物多样性保护》，《云南地理环境研究》1999 年第 1 期。

②　杨庭硕：《苗族生态知识在石漠化灾变救治中的价值》，《广西民族大学学报》（哲学社会科学版）2007 年第 3 期。

③　尹绍亭：《基诺族刀耕火种的民族生态学研究（续）》，《农业考古》1988 年第 2 期。

便是依靠了该地方的文化保护所产生的结果"①，换言之，民族生态文化是一定区域生态得以较好保护的根本。少数民族传统的生产方式是经过长期检验并适应于自然环境的技术体系，能很好地融入当地的生态系统中并可取得较大的经济效益。要恢复区域生态，就不能忽视民族生态文化在保护生态环境方面的重要作用，经过长期实践奏效管用的技术仍然具有实用价值，现代的科学技术未必能与区域性自然环境及长期积累的地方文化相兼容。因此，在生态恢复的过程中，最好找到现代科技与传统技术的契合点，如是行之更为奏效。

（六）相沿成习的民俗性

第一，民俗具有承载民族生态文化的重要功能。民间文学中蕴含着丰富的生态文化内涵，传说、神话、史诗、歌谣、谚语、民间故事等以口传或文字的形式叙述着人与自然关系、生态伦理等诸多关涉生态文化的内容。少数民族民间文学中有许多关涉自然的内容，根据其所处自然环境的不同，天地、山川、河流、湖泊、潭泉、草原、森林、鸟兽虫鱼、花草树木相应囊括其中，彰显出对大自然的热爱及家乡故土的深情，为保护生态环境提供了情感动力。尤其是史诗和谚语中的生态文化内涵更为浓烈，神奇的动植物是少数民族史诗的母题之一，映示出自然崇拜的观念。少数民族史诗中包含着万物有灵的观念、顺应自然的生产生活方式、协调人与自然关系的机制三个方面的生态文化内涵。谚语以短小精悍的形式集萃着道德观念、审美观念、人际交往、生产技术、生活经验等丰富多彩的民间智慧和哲思，包含人与自然和谐相处的生态观念，有利于生态保护的技术及保护生态的制度。

人生仪礼中包含有生态文化的内容。少数民族人生仪礼习俗中表现出与自然亲和的观念和行为，主要体现在对天地、水、动植物的敬重与友好之中，其间以植物最具典型性。从植物利用来看，在诞生

---

① 尹绍亭：《民族文化生态村——当代中国应用人类学的开拓：理论与方法》，云南大学出版社 2008 年版，第 38 页。

礼、婚礼、葬礼三大人生重要仪礼上植物的利用率较高，诸如以植物给婴儿取名，拜树木为干爹干妈，仪式上用到种类繁多的植物等。在诞生礼、婚礼、葬礼上有植树行为。在人生重要节点利用植物以及栽树都包含着对植物的深厚感情，人生仪礼中植树的行为引导并促进着植树造林风气，发挥着提升生态环境的作用。

自然崇拜中包含理性处理人与自然关系的生态观念，主要包括天地崇拜、动植物崇拜、神山圣水崇拜三个方面。自然崇拜的很多对象都是关乎生存的重要资源，如土地、森林、水等，自然崇拜对象的神圣性与重要性相互对应，其间显现出对生存环境及生计资源重要性的理性认知。少数民族的自然崇拜构筑在对自然环境神秘性与理性交融的基础上，理性成分借助神秘的原始宗教外衣发挥着保护生态环境的重要作用。

保护生态环境的制度通过民俗而得以进一步强化。从制度层面看，因民俗具有规范功能："民俗文化，是社会生活中普遍存在，而又比较潜隐不露的一种社会文化规范。"[①] 带有浓厚民俗性特征的民族生态文化也具有规范人们生态保护行为和习惯的功能。具体而言，属于民俗范畴的禁忌、习惯法、乡规民约中包含有保护生态环境的内容，如侗族的侗款和苗族、布依族、水族的议榔规约等等。与自然崇拜相关联的禁忌以神秘性和约束性兼容的方式发挥着保护生态环境的作用，在保护水、森林等重要生计资源方面尤为突出，通常以污染破坏水资源、砍伐神树、破坏神林会遭受严重报应的模式表达出来。

第二，民俗发挥着传承民族生态文化的功能。民俗发挥着传承文化的重要作用："一代代人的文化复制，相沿成习，就成为民俗传统。"[②] 民族生态文化主要依托民俗传承延续。民族生态文化是时间上的历久性及在一定地域范围内的全民性都得益于民俗的传承

---

① 钟敬文：《民俗文化的性质与功能》，《哲学动态》1995 年第 1 期。
② 陈建宪：《试论民俗的功能》，《民俗研究》1993 年第 2 期。

功能。

首先,民间文学发挥着传承民族生态文化的重要功能。民间文学具有代代相传的特点,无论以文字还是口头形式流传,都能把保护生态环境的技术、生态伦理观念以及生态制度相沿传袭。史诗和谚语传承民族生态文化的功能尤为显著。二者在传承生态文化方面具有共性:一是以密集的出现频率增强其传承性。史诗在重要的祭祀仪式、人生仪礼、娱乐活动当中都会被传唱。谚语因其短小及富有生活意蕴而有大量的传承机会,贯穿在孩子学习语言、生产生活的过程中。二是发挥潜移默化的生态教育功能。史诗或谚语进入受众的方式不带有强制色彩,有利于增强受众接受其内容的主动性,生态文化融合或者穿插在史诗或谚语中,以生活化的方式植入到受众的认知体系之中。

其次,民族节日对于传承民族生态文化也具有重要作用。民族节日中包含民族生态文化的内容,节日的时序性表达着人们对自然规律的顺应与遵循,自然崇拜彰显着人们崇敬自然的生态观念。很多民族节日都在以具体的民俗事项诠释着本民族与自然的融洽关系,泼水节展现出傣族对水资源的依赖和热爱,兴畜节显示出蒙古族与牲畜及草原的同构关系,密枝节反映出喀斯特自然环境下彝族支系撒尼人对森林的倚重。还有一些生态文化性质较强的节日,以鲜明的生态环保主题直接、集中地传承着民族生态文化。这样的节日多以植树、护林、保护动物为主题,如滇西白族开展群众性植树活动的缀彩节,那坡、隆林等县的彝族的护林节,滇西北彝族的保苗节,石阡县仡佬族的敬雀节。因节日具有传承文化的功能,民族生态文化随之在节日中得以延续和传播。节日中通常会有集体或者以家庭为单位的祭祀仪式,这些仪式使民族生态文化的传承更为具体。一些保护生态环境的制度还借助民俗仪式加以强化,在祭祀活动中重申族规,或者宣读保护生态环境的规约。通过祭祀仪式传达生态环保的规约更能巩固其实效性:大型的祭祀都是集体活动,致使制度规约有广泛的受众面,具有较强的公共告知性和民主认同感;祭祀活动中宣告的制度规约带有一定的神圣色彩，因此更强化了约束力。

（七）涵藏内蓄的隐蔽性

民族生态文化涵藏内隐在渊博的物质文化、精神文化、制度文化之中，带有较强的隐蔽性。因此有必要对民族生态文化进行辨识，以便为民族生态文化的研究、传承和保护提供对应的范畴。

从物质文化层面来看，民族生态文化主要表现为与自然环境相适应的生存方式，包括生产、生活两个方面的适应，其间表现出较强的技术性，蕴含着天、地、人协调发展的生态观念。物质生产及生活中与自然环境相适应的内涵及理念属于民族生态文化的范畴，其中包括因地制宜的生态观念。各民族的农业、畜牧、狩猎、采集、捕鱼等物质生产以及服饰、饮食、居住、交通等物质生活中都有一套依托自然环境而积累下来的适应性体系。物质生产以及服饰、饮食中还包括顺时而作的观念，遵循自然节律的运转开展生产活动及穿衣吃饭。从适应自然环境的角度来看，物质生态文化中属于生态文化的内容主要有生产生活方式的选择及物候历两个方面。各民族物质文化中还有大量与自然环境相适应以及可持续利用资源的技术，具体包括：农业生产中的农作物多样性、农林混合、休耕轮作、水利利用、土质判断、物候观测、气象预测、病虫害防治等等；畜牧方面的转场放牧、牲畜配种、农牧互济等等；狩猎方面避开动物繁殖季节、根据种群数量判断捕猎物种等等；采集方面对采集季节、采集地点、采集物种及部位的掌握，留芽、留花、留根、留种的采集原则；捕鱼方面避开鱼类产卵期、采用洞眼较大的捕鱼工具等等；木材方面对采伐季节的掌握、间伐、因材施用等等；薪柴方面炭薪林的设置，只能剥枝、砍死树等等。

从精神层面来看，民族生态文化表现为热爱自然、敬重自然的生态伦理观念，于是隐蔽性更加突出，以观念形式内嵌在宗教信仰、文学艺术之中。文学艺术中有大量对生产生活、自然环境的表达及动植物元素的摄入，一切景语皆情语，其间充满着创作者对自然的热爱之情，少数民族的文学艺术具有较强的群众性，也就是说热爱自然的情怀具有普遍性。文学、雕刻、绘画、刺绣、音乐中关于自然环境及动植物的内容都可纳入民族生态文化的范畴，以动植物图腾为原型及模仿动物动作、生产场景的舞蹈内容也属于民族生态文化的内容。宗教信仰中蕴含着敬重自然的生态观念。人为宗教中有关于生态的哲理，比较突出的有佛教众生平等思想、道教贵生思想、伊斯兰教善待生命思想、基督教教义中人与自然和谐相处的思想等等。在原始宗教中更是表现出敬重自然的思想，具体表现在天、地、山、水、林、树、动物等一系列自然崇拜之中。

从制度层面看，国家法律、地方法令、习惯法、乡规民约、家族家规中都有保护生态环境的条款。即便一些专门的生态保护规约，也只是庞大制度生态文化的一部分，而更多有关生态文化的制度是杂糅在整个制度体系或者单个乡规民约中，以及一些生产生活以及宗教的禁忌中。

民族生态文化的隐蔽性给研究带来一定难度，但还必须得正视这一特性。因为这是研究民族生态文化内涵的入门环节，只有搞清楚民族生态文化的隐蔽性，才能有针对性地开展文献整理及田野调查，否则就会不着边际，导致研究效率低下。不能因民族生态文化的附着性而否定其独立性，民族生态文化确实分散及包含在民族文化群体之中，然而一旦整理提炼出来，其有着宏观的构架、丰富的内涵、独特的内核，从而能支撑起一个独立的文化体系。

第四节　研究的主要内容及方法

一　研究的主要内容

从物质技术、精神观念、制度规约三个层面对澜沧江流域彝族传统生态文化开展综合的、深刻的研究。从生产、饮食、居住等方面透视彝族物质技术层面的生态文化，从宗教、文学、艺术等方面阐述分析彝族精神观念层面的生态文化，从护林碑刻、村规民约等方面探究彝族制度规约层面的生态文化。

提炼澜沧江流域彝族传统生态文化的价值及特征。探寻彝族与自然和谐相处的生态智慧，重点论述了彝族与森林和谐共生的生态思想，分析彝族尊重自然、善待自然的伦理原则，探索彝族传统生态文化对当代生态文明建设的借鉴意义。

澜沧江流域彝族聚居区生态现状的调查分析与聚类研究。选点调查了解彝族聚居区的生态现状，总结彝族聚居区共同存在的生态问题，探求破解生态问题的方案。

澜沧江流域彝族聚居区生态文明建设的可行性研究。在对彝族传统生态文化的内容、价值和生态现状研究的基础上，探讨生态文化与生态文明的契合点，研究论证彝族聚居区生态文明建设的可行性方案。

二　研究方法

本书采用民族学、生态学和历史学相结合的研究方法，通过田野调查、查阅文献、统计分析等开展研究工作。在具体研究过程中，采用的主要方法有：

（一）田野调查法

主要对大理州巍山县大仓镇啄木郎村、大理州永平县龙街镇普渡村、临沧市云县后箐乡后箐村及营盘村、临沧市凤庆县腰街乡开明村开展了深度田野调查，另外调查点还涉及大理州大理市太邑乡太邑村、大理州巍山县马鞍山乡青云村、大理州南涧县无量山镇红星村、保山市昌宁县珠街乡子堂村、普洱市景谷县永平镇南谷村、普洱市景东县大街乡平地村、西双版纳州勐腊县象明乡曼迁村。[①] 调查内容涉及生产、饮食、服饰、居住、信仰与禁忌、民间文学、民间艺术、乡规民约八个方面，在调查过程中，通过参与观察、问卷调查、结构访谈、半结构访谈、座谈、摄影、录音等收集了大量与彝族生态文化有关的资料，为课题研究提供了丰富的第一手资料。在进行田野调查的过程

---

① 后文中田野调查点一律简化为村名。

中，还开展了问卷调查，一共发出问卷 640 份，共收回 623 份①，其中凤庆县腰街乡 69 份、景东县大街乡 80 份、南涧县无量山镇 80 份、巍山县马鞍山乡 81 份、大理市太邑乡 80 份、昌宁县珠街乡 71 份、景谷县永平镇 81 份、勐腊县象明乡 81 份，问卷共设 34 题，其中选择题 31 题，问答题 3 题，被调查的开明、平地、红星、青云、太邑、子堂、丛岗、珠街、金宝、黑马、岔河、南谷、曼迁等都是彝族聚居的村寨，调查对象中彝族占 92.5%，从调查地域和调查对象来看，此次问卷调查能够反映出澜沧江流域彝族聚居区的生态文化状况。被调查者中文化程度在小学以下的占 18.6%，主要是老年人，60 岁以上的占 19.4%，与文化程度在小学以下的比例基本吻合，由此可以证实部分被调查者文化程度较低。在对文化程度不高的调查对象做问卷时，采取阅读和解释问卷的方式进行调查，这就提高了问卷结果的准确性。

（二）文献分析法

查阅的资料主要分为三大块，第一块也是最重要的部分为彝族文化，第二块为澜沧江流域彝族聚居区生态状况，第三块为生态文明建设。为了获取大量的研究资料，笔者广泛检索了中国知网、万方等数据库，到图书馆、档案馆查阅资料。2012 年 7 月，到云南省图书馆、大理州图书馆、大理州彝学会、保山市图书馆查阅资料。2013 年 1 月，到凤庆县档案馆、图书馆、临沧市图书馆、档案馆、普洱市图书馆、景东县图书馆查阅资料。2013 年 7 月，到永平县图书馆查阅资料。2014 年 5 月，到楚雄州中国彝族文献图书馆查阅资料。2017 年 7 月，到云县档案馆、云县图书馆查阅资料。在搜集资料的过程中，所到之处得到相关领导及工作人员的大力支持，搜集到了与课题相关的丰富资料。从文献资料中梳理出与彝族生态有关的内容，分析其间的生态智慧。

（三）统计分析法

在田野调查过程中，还在当地村民中开展了问卷调查，问卷共分

---

① 问卷统计结果见附录二。

为五个维度，即当地人的生态意识、传统文化对生态保护的意义、传统生态文化的传承、当地的生态现状、生态农业。进行问卷统计分析，为生态文明建设提供可靠的数据支撑，以便提出具有指导性、可操作性的生态文明建设方案。还根据相关文献资料整理出 18 个表格，对表格内容做了统计分析，进一步支撑相关的论述和论点。

第五节　澜沧江流域彝族的分布及传统生态文化生境

一　澜沧江流域彝族分布状况

澜沧江—湄公河发源于中国青海省玉树藏族自治州杂多县扎青乡，自北向南流经中国青海、西藏、云南三省区和缅甸、老挝、泰国、柬埔寨、越南五国，于越南西贡南部注入南海。澜沧江—湄公河干流全长 4180 千米，流域总面积 81.1 万平方千米，为亚洲第七大河。在中国境内的河段称为澜沧江，干流长 2179 千米，其中在云南境内干流全长 1170 千米，流域面积 8.8655 万平方千米。[①]澜沧江在云南境内支流较多，包括通甸河、沘江、永平河、黑惠江、罗闸河、勐戛河、黑江、小黑江、黑河、南安河、流沙河、补远江、南木阿河、南腊河、南拉河等。云南省境内的澜沧江流域，包括迪庆藏族自治州、丽江市、怒江傈僳族自治州、大理白族自治州、保山市、临沧市、普洱市、西双版纳傣族自治州共八州市，从北向南分布有德钦、维西、玉龙、兰坪、云龙、永平、洱源、漾濞、宾川、大理、祥云、巍山、南涧、弥渡、隆阳、昌宁、凤庆、云县、永德、临翔、耿马、双江、沧源、镇康、景东、镇沅、景谷、宁洱、思茅、澜沧、孟连、江城、勐海、景洪、勐腊 35 个县（市、区）。澜沧江流域的彝族几乎全部集中在云南境内，澜沧江流域彝族总人口为 1261454 人（2010年人口普查），占云南全省彝族总人口 5028000 人（2010 年人口普

---

① 陈永森主编：《云南省志·地理志》，云南人民出版社 1998 年版，第 293 页。

查）的 25.09%，占全国彝族总人口 8714393 人（2010 年人口普查）的 14.47%，澜沧江流域彝族分布具体情况见表 0—1：

表 0—1　　　　　　澜沧江流域彝族分布表①　　　　　（单位：人）

市（州）	人口	县（市、区）	人口	彝族乡（镇）	人口
迪庆州	1902	德钦县	13	—	—
		维西县	1891		
怒江州	8071	兰坪县	8071		
丽江市	8306	玉龙县	8306	—	—
大理州	407532	云龙县	12900	团结彝族乡	8738
		永平县	49433	龙街镇	12356
				厂街彝族乡	8870
				水泄彝族乡	11435
				北斗彝族乡	7669
		洱源县	11642	—	—
		漾濞彝族自治县	44757		
		大理市	21300	太邑彝族乡	5738
		祥云县	34300	东山彝族乡	8513
		巍山彝族回族自治县	106000		
		南涧彝族自治县	100700		
		弥渡县	26500	牛街彝族乡	6961
保山市	61317	隆阳区	40809	瓦马彝族白族乡	5076
				瓦房彝族苗族乡	5479
				杨柳白族彝族乡	8732
		昌宁县	20408	珠街彝族乡	13073
				耇街彝族乡	4259

① "市（州）"人口为"县（市、区）"人口之和；"彝族乡（镇）"是指非彝族自治县的彝族乡镇，意在尽可能全面展现彝族分布的状况，各县所辖彝族乡镇的人口总和不等于该县彝族的总人口。本表意在展示澜沧江流域彝族聚居分布的情况。

续表

市（州）	人口	县（市、区）	人口	彝族乡（镇）	人口
临沧市	335113	凤庆县	113700	腰街彝族乡	7687
				新华彝族苗族乡	17230
				郭大寨彝族白族乡	7358
		云县	150541	后箐彝族乡	13540
				忙怀彝族布朗族乡	10600
				栗树彝族傣族乡	—
		永德县	30443	乌木龙彝族乡	19113
				大雪山彝族拉祜族傣族乡	—
		临翔区	14505	平村彝族傣族乡	—
		耿马县	6042	—	
		双江县	2518		
		沧源县	1457	勐角傣族彝族拉祜族乡	1092
		镇康县	15907		
普洱市	372482	景东彝族自治县	134698		
		镇沅彝族哈尼族拉祜族自治县	54826		
		景谷傣族彝族自治县	58574		
		宁洱哈尼族彝族自治县	35726		
		思茅区	40323	云仙彝族乡	—
				龙潭彝族傣族乡	—
		澜沧县	31215	谦六彝族乡	11240
		孟连县	2210		
		江城哈尼族彝族自治县	14910		
西双版纳州	66731	景洪市	30741		
		勐海县	8052		
		勐腊县	27938	象明彝族乡	5111

注：栗树彝族傣族乡、大雪山彝族拉祜族傣族乡、平村彝族傣族乡、云仙乡、龙潭彝族傣族乡没有查到确切的彝族人口数据。

资料来源：主要根据 2010 年第六次人口普查公报及云南数字乡村网整理而成。

据上表可以看出，澜沧江流域从迪庆州至西双版纳州均有分布，其中迪庆州 1902 人，占澜沧江流域彝族人口的 0.15%；丽江市 8306 人，占澜沧江流域彝族人口的 0.65%；怒江州 8071 人，占澜沧江流域彝族人口的 0.64%；大理州 407532 人，占澜沧江流域彝族人口的 32.3%；保山市 61317 人，占澜沧江流域彝族人口的 4.86%；临沧市 335113 人，占澜沧江流域彝族人口的 26.56%；普洱市 372482 人，占澜沧江流域彝族人口的 29.5%；西双版纳州 66731 人，占澜沧江流域彝族人口的 5.29%。澜沧江流域有部分彝族相对集中的区域，沿线共有 8 个彝族自治县、27 个彝族自治乡（镇）。

彝族支系繁多，通常不同的支系有着相应的自称和他称，目前统计出来的彝族自称有 36 个、他称 42 个①。澜沧江流域彝族支系较多，各支系的分布状况相对集中。迷撒泼、香堂支系主要分布在巍山、漾濞、永平、云龙、隆阳、昌宁、凤庆、云县、景东、勐腊等地，俐侎支系主要分布在永德、凤庆、云县、景东、景谷、普洱等地，图拉颇、泼拉塔、腊鲁濮、阿鲁支系主要分布在云县、普洱等地，罗罗濮支系主要分别在云县、景东等地，黎颇支系主要分布在凤庆等彝族地区，聂苏濮支系主要分布在云龙、昌宁等地。不同彝族支系的传统生态文化有一些区别，但受澜沧江流域共同的自然环境及彝族传统历史文化的影响，因此有着诸多共同之处，本书意在从共性角度对澜沧江流域彝族传统生态文化进行系统梳理，在凝练共性的同时不湮没个性，涉及的相关例证都冠以具体地名。

二 澜沧江流域彝族的传统生态文化生境

（一）多样化特征明显的自然环境

澜沧江流域云南境内气候类型多样，从北到南依次有寒带、温带、亚热带、热带气候，彝族分布较集中的大理州、保山市、临沧市、普洱市、西双版纳州从北到南依次属于亚热带、热带气候，这一

---

① 易谋远：《彝族史要》，社会科学文献出版社 2000 年版，第 4—5 页。

区域的植被状况较好，从碳密度及碳储积量可以看出："从大理开始，植被慢慢具有热带性质，碳密度几乎呈线性增长，在滇西南的西双版纳州达到顶峰，其面积仅占全流域的9%，而碳蓄积总量达到76.43Tg，占研究区（澜沧江流域）的1/4多，而平均碳密度为54.16Mg/hm²，是流域平均水平的近3倍。"① 较好的植被状况除了有适宜植物生长的气候、土壤等自然条件的因素外，还与居住人群保护生态环境的传统文化有关。

澜沧江流域（云南段）生态情况较好，森林覆盖率达44%，流域内呈明显的生物多样性特征，有国家级和省级保护动植物201种左右，约占云南省保护物种的53.7%。彝族聚居区域生态状况良好，森林覆盖率普遍较高，具体情况见表0—2②：

表0—2　　　　　**澜沧江流域彝族自治县森林覆盖率表**　　　　（单位：%）

县名	森林覆盖率	县名	森林覆盖率
漾濞彝族自治县	82.00	镇沅彝族哈尼族拉祜族自治县	72.60
巍山彝族回族自治县	60.05	景谷傣族彝族自治县	78.30
南涧彝族自治县	61.00	宁洱哈尼族彝族自治县	77.15
景东彝族自治县	70.51	江城哈尼族彝族自治县	68.01

较高的森林覆盖率反映出澜沧江流域彝族聚居区相对较好的生态状况，良好的生态又源自彝族同胞们热爱家乡、关爱自然的生态情怀，进一步证明澜沧江流域彝族有着底蕴深厚的生态文化积淀。

民族生态文化的产生、形成和发展离不开特定的自然环境，澜沧江流域彝族传统生态文化是在气候多样、降雨充沛、生物多样性丰富、植被状况相对较好的山地环境中形成的。澜沧江流域彝族的生产方式、风俗习惯、文学艺术、制度规约等文化样式都带有明显的多样

---

① 陈龙、谢高地等：《澜沧江流域典型生态功能及其分区》，《资源科学》2013年第4期。

② 数据截至2018年年底。

性，这是多样性自然环境长期模塑的结果。细而观之，澜沧江流域彝族传统生态文化围绕着森林生态系统而具有丰富的内涵。

（二）民族文化多样性的社会环境

澜沧江流域云南段具有显著的民族多样性特征，除汉族外，从北往南分布着藏族、傈僳族、怒族、独龙族、普米族、景颇族、纳西族、白族、彝族、回族、布朗族、佤族、拉祜族、苗族、德昂族、傣族、基诺族、哈尼族18个少数民族。澜沧江流域云南段是一个典型的多民族共生、多种民族文化交融的地带，各民族在长时段的共居交往过程中，存在着文化相互吸取、植入、潜移默化的情况，但总体而言，各民族文化依然保持自身的特点。彝族文化在受其他民族文化影响的同时，还保留着与森林密切关联的特点，如多样性的生计方式、火把节、树木崇拜、神林崇拜、山神崇拜等等。部分在彝族地区居住的其他民族受彝族文化的影响，其生计方式、习俗等都和彝族极为相似。项目负责人在云县后箐彝族乡营盘村调研时获悉，该村共有258户、994人，其中彝族223户、白族20户、傣族8户、汉族5户、布朗族2户，人口以彝族为主，其他民族的生产生活方式与彝族相似，习俗方面彝族有朝山活动及火把节，其他民族亦然。澜沧江流域彝族生态文化正是在民族文化多样性的大环境中发展、形成的，既有山地民族生态文化的共性特征，又保留着人与森林和谐共生的特质。

第一章

澜沧江流域彝族适应与利用
自然兼融的生存智慧

澜沧江流域彝族大多居住在山区，山地森林环境为彝族生存提供了丰富的资源，然而山区生态环境较为脆弱。澜沧江流域彝族聚居区的生态环境处于较好状态，其主要原因在于彝族在谋取生计的过程中注重保护生态环境，经过长时期积累，逐渐形成一套与山地森林环境相适应的技术体系，具体展现在农业、林业、畜牧业、狩猎、采集等生产方式中。彝族传统的饮食文化充满自然韵味，餐具用材、食材的选取和加工都包含生态智慧。在西医未传入前，药材取于大自然中的动植物及矿物，形成了一套采药、用药医疗知识体系。森林被视为居住环境中的核心因素，因为森林提供了居住必需的建材并涵养了生产生活所需的水源，生产生活方式围绕着森林展开，在村寨选址、建筑用材、地名等方面都表现出融于自然的居住理念。服饰上体现出利用自然、适应自然、热爱自然的生态理念，取于自然的服饰材料及染料体现出对自然的利用，厚实深色的布料体现出对森林及冷凉环境的适应，服饰上的自然图案体现出对自然的审美及热爱。在生产生活中，合理利用森林以供生计，因地制宜地开展生产生活，澜沧江流域彝族正是在适应与利用自然的过程中获得绵延不绝的生存资源和良好的生态环境。

第一节　生产中适应和利用自然的技术

一　农业生产技术中的生态文化

澜沧江流域土壤肥沃、气候温润、降雨偏多，地理环境和气候条件较适合农业生产，因此澜沧江流域彝族的农业在经济中占有较大比重，这与其他区域彝族畜牧业在经济中占较大比重有所区别。创世史诗《查姆》中反映出彝族祖先对粮食重要性的认识："有种籽才有万物，有万物才有人烟，有种籽祖先才能生存，有粮食人类才能繁衍。"[①] 在南涧彝族中流传着这样的传说："在很久很久以前，世界曾经非常富足，各种庄稼都长得很繁茂，一棵苞谷能长出三种果实。苞谷主秆顶上的天花谢了，生出红彤彤的果实叫高粱，中段枝秆上结的叫苞谷，开花落地后，在根上结出的果实叫花生。"[②] 故事充满传奇色彩，但从中透露出人们对丰收的愿景，暗含对粮食多元化需求的美好愿望。郑重的开耕仪式寄托着人们对农业的重视，青云村彝族开耕时把桃花、梨花树枝插起来上香祭拜，景谷县永平镇南谷村彝族开耕时跳开荒舞、撒种舞，这些农耕礼俗寄托着丰收的希冀。

（一）刀耕火种中的生态平衡

刀耕火种在很长一段时期流行于澜沧江流域彝族聚居区。澜沧江流域彝族聚居地区至少在清代以前都处于森林茂密、地广人稀的状态，这为刀耕火种提供了自然条件，"大家一起来砍地，火地开在后山林"正是刀耕火种生产方式的生动概况。清代前期，南涧、巍山等地彝族的刀耕火种较为普遍，据《康熙定边县志·风俗》记载："乡多彝种，火种刀耕。"[③]《康熙蒙化府志·地理志》巍山彝族对刀耕火

---

① 郭思九、陶学良整理：《查姆》，云南人民出版社 1981 年版，第 10 页。
② 白庚胜、吴家良：《中国民间故事全书》云南南涧卷，知识产权出版社 2005 年版，第 5 页。
③ （清）杨书纂，邓承礼标点校注：《康熙定边县志》，大理白族自治州文化局翻印 1985 年版，第 16 页。

种的倚重："倮猡……衣则毡裘麻布，食则火种刀耕。"① 中华人民共和国成立前大理州彝族普遍流行"刀耕火种"的生产方式②，将树木砍倒后，待树枝干燥点火将杂草、树叶烧尽，巍山县牛街乡举雄村的刀耕火种地还占耕地总面积的 26.65%③。

刀耕火种具有肥地功效。彝族谚语"人不出门不出名，火不烧地地不肥""人不勤劳家不富，火不烧山地不肥"，说明火耕地能增强土壤肥力，树枝、树叶、杂草燃烧留下的灰烬及不完全燃烧物都为作物生长提供钾、磷等化学成分，刀耕火种地通常种钾肥、磷肥需求量大的作物，如荞、粟、瓜豆等作物，表现出善于利用刀耕火种地优势的生态智慧。彝族深知刀耕火种对提高苦荞产量具有较好效果："三升苦荞打八石，只要火烧地得烫。"④ 火烧地特别适宜种荞，熟地里的苦荞产量没有开荒地高，生地亩产约一千市斤，而熟地亩产四五百市斤⑤，生地的产量是熟地的两倍，而且熟地还需施厩肥做底肥。中华人民共和国成立前彝族支系阿列人主要以刀耕火种的方式种植苦荞，很少用农家肥，⑥ 再次证明刀耕火种具有肥地和适宜苦荞生长的功效。刀耕火种的方式适宜种苦荞由来已久，《皇朝职贡图》有"利米蛮……刀耕火种，土宜荞稗"⑦ 的记载，说明彝族支系俐侎人在古代就懂得刀耕火种适合种荞的农耕道理。从以上事例可以看出，刀耕火种实际上是彝族探索出的与苦荞种植相适应的耕作方式，这样的耕作经验与科学验证相吻合："当氮、

---

① （清）蒋旭纂：《康熙蒙化府志》，大理白族自治州文化局翻印，1983 年，第53 页。

② 云南省编辑组：《大理州彝族社会历史调查》，民族出版社 2009 年版，第 77 页。

③ 云南省编辑组：《云南彝族社会历史调查》，民族出版社 2009 年版，第 138 页。

④ 巍山县民间文学集成办公室编：《巍山民间谚语集成》，大理市印刷厂 1990 年版，第 76 页。

⑤ 中共营盘镇委员会、营盘镇人民政府编纂：《云南省兰坪白族普米族自治县营盘镇志》，云南民族出版社 2008 年版，第 253 页。

⑥ 思茅行政公署民委：《思茅少数民族》，云南民族出版社 1990 年版，第 258 页。

⑦ 邓启华等：《清代普洱府志选注》，云南大学出版社 2007 年版，第 346 页。

磷、钾肥分别亩施 1.85、2.63、8.77kg 时产量最高。"① 钾肥对提高荞麦产量有重要影响，而草木灰中刚好含有大量的钾肥成分，火烧地适宜种荞的经验含有一定的科学道理。

刀耕火种中的轮歇休耕有利于生态恢复。刀耕火种地在耕作三五年后会作撂荒处理，如香格里拉彝族"将森林砍倒，放火烧荒，然后耕犁种植，不施肥料，亦不薅锄，三五年后即行撂荒"②。不薅锄、不施肥的粗放耕作方式产量较低，但有利于土壤层的保持，而且耕种一段时间后抛荒有利于植被恢复，云龙县彝族支系罗武人的耕作方式以刀耕火种为主，多为轮歇的火烧荒地。轮作既不会对土壤肥力造成严重消耗，又有利于植被恢复，不易造成水土流失，而且休耕期积攒的肥力有利于作物生长，种植多种作物能满足多种营养物质的需要和防治病虫害。普洱市居住在山区或半山区的彝族传统的耕作方式主要采取刀耕火种和轮耕："土地关系是全寨人在土司或地主的土地上共耕，各户可以任意选一块荒地耕种……冬腊月间看到一片树林，到第二年春天放一把火把草木烧光，用草木灰做肥料……耕地并不固定，一块地耕种了三四年，当地的肥力散失了，就再新开一片耕地，到这片地轮歇了十多年后'再度开荒耕种'。"③ 这段话较全面地叙述了刀耕火种的过程及益处，明确指出刀耕火种过程中的草木灰能为作物提供肥料，轮耕是当地力散尽后休耕，轮歇十多年后再续耕种，于是避免了过度耕种造成的土地沙漠化和严重的水土流失，刀耕火种具有就地取肥（有机肥，不会造成土壤污染和碱化）的生态优势，轮耕中展现出彝族利用耕地过程中的"舍取"大智慧，实质上是一种间歇性可持续利用耕地的智慧。景谷彝族在耕地利用方面包含生态思想：把耕地按

---

① 毛新华、石高圣、倪松尧：《氮肥、磷肥、钾肥与荞麦产量关系的研究》，《上海农业科技》2004 年第 4 期。

② 云南省中甸县志编纂委员会编：《中甸县志》，云南民族出版社 1997 年版，第 195 页。

③ 云南省普洱市民族宗教事务局编：《普洱市民族志》，云南民族出版社 2009 年版，第 67—68 页。

照自然地势分轮歇地、固定耕地、家庭园地三种，体现出因地制宜、合理利用土地的生态思想；其中轮歇地采取砍倒树木、纵火焚烧、以灰为肥的方式耕种生产，粗放的耕种方式既有利于生态的迅速恢复，又利用草木灰促进作物的生长，在利用自然和保护自然中达成了默契。

从客观上看，刀耕火种不等同于破坏生态。刀耕火种并不一定会对生态造成严重的破坏，"而是森林民族的生存方式，是他们适应利用森林环境和森林资源的表现形式"。刀耕火种栽种的作物种类较多，这是适应地理环境的智慧抉择："山地的土壤、坡度、气候等自然条件复杂多变，所以必须因地制宜，根据土地条件选择栽种不同的农作物。"刀耕火种在一定的人口限度下是能够维持生态平衡的："在亚热带山地，如果人均拥有30亩以上的可耕森林地，这个系统便能保持平衡和良性循环。"[①] 刀耕火种没有严重破坏生态，一系列有利于生态平衡的生态智慧发挥着重要作用，如：土地轮歇休耕，农作物品种的多样种植，砍树、烧地、防火的方法等。在营盘村调查时获悉，当地刀耕火种含有一套保护生态的技术。营盘村刀耕火种一直延续到20世纪90年代，刀耕火种地占耕地面积的30%—40%，正月、二月砍火山（砍出地上的树木杂草），三月烧树木的枝叶及杂草，稍粗一点的树干运回家做薪柴。在烧山之前用锄头挖出防火带，把待烧的枝叶杂草收集到一处，点火从上到下，烧火的过程中专门有扑火队守候，火不灭人不走，烧过后等到下雨，用牛犁地后播种玉米。种两三年后抛荒，隔两三年杂草树木长出来后又砍山放火耕种，如是往复耕种。从整个刀耕火种的程序可以看出，其间充满了顺应和利用自然的技术，正月、二月砍下的枝叶杂草含水分少，加之这一段天气干燥、阳光充足，容易干燥，有利于燃烧。燃烧留下的灰烬为作物生长提供了肥料，在焚烧过程

---

① 尹绍亭：《人与森林——生态人类学视野中的刀耕火种》，云南教育出版社2000年版，第12、301、337页。

中一些害虫、虫卵被烧死。在焚烧过程中又有防止火势蔓延的周密措施，这能有效防止烧山毁林的发生。包括三重防护措施，即防火带、从上方点火、火灭人走，能有效防止烧山毁林。刀耕火种蕴含着彝族对气候、植被、土壤、人力巧妙运用的技术，从而发挥了保护生态的积极意义。

（二）轮作和间作套种的生态效果

轮作和粮林间作等耕作方式对生态保护有一定作用，如漾濞彝族轮歇地耕作方式为"荞麦—丢荒—玉米—丢荒"或者"洋芋—荞麦—玉米—丢荒"[①]，耕作过程中的"丢荒"阶段有利于土壤肥力的恢复，而且在丢荒阶段生长的大量杂草、灌木等附着物可为土地提供有机肥料，轮作方式对山区坡地生态保持和修复具有重要意义，过度种植会引发两方面的生态问题，一方面会导致坡地水土流失过于严重，另外坡地土层不深，连续种植会导致土层太薄及肥力过低而不能满足作物所需养分。草木灰成为土地的重要肥料，弥渡彝族当休耕期短草木稀少时，甚至要另砍树木放到地里烧成灰做肥料。[②] 粮林间作方式有"旱粮—核桃、旱粮—茶、旱粮—水果"，粮林间作既能收获粮食和水果，果林又能发挥维系生态平衡的作用，这是两全其美的事。至今还保持有粮林间作的情况，在田野调查中发现开明村彝族在茶地中种红薯，在核桃林中种小麦；平地村彝族在核桃、茶叶、桑蚕树林中间种小麦、玉米；营盘村在玉米地中种核桃、坚果、豆、瓜，在埂边种辣椒、生姜等蔬菜。根据作物的生长特点通过套种获取多种收益："甜菜地里套种荞。"[③] 在甜菜地里种荞通风效果较好，荞的抗倒伏性得以增强，而且发芽率高，荞籽更为饱满。在种植密度方面，不求过密："密密实实，不够鸡吃，稀稀朗朗，胀破大仓。"[④] 稀植比密植收

---

① 漾濞彝族自治县地方志编纂委员会编：《漾濞彝族自治县志》，云南人民出版社2000年版，第195页。

② 弥渡县民族宗教事务局编：《弥渡彝族简史》，云南民族出版社2004年版，第248页。

③ 杨茂虞、杨世昌编译：《彝族打歌调》，云南民族出版社2002年版，第225页。

④ 邓承礼主编：《南涧民间文学集成》，云南民族出版社1987年版，第139页。

成高，彝族已经能够很好地、因地制宜地把握作物种植的间距。有些作物不宜混种，如麦子和青菜就不能种在一起："麦子和青菜种在一起总是会不好啊，割青菜的时候总容易把麦子割倒了，最好不要把青菜、麦子种在一起了。"①

（三）择优性与适应性相结合的选种育苗法则

种子是农业生产的第一要素，种子对粮食产量具有决定性影响。优良的种子才能有好收成，"好葫芦出好瓢，好种子出好苗"②"好种出好苗，好树出好桃""春天选种种子好，秋后包你吃个饱"③等谚语道出了种子在农业生产中的重要性。通过调种的方式以达到高产的目的，"调种不如调地，有如调地不如调种""施肥不如换种""三年不换，打失一半"等谚语所说的就是调种对于农作物高产的重要意义，在具体实践方面，江城县国庆乡洛捷村彝族通过红谷与白谷的轮番耕种来保证产量④。调种可增强作物的抗病虫害能力，从而达到增产目的。彝族总结出一些选种方式，穗选、片选是常用的选种方式，如江城彝族通过穗选、片选等方式选留优良品种。⑤在田野调查中发现，选种的主要考虑颗粒大、饱满、颜色好、口感好等，海拔较高的地区还考虑种子的耐寒性。为了增加种子发芽率，采取种子在播撒前泡一夜的方法。在长期的生产实践过程中，保存了一些适应本地土壤、气候的农作品种，例如云县后箐乡的本地常规水稻品种较杂交种更具优势，具体情况见表1—1：

---

① 刘成成：《巍山彝族民歌文化述略与分析》，《民族音乐》2010年第5期。

② 漾濞彝族自治县民族宗教事务局编：《漾濞彝族自治县民族宗教志》，云南民族出版社2005年版，第69页。

③ 巍山彝族回族自治县人民政府编：《巍山彝族简史》，云南民族出版社2006年版，第321页。

④ 云南省编辑组：《云南彝族社会历史调查》，民族出版社2009年版，第337页。

⑤ 江城哈尼族彝族自治县志编纂委员会编纂：《江城哈尼族彝族自治县志》，云南人民出版社1989年版，第356页。

表1—1　　　　　　后箐乡农民对杂交水稻和本地常规种的比较表

比较对象	本地常规种	从外地引进的杂交种
质量	口味好，饭软和	口味不好，煮熟的饭硬，人常年吃后容易发胖
是否适应当地的自然条件	已适应当地的自然条件	适宜性能差
产量	单产量低	单产量高
投入	投入少，多数用农家肥	投入高，使用大量的化肥、农药
风险	风险小，通过自发育种、交换，质量有保障	种子、化肥都依赖外部供应，质量得不到保障，风险大
市场价格	市场价格较高	市场价格低
农业可持续性影响	对环境副作用小	土壤板结，土壤肥力降低，鼠害严重

资料来源：赵俊臣：《特困民族乡奔小康——云南省云县后箐乡的个案》，中国书籍出版社2004年版，第157页。

从两种水稻品种的品质、对自然条件的适应性等指标可以看出，本地常规品种更具保护环境的优势，其生态指数比外地引进的杂交种要高。营盘村选择籽粒饱满、颗粒大的"营盘大蚕豆"做种，有较强的适应性，收成相对稳定。在播种过程中，南涧彝族讲求生物多样性："一把花子撒下地，一样种子百样花。"[1] 多样化品种充分利用了有限的土地资源，从中可获取多样化收益，还能起到一定的病虫害防治效果。

山区的稻田大多是雷响田，靠降雨耕作插秧，如果雨水来得较迟，就会造成水稻秧苗过期长节的现象发生，为了克服这一现象，靠降雨插秧的农民总结出一套防止秧苗长节的方法："雨于滇最不均，半年晴而半年雨，故滇农下秧以二月。秧针盈寸，即决水而干之，虽阅日在久不起节。"[2] 这反映出云南古代农民善于思考、能很好地克服自然因素对农业造成的困难，对于主要居住在山区的彝族而言，放

---

[1]　邓承礼主编：《南涧民间文学集成》，云南民族出版社1987年版，第175页。

[2]　（清）檀萃辑，宋文熙、李东平校注：《滇海虞衡志校注》，云南人民出版社1990年版，第303页。

水以防止秧苗长节的方法更为实用。好种育好苗，种选好后并不等于就能丰收，育苗在农耕中十分关键，彝族支系蒙化人在惊蛰节令撒秧，在秧田里插杜鹃花、梨花、李子花和撒秧花，点燃三炷清香由妇女撒秧，边撒边念："撒！撒！撒！厄撒！保佑谷秧长得快，长得好。"甚至念咒语阻止动物侵害种子："种下种子要长好，什么东西吃着种子要它肠子乱。"① 从中可以看出蒙化人能够把握住撒秧的重要节令，在秧田中插花、烧香、念祝语等行为表现出对育苗的重视，只能由妇女撒秧借女性孕育之意育出壮苗，撒秧的农耕礼俗透露着蒙化人对育苗的郑重。

（四）物候历与农业生产的耦合

农作物生产与节令气候密切相关，彝族根据植物的荣枯和鸟兽的活动总结出适应当地农业生产的物候历，通过自然物种的变化来判断季节流转，并以此为依据开展农事活动："春季三个月，春晴日融融，万物初生了。夏季三个月，夏晴日炎炎，万物生长茂盛了。秋季三个月，秋晴日晖晖，万物结实有收成了。冬季三个月，冬日晴淡淡，万物潜伏、收藏了。"② 观察物候来开展农业生产在彝族中形成常态，如普洱市彝族"通过听候鸟的叫声来掌握各种农事活动"③。保山市彝族农历一至六月的农事生产以花开、鸟叫为标志，一月以"纠本勒"鸟叫为标志，二月以"微能"花和"莫罗朵"花开为标志，三月以布谷鸟叫为标志，四月以"窝窝"鸟叫为标志，五月以大白花开为标志，六月以"阿拉奴突"花为标志。④ 云县彝族有"知了叫，要撒荞；核桃开花要栽秧"⑤ 的谚语，知了在盛夏时节叫声此起彼

---

① 思茅行政公署民委编：《思茅少数民族》，云南民族出版社1990年版，第277—278页。

② 马学良主编：《增订〈彝文丛刻〉》上册，四川民族出版社1986年版，第7页。

③ 云南省普洱市民族宗教事务局编：《普洱市民族志》，云南民族出版社2009年版，第67页。

④ 保山市民族宗教事务局编：《保山市少数民族志》，云南民族出版社2006年版，第117页。

⑤ 金建、杨兆昌主编：《临沧地区民族志》，云南民族出版社2003年版，第22页。

伏，这是撒荞的大好时机，核桃花三四月份迎风绽放，云县气候燥热，此时已可插秧，开展农事生产选取的物候参照具有浓烈的科学韵味。彝族香堂支系的《祭龙词》中告诉人们通过观察草木荣枯和鸟鸣来判断季节变化及确定耕作步骤："茅草是草中之王，它会分四季，不到时间不发芽，茅草发得旺，庄稼长得好，点水雀叫冬季过，它告诉我们要选种，火烧饭盒雀叫了，它告诉我们将要下种，布谷鸟叫了，下种的时候到了，祭过龙神我们就要下种。"[①] 香堂人通过茅草的荣枯判断春夏秋冬的变化，茅草发芽意味着春天来到，茅草长得旺可看出是盛夏之景，点水雀叫征示冬季结束要赶快选种，火烧饭盒雀叫说明春天来临要备种，布谷鸟叫就是播种的时节了，草木荣枯、鸟雀鸣叫成为农事活动的参照系。景东县大街乡彝族的《农事歌》中反映出以羊雀停止鸣叫的时间来确定栽秧时节："鸪公叫到三月三，羊雀叫到正栽秧"。江城彝族"善于根据植物、候鸟的生长活动情况来掌握农事节令"[②]。镇康彝族以红木开花作为播种的节令参照："穷人莫被富人哄，红木开花快下种。"[③] 景东彝族则以棠梨花开作为播种的时间："穷人莫听富人哄，棠梨开花要下种。" 花朵盛开是春天的显著标志，观察花朵开放是彝族捕捉播种参照信息的途径之一。兰坪县营盘镇彝族以白杨树发芽作为撒苦荞的信号："白杨树发芽时要撒苦荞，秋天才能获得丰收。"[④] 弥渡彝族根据布谷鸟的鸣叫按时育秧，正所谓："惊蛰春分两开泰，鹁鸪叫你快育秧。""杜鹃停在牵引绳上叫，牛角上绑着照明火把，种稻季节真艰苦。"[⑤] 可以看出参照布谷鸟的鸣叫赶时间插秧。在《祭祀经》中反映出以动物活动为信

① 思茅行政公署民委编：《思茅少数民族》，云南民族出版社1990年版，第301页。
② 江城哈尼族彝族自治县志编纂委员会编纂：《江城哈尼族彝族自治县志》，云南人民出版社1989年版，第356页。
③ 镇康县民族事务委员会编：《镇康县民族志》，云南民族出版社1994年版，第45页。
④ 中共营盘镇委员会、营盘镇人民政府编：《云南省兰坪白族普米族自治县营盘镇志》，云南民族出版社2008年版，第274页。
⑤ 杨茂虞、杨世昌编译：《彝族打歌调》，云南民族出版社2002年版，第506页。

号来开展耕作："不知二月撒秧时，去问山间布谷鸟；不知五月栽秧节，去听塘蛙阵阵叫，河湾田鸡叫嚷嚷，询问水里青蛙去；不知八月种麦时，山林秋蝉鸣啾啾，山林秋蝉不鸣停，询问山林秋蝉去。"①布谷鸟鸣知道该撒秧了，听蛙声而知插秧，听秋蝉鸣叫而种麦，动物的状态对农耕动向发挥了指导作用。彝族的龙崇拜包含对物候历的认识，具体情况见表1—2：

表1—2　　　　龙崇拜对应的方位、五行、四季、植物变化表

方位	龙的名称	五行	四季	植物变化
东	青龙	属木	春	林木青秀，林花鲜红
南	赤龙	属火	夏	林木繁茂，林丛丰满
西	白龙	属金	秋	金晃晃的禾粒成熟了
北	黑龙	属水	冬	平原降雪，山头结冰林木冻僵了，林草枯萎了
中	黄龙	属土	—	—

资料来源：张纯德：《浅论彝族古代毕摩绘画》，《云南艺术学院学报》2003年第1期。

五种龙对应着五方、五行以及四季，季节变化以植物变化来区分，通过观察物候的变化判断季节，其间包含彝族对物候历的掌握和认知。

物候历在澜沧江流域彝族聚居区流行广泛，为农业活动提供了卓有成效的参照，物候历是彝族善于观察森林物景和总结自然规律并应用于农业生产的生态智慧，这是一项充分利用森林物景并顺应自然规律的农业实践。

（五）观测气候以引导农事

彝族在长期生产中总结出一系列种植和收获庄稼的经验，在没有温室、大棚等现代农业科技条件的情况下，只有找到气候特征和作物生长规律的契合点，才能有序优质地开展农事活动，"不误农时"是

---

①　云南省楚雄彝族自治州人民政府编译：《彝族毕摩经典译注·祭祀经、巍山南涧彝族口碑文献》第五十五卷，云南民族出版社2009年版，第120页。

开展农业生产的基本原则。为确保农业生产正常进行，一些重要的生活事项置于农闲时节办理，如结婚、建房集中在每年农历十月到来年二月开展。结合一年的气候变化情况，彝族对一年十二个月的生产活动有明确的安排："正月做什么？拜年休闲月。二月做什么？伐薪背柴月。三月做什么？秧田撒秧月。四月做什么？收割小麦月。五月做什么？水田栽秧月。六月做什么？收割苦荞月。七月做什么？抄犁山地月。八月做什么？收割大麻月。九月做什么，播种小麦月。十月做什么？收割稻谷月。冬月做什么？男婚女嫁月。腊月做什么？建造屋室月。"① 从文中可看出，彝族十二个月的农事安排井井有条，他们能够根据气候状况开展农业生产，这既是对一年农事的前瞻性计划，同时又是生产活动的概括性总结。

气候随节令的推进而不断变化，必须紧扣节令开展农事活动，如景东县太忠乡荃麻林村（现属龙街乡）彝族在中华人民共和国成立前已总结出根据节令开展农事的经验："农历正月立春雨水撒秧，二月惊蛰春分撒早苞谷，三月清明谷雨种包麦苦荞，四月立夏小满栽秧，五月芒种夏至种植各种作物，六月小暑大暑薅锄，七月立秋处暑种甜荞，八月白露秋分种白菜小麦，九月寒露霜降种寒露豆。"② 把握节令种植是丰收的重要保障，关于这点彝族总结出很多颇具哲理的谚语，如"夏至前栽粮，夏至后栽草""小暑种豆不落叶，大暑栽秧不落根""处暑荞、白露菜、秋分麦子、寒露豆"③，指明了栽秧、种荞、种菜、种麦子、种豌豆等作物的节令，错过节令有可能颗粒无收。"立夏栽秧压弯腰，夏至栽秧轻飘飘"④，说明栽秧的重要节令在

① 云南省楚雄彝族自治州人民政府编译：《彝族毕摩经典译注·祭祀经、巍山南涧彝族口碑文献》第五十五卷，云南民族出版社2009年版，第348页。

② 云南省编辑组：《云南彝族社会历史调查》，民族出版社2009年版，第122页。

③ 漾濞彝族自治县民族宗教事务局编：《漾濞彝族自治县民族宗教志》，云南民族出版社2005年版，第69页。

④ 巍山彝族回族自治县人民政府编：《巍山彝族简史》，云南民族出版社2006年版，第314页。

立夏，"白露早，寒露迟，秋分种麦正合适"①，告诉人们种麦的最佳节令在秋分。南涧彝族中流传"寒露豆子霜降麦"②的说法。永平彝族紧紧把握节令开展耕作，苞谷在"立夏"前后播种，稻谷在"清明"前后播种、"小满"前后插秧。③

不同作物选择适宜的天气耕作，如"种荞去时不下雨，种麦去又被雨淋，没有丰收希望了吧"④"头伏萝卜二伏菜，三伏有雨种荞麦"等都说明下雨时种荞是极好的。种荞时遇下雨发芽快，种麦时遇阴雨容易发霉，彝族总结出雨天种荞晴天种麦的经验。收获要把握好作物的成熟度，即"九黄十收""十黄九收"，收割太早则成熟度不够，收割太晚晴天颗粒容易散落地上，雨天则容易发霉。天气状况对农业生产具有较大影响，总结出大量预测天气的谚语，如"大旱不过五月十三""早雨不过巳时""重阳无雨看十三，十三无雨一冬干（九月九日重阳节无雨，看九月十三是否有雨，十三还无雨的话，一冬三月可能出现干旱）""要吃来年饭，八月头上看（连续观察农历八月初一至十二日的晴、雨状况，每一日的晴雨状况对应预示着次年的一个月的晴雨状况，即八月初一日对应次年正月，初二日对应次年二月……以此类推）"等等。⑤通过观察云雾状况确定是否有雨，如"云走东，有雨变成风""云走西，出门披蓑衣""雾露上山，淋死憨斑""雾露下坝，有雨不下"⑥，进而通过雨水状况安排出行活动及农事生产。根据特殊时节的天气状况对庄稼丰歉作出预测，如"春节要雨，火把节要晴""火把节天晴麦丰收，七月半天晴稻丰收""火把节的水，七月半的鬼"等谚语都说明火把节天晴有利于农业丰收。景

---

① 云南省编辑组：《云南彝族社会历史调查》，民族出版社 2009 年版，第 322 页。

② 邓承礼主编：《南涧民间文学集成》，云南民族出版社 1987 年版，第 269 页。

③ 永平县民族宗教事务局编：《永平县民族志》，云南民族出版社 2006 年版，第 52 页。

④ 杨茂虞、杨世昌编译：《彝族打歌调》，云南民族出版社 2002 年版，第 222 页。

⑤ 漾濞彝族自治县民族宗教事务局编：《漾濞彝族自治县民族宗教志》，云南民族出版社 2005 年版，第 69—70 页。

⑥ 邓承礼主编：《南涧民间文学集成》，云南民族出版社 1987 年版，第 268 页。

东彝族预测天气的谚语有："云往东，有雨变成风；云往西，出门披蓑衣；云往北，有雨下不得；云往南，有雨下不完""有雨山戴帽，无雨山没腰"①。谚语中预测天气的方法未必精准，但对农业生产确实有指导意义，同时说明彝族对气候具有细腻的观察力，展现出彝族对大自然的关注，在处理人与自然的关系方面，彝族善于观察和总结气候状况，这为气象史、农业史留下一笔宝贵的财富，在现行的生产生活中仍能发挥作用。

（六）多途增肥和因地施种

田地肥沃与否是决定丰产的重要因素，如果田地原本肥沃是最理想的耕种条件，正如打歌调所唱的那样："不是谷种品种杂，良种没遇上好田，肥田遇不着壮秧""芦苇丛里的饱水地，不施肥也禾苗长得好"②。第一句唱词中道出良种、壮苗、肥田是丰收的三个主要因素，勾勒出三位一体的丰收先决条件，肥田是育出壮苗的关键。地势平坦、低洼的土地肥力较好："山地一片坡，不及坝子一个角；高处一块，不及洼地一拐。"③但在彝族居住的山区肥沃田地不多的情况下，通过施肥促进收成显得至关重要，在澜沧江流域彝族中普遍流传着"庄稼一枝花，全靠肥当家""若要庄稼好，肥料是个宝""种田无它巧，粪是庄稼宝""白地不下种，白水不栽秧"等强调肥料重要性的谚语，这些话成为指导农业生产的训条。以土地的肥瘠来确定施肥的多寡，土肥则少施、土瘦则多施，至今还保持这一行之有效的技术，这从调查问卷第 29 题"您如何给庄稼施肥"选"根据土壤肥瘦情况施肥"占 25.4% 可以看出（调查问卷及分析参阅附录）。

在化肥未传入彝族地区以前，所用肥料全部是有机肥，如漾濞彝

---

① 颜仕勇主编：《景东彝族自治县民族志》，云南民族出版社 2012 年版，第 77 页。

② 杨茂虞、杨世昌编译：《彝族打歌调》，云南民族出版社 2002 年版，第 512—513、514 页。

③ 巍山县民间文学集成办公室编：《巍山民间谚语集成》，大理市印刷厂 1990 年版，第 76 页。

族在 1956 年以前全用农家肥："主要品种为各种畜（厩）肥、绿肥、草木灰、老墙土等。"① 澜沧江流域彝族使用的传统农家肥主要包括四个类型，即厩肥、绿肥、草木灰、老墙土，其中厩肥、绿肥占比较高。农家肥有效期长，通常被用做底肥，壮苗效果尤甚。森林能给农业及林地带来大量肥料，这在彝族歌谣《祭树神》记载了森林的肥效功能："树神是两个，守生莫另移……叶落同草枯，你使土地肥，地肥瓜果鲜，地肥山花艳。你保大青山，铺绿又盖红。"② 松毛、蕨叶、树叶、山草是制造厩肥的优质原料，草、叶垫圈过程中混杂了牲畜的粪便，这样既能满足牲口对干燥、酥软及暖和环境的需求，又能为农业生产提供上好的有机肥料，"养猪不赚钱，肥了一块田"③，讲述的正是厩肥强大的肥地功能。另外一种主要的肥料来自羊粪，正如彝族谚语所言："山地无羊，地里无粮。"在彝族聚居的山区有这样一条生态链环，即林中放牧—圈中积肥—地里产粮，甚至直接让羊群在山地里过夜，晚上所产粪便能增强土地肥力。充分利用植物茎叶做绿肥，落叶枯草具有较好的肥地功效，将其收集放到地里可增强土地肥力，有利于庄稼成长，而保留在原地则增强山野肥力，对树木花草的生长十分有利。江城县国庆乡洛捷村彝族把青蒿子放在秧田中以实现肥田的目的，而且效果较好，青蒿子发酵后使土壤疏松，有益于作物根部呼吸。栽旱冬瓜树提供绿肥，云县后箐乡勤山村的彝族对旱冬瓜树的肥效功能有高度赞誉："用旱冬瓜树枝叶作肥料，比牛羊粪作肥料都要好，一棵旱冬瓜树等于一只羊。"④ 通常情况下是多种农家肥并用，如双江彝族在农耕生产中多施用厩肥、土杂肥，这对保证粮

---

① 漾濞彝族自治县地方志编纂委员会编：《漾濞彝族自治县志》，云南人民出版社 2000 年版，第 187 页。

② 云南省民间文学集成办公室编：《云南彝族歌谣集成》，云南民族出版社 1986 年版，第 89 页。

③ 景东彝族自治县民族宗教事务局编：《景东彝族简史》，云南民族出版社 2011 年版，第 233 页。

④ 邹雅卉、左停：《云南社区森林的乡土知识及传承———临沧地区云县后箐乡勤山小流域案例研究》，《林业与社会》2004 年第 4 期。

食的品质和保护土壤的重复利用都极为有利。利用有机肥改良土壤、增强肥力的农业技术在景东县有一个典型案例：

> 川河东岸、哀牢山麓及澜沧江畔的红壤土，土质较为板结，既缺磷，亦缺钾，"晴天硬如刀，雨天一泡糟"，一遇干旱，农作物枯黄，甚至干死，雨水一来，往往被洪水冲刷，不易保持养分。多年来采用增施有机肥的方法，每年趁草青叶茂季节，采集青草绿叶垫厩，每亩平均施1000—1500公斤农家肥，同时，采集粮食和绿肥间作，增加土地肥力。澜沧江边玉米地普遍套种小饭豆，待玉米收回后，将玉米秆连同小饭豆一并掊入地内，促使土壤肥化松软，川河坝一般采用粮蔗和蔗豆轮作，即甘蔗与玉米、黄豆、小麦、豌豆轮作，轮作期间坚持秸秆还地，秋季杀草掊地，对增强土壤的熟化、松软和增强有机肥力均取得较佳的效果。①

从案例中可以看出，当地彝族采取厩肥、秸秆等多种有机肥料改良旱季板结、雨季泡松的土壤，而且取得良好效果，这是在没有化肥的时代采取的生态性和实效性并重的改良土壤、增加肥力措施。

农业技术的使用还可以适当改造田地状况，化不利为有利，巧借自然之力促进作物生长。普洱市彝族使用绿肥、草木灰和农家肥种植水稻，而且能够利用日光暴晒提高地温，采取深挖沟来改造冷水田，通过不同时期调节水的深度来促进禾苗的成长。② 景东有一套较为具体和实用的改良冷浸田和锈水田的方法："此类田，水多土冷，土壤缺乏较好的团粒结构，水、热、气、肥因素不协调，冷水田、锈水田秧苗返青慢，分蘖少，苗架矮小。对冷浸田的改造，一是深沟排水，

---

① 景东彝族自治县农业志编纂委员会编：《景东农业志》（内部发行），1999年，第115页。
② 云南省普洱市民族宗教事务局编：《普洱市民族志》，云南民族出版社2009年版，第67页。

排出和降低地下水位；二是浅水灌溉，在禾苗返青后撤水晒田，晒起'鸡脚裂'，再行灌水，提高地温，增加土壤中的氧气，促进土壤养分转化，消除有毒物质对禾苗的危害；三是适当施放一些新鲜石灰，对改变冷浸田和锈水田有一定作用。"①此种改良冷水田和锈水田的方法可概括为"降水位、撤水晒、撒石灰"三个步骤，表面上看似简单，但其间蕴含着深刻的科学道理，这是彝族在实践中总结出的充分利用自然条件肥田的农耕科学。彝族擅长利用自然之力来促进水稻生长，这是彝族观察自然、探索自然再上升到利用自然的必然结果，尤其是利用日光照射提高地温、根据水的深度调节水温来促进禾苗生长等方式展现出彝族精到的农耕生态技术。自然处于客体位置，然而彝族能在探索自然过程中摸索出利用自然之力的方法，这就是弥足珍贵的充分利用自然的农耕生态技术。采取保水保土的方法肥田，河边的沙田不能放水，因为水冲进来会把肥沃的黏土冲走而减弱土地的肥力。用烧土块的方式改良土壤："农人治秧苗，先堆犁块如窑塔状，中空之，插薪举火，土因以焦，引水沃之，爰加犁耙，土乃滑腻，气乃苏畅，方可布种。"②烧焦的土块疏松细腻，而且土中的病菌虫害也被烧死，播种后生长快，且不易受病虫害侵扰。耕作中不穷竭地力，通过轮歇的方式提高土地的肥力，"㧟田（施肥）不及轮荒田"③概括出休耕的益处。

选取耕种培肥地力的作物以增强肥力。中华人民共和国成立前巍山县牛街乡举雄村小春作物以小麦、豌豆为主，但多种豌豆而少种小麦。④从科学角度来看，豌豆根部有固氮作用，而且枝叶落到地里形成有机肥料，而小麦耗肥量大，当时彝族不一定能用现代的科学原理

① 景东彝族自治县农业志编纂委员会编：《景东农业志》（内部发行），1999年，第115—116页。

② 杨滋荣整理点校：《顺宁府（县）志五部》，天马图书有限公司2001年版，第14页。

③ 巍山县民间文学集成办公室编：《巍山民间谚语集成》，大理市印刷厂1990年版，第76页。

④ 云南省编辑组：《云南彝族社会历史调查》，民族出版社2009年版，第137页。

解释耕作物种的选择，但对于土壤不太肥沃的山地而言，这样的耕作方式无疑是肥地之举。

善于根据土地的海拔、光照、坡度、湿度、土质等条件选择合适的作物种类。在田野调查中发现村民们在土地选择和利用方面几乎都遵循这一原则：青云村彝族通常选择地势较平、坡度小、近水源之处作为耕地，肥沃的土地种农作物，湿度大的土地种蚕豆，采光好的种核桃；平地村选择耕地的两个主要条件是采光好、湿度好，海拔在1600米以上种植核桃树、茶树、蚕桑，低于1600米的种玉米、小麦、稻谷等；红星村土质疏松、采光好的土地用于种植玉米，黏性大、湿度大、采光一般的土地则主要种小春作物；营盘村向阳的土地种玉米，背阴的土地种蚕豆、豌豆等小春作物。总体上看，海拔较高的种经济林木，向阳地种玉米，背阴、湿度大的土地种小春。善于根据地形、土壤特征种植作物："播秧田里不栽秧，山坡地上不栽菜。"[①] 秧田土壤过于肥沃不利于稻谷成熟，山坡土壤贫瘠缺水，不利于耗肥耗水的蔬菜生长，其间蕴含因地制宜的耕作智慧。讲求作物品种与地理环境相适应，正如《彝族打歌调》中所唱的那样："瓜种在哪里？瓜种在森林旁。竹栽在哪里？竹栽在坝区，坝区栽竹竹不旺，山头种瓜瓜不良，只好换地来栽种。哪里种了瓜？坝区种了瓜，瓜藤如缆绳，瓜叶似簸箕，瓜花似繁星，瓜果如木盆。哪里栽了竹？森林里栽竹，竹梢高触天。"[②] 因地制宜，根据地理状况种植适当的品种才能获得好收成。

（七）巧用自然之力生产和加工粮食

竹木农具的大量使用表现出彝族利用自然的智慧。木质工具最简单的应用形式就是木棒，用弯钩状木棒捶打荞秤："山间彝人打荞秤，以一木，长三尺，其端如钩，两手持木，反复击之。"[③] 20世纪50年

---

① 云南省楚雄彝族自治州人民政府编译：《彝族毕摩经典译注·祭祀经、巍山南涧彝族口碑文献》第五十五卷，云南民族出版社2009年版，第130页。

② 杨茂虞、杨世昌编译：《彝族打歌调》，云南民族出版社2002年版，第411—413页。

③ 杨滋荣整理点校：《顺宁府（县）志五部》，天马图书有限公司2001年版，第14页。

代以前，澜沧江流域彝族主要使用竹木农具，临沧彝族木质农具有弯钩、连枷、风柜、海簸，竹质农具有不同规格的筛、簸、筐、篮、粪箕、竹笆，储存粮食用竹编的囤箩。① 景东彝族在中华人民共和国成立前大量使用石磨、杵臼、扛水大竹筒、竹箩、榨油机、织麻布机等生产生活用具。② 从手工业和商业中也可看出澜沧江流域彝族制造并使用大量竹木农具：手工业方面，利用竹子和灌木编制簸箕、箩筐、筛子、竹篮、蔑笆等，还利用木头制作桶、盆、瓢、甑、碗、勺、耙、犁、弯棍、掼槽等，用硬质杂木加工的器具具有耐高温、耐腐蚀的优点；出售的大量商品也多取自于自然，如中草药、蜂蜜、菌类、核桃、茶叶、棕片、草席、竹木家具、麂子干巴等。彝族学会牛耕后，犁用木材制成，在丧葬仪式的《升斗调》中有详细的做犁材料："有毛腊树可以做犁底，有花桃树可以做犁辕，棠梨树可以做弯担。"③ 从中可看出做犁材料有明确的考量标准，这必定是多年总结出的农具制作技术。

加工粮食的器具充满生态意蕴，彝族能利用水能、木质工具、石质工具等加工粮食。利用水磨、水碓磨面，这在弥渡县境内比较典型，据不完全统计，弥渡县境内的水磨水碓有上百座。水磨的运作方式："用落差木槽导水，推动木片制成的立式水轮，带动石磨旋转，粮食从磨顶的篾箩流入磨眼，面粉由两块石磨中间飘洒而下。"水碓的运作方式："用水槽导水，推动木叶轮，叶轮用原木为轴，轮径大小不等，叶轮转动起来，轴上的横杠撞击碓杆的一端，另一端用青石凿成的碓头便上下起落，撞击碓窝中的加工品。"④ 如今弥祉乡文盛街还保存着一座集水碾、水磨、水碓于一体的加工作坊，整个建筑分为三层，水碾、水磨、水碓依次而下，利用亚溪河的水流冲动碾、磨、碓加工粮食，利用水资源造福于人，以自然之力代替人力，达到

---

① 金建、杨兆昌主编：《临沧地区民族志》，云南民族出版社2003年版，第10页。
② 云南省编辑组：《云南彝族社会历史调查》，民族出版社2009年版，第120页。
③ 思茅行政公署民委编：《思茅少数民族》，云南民族出版社1990年版，第312页。
④ 李伟：《小河淌水的地方》，云南民族出版社2004年版，第38页。

省力省时的双重效果，这是彝族掌握和利用自然规律的典型例证。临沧彝族粮食加工的工具有杵臼、石磨、水磨、水碾等①，这些都是在非电力时代充分利用自然的生态技术。

二 畜牧业生产技术中的生态文化

澜沧江流域彝族聚居区植被较好、草场丰富，如巍山县有多达14种牧草，② 这为畜牧业发展提供了有利条件，饲养对象主要有羊、牛、马、猪、蜂等，畜牧业在经济生产中的比重较大。据《洱源县志》卷二转《旧志》载："傈民以牧羊为业，千百成群最易蓄息。"又据《康熙定边县志·风俗》记载：傈傈"忽耕织而务狩猎，习樵牧而亲弓弩"③。"以牧羊为业"及"习樵牧"都说明畜牧业在古代澜沧江流域经济生产中占较大比例，"家有千千万，血财（牲畜）占一半"以很通俗的方式说明畜牧业在经济中的重要比重。云龙彝族的畜牧业占农业经济的一半以上④。羊在彝族经济及社会生活中更是具有非常重要的意义，"羊子养羊子，三年一房子""羊是白珍珠，全身都是宝"⑤ 等谚语道出了羊的重要性。

（一）流动放牧的双重生态效益

澜沧江流域彝族通常采取流动放牧的方式，这与山区草场分散、季节性强、脆弱性强等特点是相适应的。从循环利用草场的角度看，流动放牧不会对草场造成严重破坏，相反却有利于嫩芽生长和草场返青，于是能循环为牲畜提供草料，这也是千百年来彝族牧业长盛不衰的关键所在。从有利于动物成长和肉质鲜美的角度看，流动放牧能最

① 金建、杨兆昌主编：《临沧地区民族志》，云南民族出版社2003年版，第10页。
② 大理州民族事务委员会编：《巍山彝族回族自治县民俗志》，云南民族出版社2012年版，第181页。
③ （清）杨书纂，邓承礼标点校注：《康熙定边县志》，大理白族自治州文化局翻印，1985年，第17页。
④ 云龙县民族事务委员会编：《云龙县民族志》，云南教育出版社1994年版，第117页。
⑤ 中共营盘镇委员会、营盘镇人民政府编：《云南省兰坪白族普米族自治县营盘镇志》，云南民族出版社2008年版，第274页。

大限度地给牲畜提供优质的草料和水源，加之在流动放牧过程中牲畜得到大量运动，这对于牲畜的健壮和肉质的紧密度都有实质性效果，放养牲畜的肉类更受青睐就是力证。牲畜草料主要靠山场提供，如漾濞县"草食家畜所需饲草，94% 靠草山草场供给"①。山草饲养的动物肉质好、价值高，是较好的生态食品，正所谓"青草不发羊不胖"。水草丰盛处更适宜放牧："水草丰盛的地，放牧骒马。"② 在放牧方式上，澜沧江流域的彝族古代就有转场放牧的技术，据《新唐书·南蛮传》记载："随水草畜牧，夏处高山，冬入深谷。"彝族祖先早在唐代就已掌握根据草场及气候状况放牧的技术，夏天深谷气候炎热，冬季高山气候寒冷，"夏处高山，冬入深谷"的放牧方式恰好避开了恶劣气候对牲口带来的危害，转场放牧缓和了牧业压力，对牧场的恢复比较有利。《放羊调》中"二月放羊是春风，树叶发芽草发绿，大羊爱吃河边草，河边杨柳脆生生"③ 的唱词道出了彝族逐水草放牧的畜牧技巧。澜沧江流域彝族有一套既便于放牧又有利于加强耕地肥力的传统牧业经验，白天在山坡上放牧，晚上把羊群圈宿（又称卧夜）在耕地上，这样可节省羊群离家和返回途中的时间，能够有充足时间进食，对羊群增肥具有较好的效果，粪便直接排泄在耕地上，增加了耕地的肥力。羊群圈宿的做法起到肥羊和肥地的双重效果，其间展现出彝族对羊群、气候、土壤特性的正确把握，是认识并利用自然规律的典范。农业和畜牧业之间存在互利共促关系，农业为牲口提供饲料（粮食和秸秆），畜牧业为农业提供肥料。品种多取自本土，本地品种有适应力强、肉质好、采食快的优势，在景东县流传着"放羊不用早，巳时放牧午时饱"④ 的谚语，这说明当地草场较好及本地

---

① 漾濞彝族自治县地方志编纂委员会编：《漾濞彝族自治县志》，云南人民出版社 2000 年版，第 221 页。

② 杨茂虞、杨世昌编译：《彝族打歌调》，云南民族出版社 2002 年版，第 224 页。

③ 巍山彝族回族自治县彝学学会编：《巍山彝学研究》第六集（内部资料），大理州新闻出版局，2013 年，第 188 页。

④ 景东彝族自治县志编纂委员会编：《景东彝族自治县志》，四川辞书出版社 1994 年版，第 190 页。

羊品种采食能力较强。羊群要流动放牧，而且要让羊喝流淌的水："会放牧的人来放牧，一天放十沟，吃时棵草，吃草不动根，喝水喝滴滴。"① "未羊要吃百样草，巳时放来午时饱"② 同样说明羊要放养才好。流动放牧既有利于草场生态恢复，又有利于牲口成长，"吃草不动根"体现出对草场持续利用的原则。田野调查中发现，昌宁县、景东县和景谷县彝族至今还保持轮牧的良好习惯：放过一天牲口的一片山野不会几天都继续放，隔上几天再来放牧，间歇期牧草得到恢复。猪也一同随牛羊赶到山中放养，牧猪既节省饲料又能生产出优质猪肉，更是充分利用山林环境的智慧表现。

（二）土法医畜和分类喂养

在长期养殖过程中，还总结出用草药治疗牲畜疾病的经验，如牛患"气胀病"，砍一节圆叶杨柳棒套勒在牛嘴中任其咀嚼即可消除病情。在景东县田野调查中获得一些医治牲口的"土办法"：咳嗽、消化不良等病症都可用草药、土蜂饼（土蜂的巢）、姜、葱一起熬，再兑上酒做药引子喂牲口，治疗拉肚子则喂烧过的豆豉。根据牲口的进食需求及生长规律采取对应的喂养措施，例如牲畜需要补充盐分、吃食盐："吆奥，吆奥，羊儿啊，快来，快来，来这里舔盐巴，舔盐巴。好好地舔，认真地舔，轻轻地舔。甜甜蜜蜜吃进去，高高兴兴跳起来。舔饱了，舔够了，高高兴兴回家了。"③ 歌谣反映出呼唤羊来吃盐巴及羊吃好盐后的快乐场景。羊吃了盐容易口渴，要及时饮羊："羊盐刚喂好，又得去饮羊。"④ 冬天给牲口适当补充草料："冬天不加料，黄牛不长膘。"⑤ 冬天草木枯萎，牲畜从放养中摄取的草料减

---

① 大理白族自治州彝学学会编著：《从心灵开始的千年历史——大理彝族婚丧习俗》，中国文艺出版社 2011 年版，第 142 页。

② 景东彝族自治县民族宗教事务局编：《景东彝族简史》，云南民族出版社 2011 年版，第 240 页。

③ 刘成成：《巍山彝族民歌文化述略与分析》，《民族音乐》2010 年第 5 期。

④ 云南省楚雄彝族自治州人民政府编译：《彝族毕摩经典译注·祭祀经、巍山南涧彝族口碑文献》第五十五卷，云南民族出版社 2009 年版，第 88 页。

⑤ 中共营盘镇委员会、营盘镇人民政府编：《云南省兰坪白族普米族自治县营盘镇志》，云南民族出版社 2008 年版，第 274 页。

少，牛的食量较大，天气寒冷时，牲畜掉膘，人工补给草料才能保障牛的进食需求和膘情稳定。

（三）养蜂展示出的生态共荣性

彝族居住地区草木茂盛，种类繁多的鲜花及作物花朵为蜜蜂提供了良好的蜜源，蜜蜂充当了花粉传播的重要角色，养蜂为农民提供蜂蜜、蜂蜡等产品，养蜂过程中形成了以蜂为核心的生态共荣关系，表现出蜂与草木之间的互相依存关系，这种关系在人为干预下愈发具有生态平衡效果。彝族喜欢在房前屋后养蜂以获取蜂蜜、蜂蜡等，打歌调中有"正房拥有三千土蜂"[①] 的唱词，这正是彝族喜欢养蜂的见证。弥渡彝族养蜂者甚众，少者每家2—3窝，多者有几十窝，蜂窝用掏空的树干做成。[②] 用树干做蜂桶在澜沧江流域彝族中较为普遍，田野调查的村寨中都有此类情况。蜂蜜为人类增添了食物，用树干做蜂桶既体现了彝族就地取材的生态理念，又能起到冬暖夏凉的温度调节效果，适合蜜蜂生存，且有的木头本为废物利用（有的木头属于即将腐朽抛弃的），木头蜂桶中包含利用生态的思维。在养蜜蜂方面，俚㑽人有一套较好的方法，把木头中间凿空，两端设盖，盖上留孔供蜜蜂出入。蜂桶做好后放置于山间，等蜜蜂前来做巢，然后抬回家中置于屋外饲养。另外也可直接把蜂桶放在房子周围，待蜂群自来安家酿蜜，等冬天收获蜂蜜即可。因俚㑽人懂得蜜蜂要寻巢安家的习性，所以置蜂桶以引蜂来，其间不乏恬然自得。彝族还总结出一套较为具体的蜜蜂分家办法：蜜蜂分家最容易在农历正月至四月发生，蜂群紊乱时通常是要分家的迹象，这时养蜂人就要多加留意，待蜂王带着工蜂飞走，就去追赶，用水泼蜂群，蜜蜂因翅膀潮湿不易飞行而停歇在树枝上，此时养蜂人可点燃干牛粪熏蜂群，并准备好蜂桶，抓住蜂王先剪伤翅膀后放到蜂桶中。用瓢把蜂撮起放到蜂桶里，等蜂的情绪稳定下来，用湿牛粪把蜂桶盖糊起来，然后带回家养，细心观察新蜂的

---

① 杨茂虞、杨世昌编译：《彝族打歌调》，云南民族出版社2002年版，第208页。

② 弥渡县民族宗教事务局编：《弥渡彝族简史》，云南民族出版社2004年版，第255页。

活动情况，因为它们还可能会飞走。从整个蜜蜂分家过程中可以看出彝族对蜜蜂习性的了解，可以看出彝族善于观察自然、利用自然的特性，探索出一套适用的养蜂方法。

（四）善于培育优良品种

母畜对后代的个头大小起决定作用，彝族俗语"只要母大，不怕父小"，正好体现出彝族对"母大儿肥"遗传规律的理解。另外，彝人还深知改良牛马品种的重要性，如兰坪县营盘镇彝族到四川凉山换来种马，正因为彝族地区具有优越的草场条件，又有改良牲畜品种的意识，因此彝族地区的牲畜深受市场欢迎，民间流传着"天下牛马，彝家第一""买牛买马，就到彝家寨"等美名。

三　林业生产技术中的生态文化

（一）林业在彝族生产生活中的重要地位

彝族大多居于山林之中，林业在彝族的生产生活中占较大比例，主要表现在木材、竹材、柴草、林果、茶叶、采集六方面。彝族在远古时期就对森林的依赖性极强，据《西南彝志》记载："变猴爬树子，饿了吃树果，冷了盖树皮。"古籍中反映出彝族远古时期的生存资料几乎全部从森林中获取。彝族传统的生活方式与森林密切相关，器具、照明材料源自森林："吃饭端木碗，点火照明用松明子。"用木柴烧火取暖："夜卧无被，燃火于房，男妇围炉而卧。"① 树木还提供可供食用的果实："高大的树种来结果，如果大树不结果，地上就没有果子捡。"② 在工业产品未大量传入彝族地区之前，彝族的衣食住行等都与森林具有很大的关联度。至今森林还能提供给山区彝族诸多生活便利，调查问卷第 23 题"您村寨周围的森林可以为村民提供哪些生活便利"的统计结果显示："放牧""蘑菇（菌子）""草药""柴草""稳固水源""猎物""野菜""木材"分别占 15.3%、

---

① 杨滋荣整理点校：《顺宁府（县）志五部》，天马图书有限公司 2001 年版，第 499 页。

② 杨茂虞、杨世昌编译：《彝族打歌调》，云南民族出版社 2002 年版，第 221 页。

14.9%、13.1%、14.9%、11.3%、6.7%、11.3%、12.6%，可见至今森林在"放牧""蘑菇（菌子）""草药""柴草""稳固水源""野菜""木材"等方面还发挥着重要作用，狩猎原本是彝族生产中一项重要的活动，然而随着森林减少，野生动物数量减少，加上国家对狩猎活动的禁止，"猎物"在提供生活便利方面比例最低。

（二）林业经济效益与生态功能的和谐统一

彝族聚居区的森林资源丰富、树木种类繁多，如祥云县彝族山区的树种有云南松、华山松、滇油杉、野青岗、旱冬瓜、黄栎、麻栎、马缨花、小叶杜鹃、大白花杜鹃、金丝枫、水红木等。[①] 景谷彝族在村寨附近的山地种植大量的树木，如椿树、柏树、茶树、思茅松等，丰富的森林资源对增加经济收入和提升环境质量都具有重要意义。

林业生产为彝族地区带来大量经济收入。在古代，出售薪柴是贫困彝族家庭的重要经济来源之一，据《续修顺宁府志》记载："小倮倮……樵采木植，以佐生计……性嗜酒，以薪一担入市，售钱数十，只供一醉。"[②] 民国时期大理凤仪的彝族"农暇以采樵或伐卖木材为业"，洱源彝族"有时解板削柱伐卖，或砍柴负往村落易物"[③]，弥渡彝族"职业以卖柴畜牧为主"[④]。从以上材料可以看出至少在民国以前，澜沧江流域彝族有砍伐、出售薪柴的生计方式，很长一段历史时期农村、城市都以木柴为主要燃料，反映出当时森林覆盖率较高。至今薪柴仍是重要的燃料之一，如景东县大街乡平地村彝族每年农历十一二月在自家林地砍树剔枝做烧柴。果实除自己食用外，售卖部分增加了收益。祥云县的经济林木有核桃、油桐、桑、茶、梨、桃、杏、

---

① 王丽珠：《祥云县少数民族志》，云南人民出版社1990年版，第51页。

② 杨滋荣整理点校：《顺宁府（县）志五部》，天马图书有限公司2001年版，第499页。

③ 云南彝学学会大理分会编：《大理彝族研究资料》第二集，大理市印刷一厂1988年版，第92—93页。

④ 杨滋荣整理点校：《顺宁府（县）志五部》，天马图书有限公司2001年版，第499页。

李、梅、山楂、苹果、花红、石榴、柑橘等。① 彝族地区盛产核桃，大理州的漾濞、云龙、巍山、永平、南涧等彝族聚居的地区都种植大量核桃。在享有"中国核桃之乡"盛誉的漾濞县有大量关于核桃的谚语，如"核桃树是摇钱树，养儿子不如栽核桃树""核桃树，万年桩，世世代代敲不光""家有核桃树，不愁吃穿住"②，话语中透露出核桃在彝族地区经济领域中的重要分量。经济作物中有大量的林木："茶叶、核桃、紫胶、咖啡、板栗等。"③ 而当今非材用林产品在彝族村民的经济收入中仍占较高比重，接下来以云县后箐乡为例，具体情况见表1—3：

表1—3　　后箐乡2000年主要非材用林产品的产量或价值表

产品	薪柴	药材	木瓜	菌类	花椒	黑木耳
产量或价值	9893立方米	6265元	23050公斤	5360元	750公斤	668公斤
产品	紫胶	铁核桃	竹笋干	油茶籽	油桐籽	板栗
产量或价值	1800公斤	17720公斤	2550公斤	630公斤	750公斤	1000公斤

资料来源：后箐彝族乡2000年农村经济统计年报。

　　从表中可以看出后箐乡非材用林产品薪柴、药材、木瓜、菌类、花椒、黑木耳、紫胶、铁核桃、竹笋干、油茶籽、油桐籽、板栗等都是占比例较大的林副产品，森林带来可观的非材用林产品收益。

　　森林对维护生态系统的平衡起到至关重要的作用，森林具有防风固沙、涵养水源、保持水土、美化环境、净化空气和水体、调节气候、降低噪音等多重生态功能。林业的经济功能表现出较强的单一性，如松树主要提供木材、果树主要提供果实等，但生态效益是林业

---

　　① 王丽珠：《祥云县少数民族志》，云南人民出版社1990年版，第51页。

　　② 漾濞彝族自治县民族宗教事务局：《漾濞彝族自治县民族宗教志》，云南民族出版社2005年版，第71页。

　　③ 景东彝族自治县志编纂委员会编：《景东彝族自治县志》，四川辞书出版社1994年版，第96页。

共同的功能①。林业生产为我们留下许多古树，澜沧江流域一些彝族地区有树龄较长、高大粗壮的核桃古树，如大理州宾川县拉乌乡碧鸡村委会哨房山的半山腰上有一棵树龄 150 多年、胸径 1.5 米的核桃树，漾濞县平坡镇高发村罗家村民小组有一棵树龄达 400 多年、盛年产核桃果近 4 万个、冠幅占地近 1 亩的核桃树。茶叶是彝族地区的重要产品之一，茶园、茶林具有明显的生态价值，存留下来的大量古茶树具有厚重的生态价值和文化价值。凤庆县有丰富的古茶树资源，全县古茶树林有 56000 多亩，其中野生古茶树林有 31000 多亩，其余为栽培型古茶林，在凤庆县的所有古茶树林，要数小湾镇香竹箐村的茶树最为古老和粗壮，其树龄在 3200 年以上，周长 5 米，直径 1.59 米，树高 10.2 米，树幅 11.1×11.3 米，是目前世界上发现的最大的古茶树。② 凤庆县的古茶树大多数分布在彝族地区，彝族称茶和古茶树衍生的茶树为本山茶，即为这座山的茶神，说明彝族有保护茶树的优良传统。在澜沧江流域彝族广大山区，核桃遍布房前屋后、田间地头，核桃林是彝区一道亮丽的风景，起到了美化村寨环境、防风降温、蓄水固沙等多项生态功能。巍山彝族喜欢在房前屋后、田边地角栽种桃树、梨树、梅树、苹果树，在坡地上、山箐边栽种核桃树。③反映出彝族充分利用土地资源栽种树木的生计方式，村寨周围树木的栽种能起到很好的美化环境的效果，在田边地角栽种果树，在坡地、山箐边栽树能起到很好的水土保持作用，还能防止山体滑坡。竹子是彝族地区另一种重要的作物，而且种类繁多，景东县大街乡种植的竹子有大竹（苦竹）、甜竹、桦竹、白竹、箭竹、江竹、绵竹、凤尾竹、刺竹、黄竹等，种植时间在农历五六月份。植树原因主要有三点：制作篾器做生产生活之用，以及围园栅地；甜竹、苦竹、刺竹可食用；住房周围风大，竹林可挡大风。在农历五六月种竹正值雨季，

---

① 橡胶林、桉树林等耗肥水量大的林业类型除外。
② 许文舟、周武：《云南凤庆古茶树记》，《福建茶叶》2006 年第 3 期。
③ 大理州民族事务委员会编：《巍山彝族回族自治县民俗志》，云南民族出版社 2012 年版，第 190 页。

有利于竹子成活，这是彝族认识并利用自然的结果，他们还认识到竹林的生态效益，如挡风、绿化等。

　　森林覆盖率高是经济功能与生态效益相统一的具体表现，澜沧江流域彝族聚居地区的森林状况相对较好，在彝族自治县彝族人口比例较高的区域林地比例较高，现以南涧彝族自治县为例进行分析，具体情况见表1—4：

表1—4　　　　　　南涧县部分乡镇彝族人口及林地比例　　　　（单位：%）

区域	彝族比例	林地比例	区域	彝族比例	林地比例
浪沧	51.12	65.70	碧溪	42.00	64.25
乐秋	56.00	64.83	新民	74.00	63.00
无量	47.55	64.12	拥翠	57.5	72.73
南涧	23.64	55.44			

　　资料来源：南涧彝族自治县人民政府编辑：《云南省南涧彝族自治县地名志》（内部发行），昆明市清泉塑料彩印厂，1986年。

　　从表中可以看出，南涧县的林地状况总体较好，但在彝族比例较高的浪沧、乐秋、无量、碧溪、新民、拥翠林地比例都超过60%，拥翠甚至高达72.73%，而在彝族比例较低的南涧的林地比例较低。

　　（三）质量与可持续相统一的用林原则

　　彝族在用林过程中总结出一系列既能获取优质林业资源又能促使林业可持续发展的林业技术。"七竹八木腊底柴""龙竹七月，松木八月"，这些俗语告诉人们采伐木材的最佳时间在八月，砍伐竹材的最佳时间在七月，而腊月是砍柴的时节，七八月份砍的木材容易风干、不易被虫蛀，腊月容易砍到干柴而且也符合农闲时节砍柴的农业作息规律。"白露不到，核桃不笑"[①]，说明白露时节采摘的核桃成熟

------

　　① 漾濞彝族自治县民族宗教事务局编：《漾濞彝族自治县民族宗教志》，云南民族出版社2005年版，第69页。

度最足、品质最好。专门栽种用材林以提高木材质量和减少其他杂木树的砍伐：江城彝族培植了大量柏树、椿树等用材林。[①] 砍树过程中讲求"砍大不砍小"的原则，这既能获得优质木材，大树间伐后小树能获得更好的生长条件，这样的采伐方式使自然条件得到最佳利用。雨天种茶晴天采茶："种茶小哥要下雨，采茶姑娘要天晴。愿天一处分一半，种时下雨采时晴。"茶农们在生产过程中悟出的种茶采茶与气候的关系，"雨种晴采"包含着对自然气候的充分利用和适应，只有顺应自然，才会增强种茶的成活率和采到优质的茶叶。另有"清明树树发春尖，处处采茶不得闲。莫叫茶在树上老，要把茶叶变成钱[②]。表明采茶要在清明时节，否则茶老了就不好了，总结出采茶的大好节令，也是对自然规律的准确把握和娴熟运用。砍柴以易燃的干松柴为上品："十个山头绕九个，砍得一挑干松柴。今日挑出东门外，明日挑进闹市街。"[③] 民歌中还透露出以砍伐干柴为上品，砍干柴有利于森林保护和新陈代谢，清除枯枝及枯死树木，为树木的生长提供了更好的透风性和透光度，对树木、灌木、草丛的生长有利，清除枯死树木为幼苗成长提供了空间。

（四）因材施用的生态意义

澜沧江流域彝族对树木的使用较为广泛，主要包括木材、肥料、薪柴三个方面，在利用过程中遵循因材施用的原则。

木材被用以建房、制作农具和炊具等等。彝族传统的器具大多是木质的，正如后箐乡营盘村村民说的那样："以前的物件（器具）除了锅外，其他全用木料做成。"营盘村在木材用途的多样性及因材施用方面较具代表性，具体情况见表1—5：

---

① 江城哈尼族彝族自治县志编纂委员会编纂：《江城哈尼族彝族自治县志》，云南人民出版社 1989 年版，第 356 页。

② 蒋徐颙：《凤庆茶乡采茶民歌选》，《凤庆文史资料》1988 年第 1 期。

③ 巍山彝族回族自治县彝学学会编：《巍山彝学研究》第六集（内部资料），大理州新闻出版局，2013 年，第 185 页。

表1—5　　　　　　云县后箐彝族乡营盘彝族村用木情况表

序号	用途	木料	优点
1	建房	松树	直挺
2	苫片（相当于屋顶瓦片）	核桃树	质地坚硬，耐腐蚀
3	木耙	羊果树、黄桑	质轻、耐泡
4	耙齿	麻栗树、猪栗子树、红栗子树	坚硬
5	木榔头	麻栗树	木质紧实，不易开裂
6	水缸	大栗树	重、耐用
7	猪槽	杉树	质轻、耐泡、光滑
8	木盆	杉树	质轻、耐泡、光滑
9	甑子	刺桐树	质轻、耐泡、无异味
10	木碗	冬瓜树	质轻、耐泡、不易开裂
11	饭勺	冬瓜树	质轻、耐泡、不易开裂
12	杵臼	柏树	耐磨

注：根据营盘村访谈整理而成，所涉及树名均为当地通俗叫法。

　　营盘村所使用的木料远不止表中所列，从表中可以看出，营盘村彝族用木涉及建房、生产工具、生活器具等多个领域，用木的重要原则就是根据用途而采取性能适宜的木料，如需要经常着水的器具则采用耐泡的木材，需经常移动的器具则采用轻质木材，耙齿采用坚硬如铁的栗木，杵臼采用耐磨的柏木。村民认为有的木器比铁的适用，如木耙齿比铁耙齿轻，使用时可节省牛力，木质甑子蒸酒酒味比铁皮甑子好、出酒率比铁皮甑子高。因材施用增强了木材的耐用性，减少了器具更新的频率，降低了砍伐树木的频率，终至起到保护森林的作用。因材施用还保护了树种的多样性，不同的树种错开使用，这样就不会导致过度砍伐某一种树木而造成该树种急剧减少甚至灭绝的情况出现。保护了树种的多样性，有益于森林体系的健康运转，因为生物多样性能降低森林发生病虫害的频率。

　　采用萌生力强的树木积肥及提供薪柴，较常用的树木有冬瓜树。云县后箐乡勤山村彝族有种旱冬瓜树以保持水土及增加土地肥力的耕作方式：在一片坡地中，稀植一些旱冬瓜树，春、夏两季休耕，让树苗和野草自由生长，秋天割去杂草并砍下旱冬瓜枝条，把杂草和旱冬瓜树枝叶均匀地撒在土地上，任其腐烂，第二年耕种之前将没有腐烂的枝条、杂草收聚焚烧，草木灰又撒在地里，趁雨水和土地肥力旺盛之机，种上荞麦，如无天灾，通常能获得大丰收。① 彝族主要以薪柴为燃料，这是通常思维中消耗森林较严重的原因之一，然而彝族采用一些萌生力较强的树种做薪柴，于是降低了因燃料造成的森林破坏程度。水冬瓜树是澜沧江流域彝族薪柴的常用树种，村民通常在旱地中栽种水冬瓜树，夏季趁枝叶茂盛剔砍嫩枝叶到地里增加土壤肥力，冬季则剔砍一些大的枝条用做薪柴。营盘村以泡干栗树做薪柴树种，因树木生长较快，四五年就可砍做烧柴。而且这种树自我恢复较快，一方面砍伐后的树桩会萌发新枝，另一方面泡干栗树树籽较多，飘落后容易长出新苗。一些彝族地区专门设有树种生长较快的炭薪林，如南涧县1989年有炭薪林72393亩，炭薪林木种类主要包括云南松、栎类、桤木（水冬瓜树）、铁刀木等②。作为炭薪林的树木有生长速度快、萌生力强的特点，这样的树木能提高薪柴的产量，能起到保护生态的作用。

（五）培育树木的经验总结

彝族在用林过程中注重培育林木，这也正是彝族地区森林常用不衰的重要原因。彝族在林业生产过程中不断总结经验，逐渐探索出适合本地气候、土壤等自然环境的林业抚育方式。植物种植的地点经过一些探索才确定下来，葫芦和竹子是彝族崇拜的两种植物，其种植地点经过探索后才确定下来。在巍山县龙街乡的彝族神话《阿玉哺和葫芦、竹子》中便反映出葫芦和竹子种植地点的变迁：躲在葫芦里的兄妹俩拉着竹尖上了岸，兄妹成亲后把竹子栽到矮山，把葫芦种到高山，可是竹子长不旺，葫芦也长不好，他们只好把竹子栽到高山，把葫芦种到矮山，这次竹子和葫芦都长得挺好，然而到高山上砍竹子困难重

---

① 邹雅卉、左停：《云南社区森林的乡土知识及传承——临沧地区云县后箐乡勤山小流域案例研究》，《林业与社会》2004年第4期。

② 南涧县志编纂委员会编：《南涧县志》，四川辞书出版社1993年版，第216页。

重，后来只好把竹子栽到房前屋后，把葫芦种在田边地角。① 从神话中我们可以看出，彝族先民在劳作生产过程中，通过不断实践，最后才找到较适合作物生长的土壤和气候，从而积累了较为丰富且实用的种植技巧。《祭祀经》中的一段话反映出彝族地区竹子种类的多样性："苍山峰上种什么，苍山峰上种苦竹；漾江边上种什么，漾江边上种龙竹；河谷溪涧栽什么，河谷溪涧栽黄竹；房后园地栽什么，房后园地栽箭竹。"② 话语中透露出彝族善于根据地理环境及竹子的生长需求种植竹子。种植葫芦和竹子的故事中反映出彝族栽培植物的过程中也曾遇到曲折，但经过多方尝试后，终于找到适合植物生长的生态环境。

彝族在林业生产中不但为人类带来大量森林、古木等优质的生态资源，而且还总结出大量有利于林业发展的传统知识和技术。栽树要把握好时间节点，营盘村农历五月份栽竹子，七月份栽茶树、咖啡树、坚果树，十月份栽核桃树。"磨刀不误砍柴工，雨水落地好栽松"③，说明雨季栽树成活率高；"松树不怕干，柳树不怕淹"④，反映出彝族对松树和柳树生长环境的认识；"有如松柏树，发展从根基；又如杨柳树，叶茂见繁荣"⑤，则表现出对树木生长特性的认识；"树倒藤萝死"⑥，道出了藤萝对树的依存关系。树木应该适时修枝打叉，这样才有利于新芽的萌生和树木的生长："不高不矮黄栗树，经常要给它修枝，嫩芽自然会发生。嫩芽也许想冒尖，黄叶老是掉不了，使得新芽难萌发。"⑦ 树木自身有演替功能，人工修枝加强了树木的演

---

① 白庚胜、王丽珠编：《中国民间故事全书》云南巍山卷，知识产权出版社 2005 年版，第 4—5 页。

② 云南省楚雄彝族自治州人民政府编译：《彝族毕摩经典译注·祭祀经、巍山南涧彝族口碑文献》第五十五卷，云南民族出版社 2009 年版，第 273 页。

③ 中国民间文学集成全国编辑委员会、中国民间文学集成云南卷编辑委员会编：《中国谚语集成》云南卷，中国 ISBN 中心 2002 年版，第 881 页。

④ 王丽珠：《祥云县少数民族志》，云南人民出版社 1990 年版，第 68 页。

⑤ 云南省楚雄彝族自治州人民政府编译：《彝族毕摩经典译注·祭祀经、巍山南涧彝族口碑文献》第五十五卷，云南民族出版社 2009 年版，第 30 页。

⑥ 王丽珠：《祥云县少数民族志》，云南人民出版社 1990 年版，第 68 页。

⑦ 杨茂虞、杨世昌编译：《彝族打歌调》，云南民族出版社 2002 年版，第 390 页。

替，减除老枝、新芽发出，更能为树木主干提供营养，剪除旁枝更能促使树干的笔直生长。剪下的枯枝可用作燃料，树叶可作为肥料，帮助树木修枝打叉的做法既有促进树木生长和提供资源的双重功效。核桃是澜沧江流域彝族的主要产业之一，在长期的生产实践中，他们总结出一套充分利用核桃资源、改良核桃品种的方法：榨核桃油自己食用或者出售，砍下一些老化的不挂果或者挂果少的核桃树，主干做木材，枝丫做薪柴，还学会了嫁接方法。

澜沧江流域的地理环境及气候条件较有利于森林的自我恢复，因此彝族培育森林的另一种重要方式就是适当用木后森林的自我恢复。在后箐村、营盘村调研时，当问及村寨周围为何会有茂密的森林时，得到一致的回答，当地的森林除经济林外，其他树木都是自动生长的。因为土壤湿度大，落叶形成10—20厘米不等的腐殖层，树木种子很容易就地长出树苗。当大树砍除后，小树随之成长起来。在深入到山林里实地调查时发现，树林中大树下有很多小树苗，以青松树苗、栗树苗较多。森林中有高低不同、粗细不一、品种多样的树木，这正好是森林的正常状态。营盘村周边森林中的树种主要有松树（最多）、栗树、红毛树、麻栗树、豆青树、大青树、椿树、西南桦、猪栗子树、豆腐渣树等等，这些树木都非人工种植。

四　以森林为依托的狩猎和采集活动

（一）猎有限度

1. 狩猎活动的合理性因素

澜沧江流域彝族居住地区森林茂密，野生动物丰富，这为狩猎提供了条件，如祥云县彝族地区的野生动物有麂子、岩羊、獐子、野猪、狐、狼、刺猬、穿山甲、野兔、黄鸭、灰雁、黑颈长尾雉、白腹锦鸡、燕、山雀、戴胜、斑鸠、八哥、画眉、鹦鹉、喜鹊、乌鸦、鹰、猫头鹰等。[①] 20世纪70年代以前，巍山彝族的狩猎对象十分丰

---

① 王丽珠：《祥云县少数民族志》，云南人民出版社1990年版，第51页。

富，兽类有麂、岩羊、野猪、豪猪、狗熊、獐子、狐狸、猫狸、香狸、九节狸、山驴、草兔、松鼠、飞鼠、竹鼠、穿山甲、水獭、蝙蝠等，野生禽类除喜鹊、燕子、啄木鸟受保护外，其他鸟类均为猎物。丰富的狩猎对象折射出当时良好的生态环境，或者说在20世纪70年代以前当地的森林覆盖率很高，采取的狩猎方法并非赶尽杀绝，一些益鸟是受保护的，保护益鸟的做法体现出维护生态秩序的生态理念。

在野生动物较多的时代，野生动物成为危害农业生产及家庭养殖的严重灾害之一，据康熙《顺宁府志》记载："幸而及熟，又有野兽所耗，则徙就之，种费获微。"[1] 野兽对庄稼的破坏十分严重，导致收成微薄。巍山县牛街乡举雄村兽灾严重，当苞谷成熟时，猴群、豪猪、野猪、乌鸦、喜鹊、鹦鹉等成为损坏庄稼的害兽、害鸟。[2] 有的地方甚至要大量养狗来防止野兽侵扰，如兰坪县营盘镇有的彝族家庭养十多条狗，目的在于防止野猫、拿蜂猫、豺狼、豹子等野兽来咬家禽家畜。[3] 从这两个案例可以看出，中华人民共和国成立前甚至20世纪60年代以前澜沧江流域彝族聚居区的野生动物较多。从葬俗中需要用虎豹皮裹尸也可获取野生动物较多的信息："葬事贵者裹虎豹皮，贱者裹羊皮，焚之于野而弃之。"[4] 虎豹处于食物链顶端，虎豹的存在说明必定有大量处于食物链中末端的野生动物存在。狩猎在野生动物资源丰富的情况下成为获取生存资料的方式之一，具有一定的合理性和必要性。《打猎歌》生动地表现出狩猎的场景："背上了猎具，带上撵山狗，来到了森林，支好网和扣，搭好弓和弩，人藏隐蔽处，等着野物来。太阳一落山，野物林里钻，东山野猪跑，西山麂子叫。东边应声叫，西边喊声起。野猪被射倒，麂子钻进扣。大家齐动手，抬着猎物走。

---

① 杨滋荣整理点校：《顺宁府（县）志五部》，天马图书有限公司2001年版，第14页。

② 云南省编辑组：《云南彝族社会历史调查》，民族出版社2009年版，第140页。

③ 中共营盘镇委员会、营盘镇人民政府编：《云南省兰坪白族普米族自治县营盘镇志》，云南民族出版社2008年版，第254页。

④ 杨滋荣整理点校：《顺宁府（县）志五部》，天马图书有限公司2001年版，第167页。

路上遇行人，见者有一份。"① 集体狩猎活动是在野生动物较多的情况下而采取的狩猎方式，"东山野猪跑，西山麂子叫"也生动地映照出猎物丰富的历史画面。

2. 取之有度的狩猎之道

澜沧江流域彝族狩猎文化中含有猎而不贪的思想，这是澜沧江流域彝族聚居区野生动物种类和数量较多的原因之一。猎而不贪主要表现在狩猎时间的选择上，狩猎通常在兽害严重或农闲时进行。如弥渡彝族"狩猎多半在野兽损坏庄稼、危害牲畜的地方进行，狩猎时间在兽害严重时或农闲时……猎物有虎、豹、野猪、刺猬等"②。云县彝族地区也有关于兽害的记录："安河、中山一带的土族和香堂族，是最早的开拓者。过去这里森林茂密，野兽成群，收获季节，老熊野兔与人争粮食。"③ 兽害严重说明野生动物数量已增加到无法承受的地步，这样的狩猎对于维持生态平衡具有积极意义，农闲时间狩猎既限制了狩猎的次数而且也错过了动物繁殖的季节，构筑了保障野生动物不会灭绝的又一道防线，从猎捕的动物可以看出当时野生动物较多，而且生态状况良好。后箐村后山的森林近年来得到进一步恢复和发展，野生动物逐渐增多，麂子、野猪的数量增长较快，因禁止打猎，野猪到耕地中啃食玉米的现象时有发生。营盘村彝族传统的狩猎方式不会造成动物的大量破坏，狩猎只在农闲时进行，每次参加者 10—20 人不等，出猎当天返回，即便打不着猎物也要返回。营盘村彝族在狩猎时间的选取上包含浓烈的取之有度思想，狩猎时间集中在农闲时节及当天转回降低了捕获猎物的可能。

限制狩猎对象包含猎而不贪的思想。在田野调查中发现，并不是所有动物都是猎取对象，如勐腊县象明乡曼迁村彝族一般不猎取大象、

---

① 李伟：《小河淌水的地方》，云南民族出版社 2004 年版，第 98 页。

② 弥渡县民族宗教事务局编：《弥渡彝族简史》，云南民族出版社 2004 年版，第 255 页。

③ 云县民族事务委员会、云县地方志编纂办公室编：《云县民族志》（内部发行），云南新华印刷厂印装，1988 年，第 57 页。

熊、蛇等动物，无形中保护了这些动物。景谷县永平镇南谷村有利于动物生殖繁衍的捕猎规则："在动物繁殖期不进行大型捕猎活动，不拿尚未成熟的幼崽。"营盘村彝族有这样的狩猎观念："有的动物少了就不打了，认为打到怀胎的动物不好。"不猎捕怀胎动物、幼崽及种群数量少的动物都是节制思想使然。

猎神崇拜表现出狩猎者的敬畏意识。普洱市彝族支系阿列人的猎神供在山林里，在一个鸡蛋上画上神形，用株票叶包扎藏在山林某个地方，出猎前都要祭祀。营盘村彝族以装有麂子头骨的箩筐为猎神，出猎前听箩筐里的头骨是否发出声响，若发出声响，意味着能打到猎物，可以出猎，若没有响声，则意味着打不到猎物，就不出猎。可见出猎与否要获得猎神的准许，并非无休无止、为所欲为。

一些猎俗限制了猎捕动物的数量，如阿列人"兽肉不论多少要当天吃完，不能腌干巴，不然下次就猎不到了"[1]。当天吃完的习俗实际上可限制人们少捕猎物，希望下次能捕到猎物的心理体现出野生动物能够生生不息，这样的捕猎习俗能使野生动物控制在一定数量之内，既不会造成严重的兽害，又能为人类提供一些动物蛋白。

狩猎还具有增强体魄的益处，倮倮泼有深切的体会："围猎活动既能增强人们的团结精神，又能锻炼人们同自然搏斗的意志，而更主要的是能强身健体。所以，这项活动经久不衰地在倮倮泼中进行着，不少年逾花甲的老人依然肩荷猎具，攀藤附葛，来往于深山密林之中。"[2] 可见狩猎具有强身健体的重要功能，通过狩猎来增强人们的自然生命是狩猎的附加功能。可见狩猎活动并非全部为了猎物本身，也具有凝聚力量、锻炼身体的功能，狩猎的附加功能弱化了获取野生动物的欲念。

（二）采集有方

1. 采集中体现出对森林的深刻认识和直接利用

采集在彝族的生活资料中曾占较大比重，山区可供采集食用的野

---

① 思茅行政公署民委编：《思茅少数民族》，云南民族出版社1990年版，第264页。
② 思茅行政公署民委编：《思茅少数民族》，云南民族出版社1990年版，第298页。

菜、野果、块根、菌类较多。而且时间越古远所占的比重越大，从一些神话中可以看到彝族祖先以采集为主要生活来源的痕迹："我们的老祖先住在大江大河的岩子上，先前吃的是一些映山红花，猴子包头大癫莉花。花开时候倒是有吃的，花不开时和花落时只得吃树叶。"[①]话语中透露出彝族先祖曾以花朵、叶子为食。另据彝族神话史诗《天地演变》记载："山茅野菜做食粮，芭蕉树叶做衣裳。"[②] 诗句反映出彝族先民刚产生时就以野菜充饥、以树叶当衣的生活状况。

居住于山区的彝族古代对森林采集的依赖程度较高，采集是农业生产的补充[③]，居住在哀牢山区的彝族支系保保泼深知采集的重要性："在哀牢山麓，可供人们食用的野生植物实在太多了，从野菜、野果到野味，以及各种块、菌类都是人们攫取的对象。人们在缺粮的情况下，上山采集山茅野菜，蘸些盐巴辣子就可充饥解饿。有时带上辣子盐巴，到山上生个火，找些可吃的东西烧烧燎燎也能爽口地吃上一顿。"[④] 从保保泼采摘野菜的种类和数量之多可看出，野菜是主粮的重要补充，在困难时期野菜甚至是救命菜，吃法也很简单，"爽口"二字表现出吃野菜的美好感受。镇康彝族采集刷把菜、树头菜、鸡刺杆、泡通尖等野菜食用[⑤]。保山市彝族经常在春夏季节采集蕨菜、白花、鱼腥草、青青菜、野生食用菌等食用[⑥]。还能从森林中采集到蜂蜜："黄栗树心内割蜜，莫说树心蜂蜜少，只因今年新蜂来。"[⑦]

采集物主要来自于森林，采集物的多寡及种类可以看作森林状况

---

① 永平县民间文学集成办公室编：《中国民族民间文学集成》永平县卷，德宏民族出版社 1989 年版，第 1 页。

② 王丽珠：《祥云县少数民族志》，云南人民出版社 1990 年版，第 66 页。

③ 尹绍亭：《人与森林——生态人类学视野中的刀耕火种》，云南教育出版社 2000 年版，第 311 页。

④ 思茅行政公署民委编：《思茅少数民族》，云南民族出版社 1990 年版，第 299 页。

⑤ 镇康县民族事务委员会编：《镇康县民族志》，云南民族出版社 1994 年版，第 48 页。

⑥ 保山市民族宗教事务局编：《保山市少数民族志》，云南民族出版社 2006 年版，第 85 页。

⑦ 杨茂虞、杨世昌编译：《彝族打歌调》，云南民族出版社 2002 年版，第 389 页。

好坏的晴雨表，采集既能反映出一定区域内良好的生态状况，同时又是人们千百年来认识森林、利用森林的实践和文化积淀，澜沧江流域彝族的采集主要包括采集药材和果蔬两大类。20 世纪 50 年代以前，主要靠中草药治病，如景东彝族采集的药材种类十分广泛："草乌、金乌、曼陀罗、吴芋、山乌龟、防风、玉京、三七、茯苓、灵芝、回心草、伸筋草、接骨丹、荜菝、血竭、牛夕、野棉花、杜仲、山楂、桂皮、乌梅、天门冬、麦冬、板蓝根、桃仁、岩笋、碎骨补、白芨、弓腰痨、党参、花椒、鱼子兰、雷丸、马勃、卷柏、竹林彪、石苇、猪鬃草、贯仲、银杏、钻地风、鹿仙草、虎掌草、青风藤、一文钱、野八角、紫金龙、金婴子、地榆、海桐皮、合欢、黑故子、苏木、血藤、葛根、青鱼胆草、苦楝子、霸王鞭、盐酸木、使君子、五茄叶、散血兰、珠子参、野三七、竹节七、柴胡、川芎、野当归、小黑药、急性子、女贞子、密蒙花、萝芙木、白薇、菟丝子、黄芩、苏木、檀香、紫苏、夏枯草、车前草、马鞭稍、藿香、益母草、土细辛、千张纸、狗响铃、栀子、茜草、白花蛇舌草、钩藤、金银花、断续、天花粉、羊奶参、沙参、红花、鹅不食草、稀金草、鱼眼草、真金草、理肺散、臭灵丹、大力子、白头翁、燕麦灵、薏苡仁、菖蒲、半夏、香附、天南星、过山龙、岩芋、九股牛、玉竹参、竹节参、百合、登台树、砂仁、峨术、白术、郁金、石斛、对对参、双肾子、野竹滥、独穗鹭兰、绞股蓝等。"[1] 凤庆彝族的草药主要有："柴胡、马蹄香、草乌、细辛、黄连、木通、黑牛、药子、杜仲、天麻、三七、鱼香草、鸡血藤、锅铲藤、大百解、小百解、百步还原、叶上花、苏子、荷香、薄荷等上千种。"[2] 至今彝族地区还保留着用草药治病的方法，例如田野调查所到的平地村彝族妇女坐月子期间，用松枝、柏树枝叶、九林关、狮子草、寄生草、救济粮果树叶等熬制汤药洗澡，据说

---

① 景东彝族自治县志编纂委员会编：《景东彝族自治县志》，四川辞书出版社 1994 年版，第 95—96 页。

② 凤庆县地方志办公室编：《凤庆县民族志》（内部发行），临文出第 85 号 1991 年，第 46—47 页。

能祛除病毒，还可防止以后产妇发生过敏。蔬菜中有大量野菜："蕨菜、树头菜、白藤花、野猫花、树花、枯藤菜、大麻菜、樱薅菜、洋昊菜、刺包菜。"菌类有："鸡枞、栗窝菌、香菌、草菇、木耳、猫爪、青头菌、羊肝菌、牛肝菌、奶汁菇、刷把菌、虎掌菌、干巴菌、鸡油菌、蚂蚁古堆菌、雷响菌、半边菌、铜绿菌、玉马鹿、大东菌、芝麻菌、胭脂菌、松茸等。"野生水果有山桃、杨梅、黄泡果、鸡素果、山楂、黑刺果等。① 祥云彝族的野生水果有杨梅、多依、橄榄等。② 采集物除了自食外，盈余部分拿到集市上出售，如民国时期景东彝族出售的商品中就有"天然采集物"③。巍山彝族的采集十分丰富，包括果实、野菜、蜂虫、药材、菌类等多种类型：果实有杨梅、野梅、李、椎栗、杉依、黄中泡、橡子、隧根果、攀枝花、橄榄、鸡嗉子、地石榴、香橙子、藤子、山薯、山药、野芭蕉、土瓜、松子等；野菜有山韭菜、鱼腥草、蕨菜、树头菜、芹菜、老瓦菜、棠梨花、马缨花等；蜂虫有石蚌、螃蟹、鸟雀、树虫等；药材有防风、柴胡、岩角、黄草、野三七、竹节、人参、秦归、当归、草乌、玉竹参、沙参、花椒、香樟皮、杜仲皮等；菌类有鸡枞、鸡油菌、青菇、花菇、一窝蜂、青头菌、羊肝菌、大脚菇、香菌、木耳等。④ 巍山彝族采集对象可以看成澜沧江流域彝族聚居区采集的一个缩影，至少可以从中看到澜沧江中游彝族聚居区的采集状况。

2. 采集经验及采集物加工技巧

在采集过程中，总结了一系列行之有效的经验和技巧。首先要把握好采集的时间地点。找菌子要懂得出菌的时间和"菌窝"：鸡枞更是有固定的菌窝，火把节前后出土的称为"火把鸡枞"，农历七月十五左右出土的则称为"月半鸡枞"，这两个时段到菌窝去一般都能拾

---

① 景东彝族自治县志编纂委员会编：《景东彝族自治县志》，四川辞书出版社1994年版，第96页。

② 王丽珠：《祥云县少数民族志》，云南人民出版社1990年版，第51页。

③ 颜仕勇主编：《景东彝族自治县民族志》，云南民族出版社2012年版，第61页。

④ 大理州民族事务委员会编：《巍山彝族回族自治县民俗志》，云南民族出版社2012年版，第192页。

到鸡枞；鸡枞只能往上拔，不能挖，意在最大限度保护好菌窝，以便将来此处还会出鸡枞。大红菌于农历六月、七月出土，即端午节到七月十五左右，生长于深山中，有固定菌窝；香菌在农历七月份出土，生长在深山中的麻栎树、珠栗树等的枯树枝上；白参长在松树上，木耳长在杂木树上；冬菌冬天出，长在有杉松的地方。经过多年观察及传承，彝族掌握了菌子大量出土的时段，如"五月端午，鸡枞拱土；七月半，鸡枞烂"①。从谚语中可以看出彝族掌握了鸡枞开始生长和退落的季节。"闪电使菌类生出，慌张要砸破头皮"②，道出菌子在打雷下雨后开始大量长出。

蕨菜主要集中于农历二月、三月采摘，空旷的山坡和灌木丛中较多，有大苦蕨菜和甜蕨菜两种。大麻菜的采摘时间在农历正月初到三月份，找有麻菜窝的地方采摘。树花一年四季都可以找到，通常生长在气候阴冷、空气质量好的大树上。

蜜蜂于农历正月、二月采集收养，有山中的树洞里野蜂或家中蜂分家的小蜜蜂，收养后组建新窝。葫芦蜂于农历九月、十月用火烧大树上的蜂窝，"七月葫芦八月包，九月十月正好烧"道出了烧蜂的最好时节在九月、十月。一些气候热的地方采食竹虫，南谷村有"七上八下九归筒"，意即竹虫在农历七月份上竹子，八月份下地，九月份回到竹子，而此时的竹虫是最多最好的，因此九月采集最佳。

采药的最佳节令在入秋以后，这时药物成熟度更高，平地村采摘的药物有三七、七叶一枝花、龙胆草、八招经、回心草、大寒药、百福草、黄花兰、扫把稞等，南谷村采摘的草药有歪鱼子兰、细辛、消黄散、麻黄等。

其次掌握辨别采集对象可否食用的方法。平地村的红菌分为大红菌、小红菌、细红菌三种：大红菌颜色很深，红得发黑、口感好、价

---

① 南涧县民间文学集成办公室编：《南涧民间文学集成》，云南民族出版社1987年版，第268页。

② 巍山县民间文学集成办公室编：《巍山民间谚语集成》（内部发行），大理市印刷厂1990年版，第70页。

钱高；小红菌的颜色较浅、味苦，很少人会拣，随处都可看到；细红菌颜色粉红，菌盖和菌柄都很细，味苦涩，满山都有。通过菌子的生长环境、气味、颜色等来辨别能否食用，具体包括五个方面：一看生长环境，有毒菌生长在阴暗、潮湿的肮脏地带；二闻气味，有毒菌气味刺鼻；三看颜色，有毒菌颜色鲜艳，采摘后一般很快变色；四看形状，有毒菌菌盖中央一般凸起，形状怪异，菌面厚实板硬，菌杆上有菌轮，菌托杆细长或粗长，易折断；五看分泌物，有毒菌的分泌物稠浓，一般呈赤褐色，撕断后在空气中易变色。而气味香醇，蚂蚁、虫子咬过的菌子均可食用。

再次，掌握加工采集物的技巧。加工大红菌，把找回来的红菌洗干净，放到专门的烤炉里，用小火慢慢烘烤，一边烤一边翻，烤干即可，烤干后颜色鲜红者为上品。加工大苦竹笋，新鲜苦笋去壳后切成丝，把苦笋丝倒入煮沸水的锅里，在水锅里加小苏打，让苦笋丝的颜色变黄，越黄越好，煮十分钟以后，把水沥干，把竹笋丝放到簸箕里，放到炉火上烘干（半干）或置于阳光下晒干就可以了，吃时用水泡开或煮或炒均可。营盘村彝族在农历十月制作蕨根粉，把洗净的蕨根用榔头敲碎，泡在缸中搅匀，过滤后晒干即可收贮。

第二节　饮食、医药中对自然的认知和利用

一　饮食方面对自然的认知和利用

（一）因材制器的竹木餐具

澜沧江流域彝族喜欢使用竹木餐具，木制餐具有木桶、木瓢、木盆、杵臼、木勺、托盘等，如香格里拉彝族使用的漆器餐具有木盘、木碟、木钵、木勺等。在铁桶及塑料桶传入之前，多用木桶取水。竹木餐具质朴美观，用其装水及盛放食物会有一股竹木的气息且不会产生对人体有危害的化学物质，竹木餐具是上乘的餐具。彝人制作木质餐具有一套经验，通常选用木质较硬、不易开裂的梨木、核桃木做餐具，而且还要把握好砍树的季节，农历八月到腊月这一段时间是砍树

的最佳时间，因为这段时间的树木收浆完成，木质坚硬且不易遭虫蛀。从选择木材和砍伐季节方面可以看出，彝族对树木的品质及生长情况都有科学的认知，这是他们在生产生活实践中总结出的宝贵的生态经验。

（二）对食物保健功能的认知

彝族的日常饮食对身体健康大有益处，点苍山上长有"红茎碧叶"的高河菜，早在南诏时期就已列入菜肴，每年七八月可采摘食用，具有清热解毒的功效。永平县彝族支系罗武人总结出吃苞谷、苦荞对身体的好处："少年儿童发育良好，成年人牙齿坚固洁白、身体健壮，老年人头发乌黑、耳聪目明，姑娘的肤色红润，很少患肠胃病和心血管病。"[1] 这就是长期吃粗粮对身体的益处，也正是现在城市人所追求的绿色食品对健康带来的好处。

澜沧江流域彝族聚居的大部分地区产茶，如凤庆、云县、勐腊等地盛产茶叶。茶叶是澜沧江流域彝族聚居区较常见的生态饮品，据说罐罐茶具有提神醒脑、清热解毒、治咽喉炎的保健功效，此茶是较好的生态饮品，罐罐茶需反复添水熬煮，直到无味为止，不会造成茶叶浪费。漾濞彝族将一小坨盐用火烧红后放入罐罐茶中，就制成"飞盐茶"，能起到解毒、清凉、驱暑的功效。制作野生古树茶的方法非常讲究，要经过萎凋、杀青、揉茶、晾晒等四道工艺，制成后装入袋内三个月至飘出茶香才能饮用，据说常年饮用这样的野生古茶能保证一年身体健康少病，这是生态饮品的保健功效所致。澜沧江流域彝族采摘一些除茶叶外的植物制作饮品，景东彝族的"银生馥香"茶用红豆草和红糖煮成，喝此种茶饮能起到化痰止咳、减肥养颜的功能。

（三）生态饮食的选取和食用

彝族食物的来源分为四大类：人工种植型、人工养殖型、野外采集型、野外猎捕型。在彝族山区未遭污染时，良好环境下生产的食物

---

[1] 永平县民族宗教事务局编：《永平县民族志》，云南民族出版社2006年版，第54页。

堪称绿色食品。在田野调查中得知，村民普遍认为原来的饮食好，因为不使用农药、化肥。澜沧江流域彝族聚居区盛产菌子，尤以鸡枞声誉甚大，巍山的鸡枞在清朝以前就声名远播："蒙化府产鸡枞菜，赤、白二种，赤色味绝佳，其油甘香，可调五位。"[①] 20 世纪 60 年代以前，彝族居住的山区森林茂盛，山野果蔬丰富，人工种植蔬菜较少，平时多以野菜佐餐，经常会采摘一些菌子、野菜、野果、块根、花朵等作为食物，如景谷彝族"副食除自种的瓜豆蔬菜和饲养的猪、牛、羊、鸡外，多靠打猎、捕鱼和采集野菜"，可见野菜在彝族中占有重要分量，野菜是彝族在饮食层面中最能展现生态文化的要素。俐侎人注重绿色饲养，例如牛、羊、毛驴、猪等大部分时间都是放养，牛、羊、毛驴在家时还喂一些干草、青草、麦秆、玉米秆，猪喂猪食（原料主要为青饲料和粮食）。鸡、鸭、鹅也为放养，在庭院、田边地角啄食虫子、野草等，另外回家时再喂一些玉米、小麦之类的饲料。[②]俐侎人还采摘一些野生蔬菜和水果为食，经常食用的野菜有：蕨菜、竹笋、水芹菜、香椿尖、树头菜、枇杷尖、水香菜、刺五加等。还采一些野生菌作为蔬菜，如鸡枞、奶浆菌、鸡油菌、牛肚菌、扫把菌等。采摘的野果有地白果、山楂果、枇杷果、杨梅、黄泡果、棠梨果等。俐侎人的饮食不仅绿色健康，而且还体现出"靠山吃山"的特征，野菜、野果、菌子都是大山的产物，体现出俐侎人充分利用山野资源的聪明智慧。永平县彝族地区较有名的土特产核桃、蜂蜜、花椒、白木瓜、香菇云耳等都来自山区。云县后箐乡勤山村村民采摘的菌类有香蕈、鸡枞菌、青头菌、奶浆菌、扫把菌、大红菌、金丝木耳等，野菜有蕨菜（水蕨菜、旱蕨菜）、竹笋（甜竹笋、苦竹笋）和白花、野葱、野姜、山胡椒等。[③]永平彝族独特的野生蔬菜有生长在水

---

① （清）谢圣纶辑，古永继点校：《滇黔志略》，贵州人民出版社 2008 年版，第115 页。

② 张理政：《云南省永德县乌木龙彝族乡帮卖彝族村传统文化调查报告》（内部资料）。

③ 邹雅卉、左停：《云南社区森林的乡土知识及传承——临沧地区云县后箐乡勤山小流域案例研究》，《林业与社会》2004 年第 4 期。

沟边的香菜、洁白的柞花，宾川彝族独特的野生蔬菜有水木耳、核桃花等。景东县大街乡平地村的野生蔬菜种类十分丰富，包括香椿、刺包菜、蕨菜、大麻菜、刺竹笋、木耳、鱼腥菜、象耳朵叶、滕菜花、臭菜、水芹菜、野棠梨、水萝卜花菜、水香菜、树花等，南谷村的野生蔬菜有蕨菜、大白花、白藤花、象蹄叶等，气候较热的曼迁村"四季可采野菜，夏春可采蘑菇"。

（四）饮食加工环节的生态意蕴

利用日晒、风干、发酵等方法制作一些风味饮食，较典型的有干板菜、干萝卜丝、干萝卜条、干菌子、酸腌菜、柿饼、泡柿子、泡橄榄、酸豆等。通过风干、晒干或腌制处理的食品容易存放，不但增加了食品的口味，很好地解决了蔬菜季节性强的问题，还可备不时之需，倘若遇到荒年，可随即做救灾之用，大理州彝族罗武支系甚至还采一些野菜晒干储存，做应对灾荒之用："凡蔓菁、笋蕨之属，悉干而储之，以备荒年。"[1] 俐侎人在饮食制作方面具有充分利用生态元素的功能。俐侎人在制作腌制食品方面一般都是先把主料与配料拌在一起，置于罐中慢慢发酵，通过自然力量把腌制食品的味道发挥到极致。酸腌菜是俐侎人的家常食品，通常是把老青菜晒至半干洗净切细后再配以酒、盐、花椒粉、辣椒粉等揉拌，装入罐中静置数月即可食用，酸味中略带醇香。俐侎人的腌制食品还有水腌菜、菜花腌菜、酸萝卜、火腿、蒜头、豆角、梨、桃、黄瓜等等。营盘村彝族腌制火腿时在其表皮搓上辣椒面、花椒粉，据说能起到防虫的作用，而且味道较好。茶叶可直接入菜，俐侎人喜欢用鲜茶叶来做凉拌菜，其做法比较简单，先用双手稍微用力搓揉刚采来的新鲜茶叶，把嫩叶揉碎置于备好的干净碗中，此时放入揉碎的黄果叶和切碎的辣椒及适量食盐，加上少许凉白开或者山泉，搅匀搁放 15 分钟左右即可食用，味道清香鲜美。

---

① （清）谢圣纶辑，古永继点校：《滇黔志略》，贵州人民出版社 2008 年版，第178 页。

根据植物特性采集和加工。"大辣荨麻"蜇毛容易造成皮肤过敏，皮肤接触后会产生红肿、瘙痒等不适反应。俐侎人为了避免受到"大辣荨麻"的伤害，采摘时用剪子、竹夹等物间接摘取，趁鲜沸水煮熟拌以油盐即可成为鲜香的下饭菜。在此道食物的制作过程中，体现出俐侎人趋利避害的生态智慧。宰杀动物后直接用火烧其毛："杀鸡豚火燎而后烹食。"① 火烧过的肉食带有一股草木的清香，这样的食法充满生态意蕴。用野菜、野花搭配着面粉做出生态可口的饮食，例如麦粑煎野菜别有一番风味："麦粑煎野菜，吃着味才好。"② 用野生果蔬配以其他食材，还能做出独具风味的彝族饮食，如用棠梨花配以糯米粉可做出香脆可口的"棠梨花饼"。

在特殊仪式上一些植物菜肴承载着非凡的含义，南涧彝族婚宴上必备的几道植物菜肴具有吉祥的象征意义，豆芽象征新婚夫妇的感情缠绵悱恻、生死相恋，木耳和竹笋两道菜合在一起象征儿孙满堂、家族兴旺，芋头象征年年有余、衣食无忧。植物菜肴属于生态的本体，象征意义属于生态的延伸体，可见很多植物充当了彝族美好生活愿景载体的角色。漾濞彝族有一种"老虎生"吃法，精瘦肉用木炭火烤至八成熟加调料制成。无量山一带的彝族用菜肴表达允婚或拒婚的信号，如果用青菜招待前来提亲的客人，青菜代表着"开亲"，则意味着亲事可成，但如果用茴香菜煮腊肉招待客人，则意味着不答应这门亲事，茴香有暗示客人"回乡"之意。彝家人用植物菜肴委婉地表达出婚姻的应允与否，植物菜肴这一生态事项充当了信息传递的媒介。

二　医药方面对自然的认知和利用

彝族传统的药材包括中药主要包括植物药（根、茎、叶、花、果）、动物药（皮、骨、内脏、器官等）和矿物药三个大类，这三类

---

① 杨滋荣整理点校：《顺宁府（县）志五部》，天马图书有限公司 2001 年版，第15 页。

② 巍山县彝学学会编：《巍山彝族打歌山歌小调选编》，云南人民出版社 2011 年版，第 58 页。

药都取之于自然界，因此彝族医药的根本在自然，这些药经过不断识别而用来治病，其间包含对自然的利用和认知。

澜沧江流域彝族聚居区草药资源十分丰富，一些彝医总结出大量的草药治病经验，景东彝族有着底蕴深厚的草药医药文化，"一屁股坐着三棵药，就看你知道不知道"，道出当地人民对药用植物资源的努力探索，用药品种较为丰富："用药品种达1189种之多，其中植物药871种，动物药262种，矿物药及其他药56种。"①

动植物为原料的药材具有很强的原生态属性，这是彝族认识自然、利用自然的典型见证，草药在医疗卫生方面发挥了重要作用。20世纪50年代以前，澜沧江流域彝族治病主要靠动物药和草药，并深受内地中药文化的影响，如双江彝族常用的动物药有麝香、熊胆、蛇毒、蛇肉等②。草药占据了传统医药中的重要地位："倮倮泼世世代代靠草药来治病……人、畜病了很少到城里诊治，都靠本民族的草药医生治疗。"③动物药表现出彝族对自然物的运用，同时证明当时生态环境较好，动物较多，但在生态环境遭到破坏、动物较少的情况下，一方面谋取动物药的条件遭到破坏，另外在这样的情况下用动物药将会对动物乃至生态环境造成更为严重的影响。

治病的方法更能体现出彝族对草药的准确认知和合理利用。采用熬制汤药洗浴患处以达到治疗目的，熬制汤药常用的植物有九里光、青松毛、荆芥、茶叶、杉树根等，用草药浴治病是彝族生产经验的总结。迪庆彝族动植物均可入药，动物药最常用的有麝香、熊胆两种，毒蛇咬伤、流行性疾病一般用麝香治疗，也可取少许溶于水内服并外擦于头面、耳孔，以预防病毒传染。熊胆主要用于跌打损伤，治疗和预防肠胃疾病、水土不适等。水、火烫烧伤用猪苦胆外擦。植物药种类较

---

① 景东彝族自治县民族宗教事务局编：《景东彝族简史》，云南民族出版社2011年版，第236页。

② 双江拉祜族佤族布朗族傣族自治县民族事务委员会编：《双江拉祜族佤族布朗族傣族自治县民族志》，云南民族出版社1995年版，第188页。

③ 思茅行政公署民委编：《思茅少数民族》，云南民族出版社1990年版，第299—300页。

多，如蚊虫咬伤用苦蒿叶和臭荽。[①] 彝族民间有很多经验丰富的草医，能医治常见的慢性肠胃病、骨折等疾患。营盘村彝族小病采取用草药治理的方法，积累了一些治疗经验，比如肚子痛用青蒿熬水喝。永德县亚练乡俐侎人草医李老石擅长治疗精神分裂症，20 世纪 50 年代以来治愈当地各族农民、干部数百人。他看病时，让患者先吃一口"试病药"，10 分钟后，如患者双手发麻，便认定是药物中毒；不发麻的，可能是受惊、忧虑等原因。根据试药后的反应对症下药。所用的药物有寄生在大树上的野芭蕉叶、阉鸡尾、锅铲藤。再加上独特的药引，有一套独特的配制方法。亚练乡李忠擅长接骨，从高处摔下或有内伤的，让患者服用一种独特的"马悟药"，不能服药时，撬开嘴灌，半小时后即能行走，还有解菌毒的特效药。[②] 两名草医采用的药物都是草药，这需要在对药物功效的准确认知的基础上才能对症状下药，可见草医们具有丰富的医疗经验和经得住考验的医疗知识。

第三节 适应和利用自然的人居方式

一 村寨选址的生态与生计诉求

村寨选址讲求四个关键要素，即靠山、近水、向阳、有林，四个要素都能满足的是最理想的人居环境，但"有林"要素不可或缺，因为森林在彝族生产生活中具有决定性作用，农业、畜牧、采集、狩猎、水源、服饰、建材等与森林密切相关。

（一）"山水阳林"兼备的理想人居环境

"靠山、近水、向阳、有林"的是澜沧江流域彝族最为理想和最普遍的居住环境，很多居住在山区的彝族都能满足这四个条件。大理州彝族村寨几乎都能满足这四个重要的自然条件，南涧县无量山乡阿撒地村的选址具备了靠山、向阳、近水、有林等诸多条件：村后有灵宝

---

① 闵江海编：《迪庆藏族自治州民族志》（内部发行），深圳汇源彩色印刷有限公司 2001 年版，第 152 页。

② 金建、杨兆昌主编：《临沧地区民族志》，云南民族出版社 2003 年版，第 22 页。

山，村寨位于向阳背阴的山腰，山上树木茂盛，村对面的五村河森林资源保证了村寨的水源。依山、伴林、有水是彝族十分理想的村寨选址环境："小潭子彝村背倚捣衣山麓，山上古林葱郁，清溪环流。"① 小潭子村具备山、林、水等彝族村寨选址所考虑的重要因素。普渡村周围森林茂密，房屋分散在向阳、背风、靠近水源的平缓山坡上。保山市彝族村寨环境也能满足四个自然要素："村寨多坐落在密林环绕的开阔地带、开阔明朗的山坡、高山林箐的边缘、平缓向阳的坡地、依山傍水的山脚。"② 普洱市彝族村寨选址可谓占尽这四个自然要素的优势："彝族建立村寨多数都要选择在背风近水、日照长、干燥、疾病不易蔓延的半山腰上，择地基时要看风水，有左靠'青龙山'、右邻'白虎山'的讲究。"③ 景谷县彝族村寨布局体现出明显的生态文化内涵："多在避风近水的河边或山坳里。几十户为一寨，房屋相接。寨内不栽树木，但寨子周围却林茂树密。"④ 避风、近水、靠山、有林等多种宜居因素均具备了，"避风近水"能避免山高缺水和风大的不利人居环境，"几十户为一寨"不会因人口密度太大而对周围的自然资源造成过度利用，"寨子周围林茂树密"能够为彝族生存提供优良的生态环境及物质资料。彝族支系阿列人选择建房地基的标准是四要素的典型代表和具体实践："近水，有森林，有土地，背风向阳，地气干燥而平缓。"⑤ 背风近水满足了靠近水源的要素，日照长满足了向阳的要素，村寨建在半山腰满足了靠山、有林的要素，此四大要素是彝族充分利用自然环境来服务于生活的理性抉择。总之，澜沧江流域彝族在村寨选址方面综合考虑多重有利于人类生存的因素，诸如避风、向阳、有水、有林

---

① 云南省编辑组：《云南巍山彝族社会历史调查》，民族出版社 2009 年版，第 130 页。

② 保山市民族宗教事务局编：《保山市少数民族志》，云南民族出版社 2006 年版，第 83 页。

③ 云南省普洱市民族宗教事务局编：《普洱市民族志》，云南民族出版社 2009 年版，第 74 页。

④ 云南省景谷傣族彝族自治县志编纂委员会编：《景谷傣族彝族自治县志》，四川辞书出版社 1993 年版，第 674 页。

⑤ 思茅行政公署民委编：《思茅少数民族》，云南民族出版社 1990 年版，第 264 页。

等，而这些因素都是人们从自然环境有利于人类生存的视角得出的智慧抉择，反映出彝族传统人居理念中利用自然、亲近自然、融入自然的生态思想，体现出与自然融为一体的生存空间理念。

（二）以林为核心的居住理念

四要素中森林居于最关键的位置，山区的彝族村寨几乎都能够满足有森林的条件。澜沧江流域彝族绝大多数住在山上，例如云龙县彝族罗武支系的村寨多坐落在山坡上，具有依山而居的特点。从一些史诗中也可以看出彝族很早就普遍在森林居住，如《洪水连天》讲述彝族祖先"如同猴子般，吃住在森林"①。据《皇朝职供图》记载，"白猡猡……居处依山箐或居村落""利米蛮……聚处顺宁山箐中"②，两段史料中透露出澜沧江流域彝族古代主要分布在深山茂林中。

"有林"的村寨选址关乎彝族的物质生活需求。傈僳泼村寨大多建在避风、平缓，有森林，有牧场的山坡上。③ 避风能满足人居保暖的需要，平缓能满足耕地之需，森林能满足人们的综合性需求，有森林才会有优质的牧场，畜牧业是彝族的重要产业之一，森林为牲畜提供了优质的放牧条件，"村后山林可放羊，村前坝子可种粮，坝中沼泽可放猪""前有良田宜种粮，后有高山宜放牧"等谚语都反映出森林为畜牧业提供了优质的牧场。彝族的山居环境十分有利于畜牧业的发展，彝族打歌调唱道："山羊躲避在林中，出没大赤松树岭，往来蕨菜丛生的溪谷。"④ 放养在山林的羊群喝山泉水、吃百样草，有繁殖快、产量高、肉质好的特点，山羊一旦离开长期放养的山林，就会变得不适应，产量和品质都会下降，如景谷县 1958 年后把山羊搬到坝区饲养，但收效甚微："由于集体大群放牧，大群关养，加上坝区气候、水土不适，发

---

① 云南省普洱市民族宗教事务局编：《普洱市民族志》，云南民族出版社 2009 年版，第 69 页。
② 邓启华主编：《清代普洱府志选注》，云南大学出版社 2007 年版，第 332、346 页。
③ 思茅行政公署民委编：《思茅少数民族》，云南民族出版社 1990 年版，第 296 页。
④ 杨茂虞、杨世昌编译：《彝族打歌调》，云南民族出版社 2002 年版，第 67—68 页。

展很慢。"① 羊与彝族的生活、祭祀等密切相关，山区能为彝族提供更好的牧羊环境。兰坪县营盘镇彝族多居住在"山清水秀，柴水方便"的山区，② 居住在森林中或邻林而居找柴草方便，能很好地解决燃料需求。香格里拉县的彝族村寨选址讲求利于开展生产生活："喜欢居住在有利于耕作和放牧，柴近水便的海拔 2500—2800 米的山区。"③ 弥渡民间歌手李彩凤的《我家住在高山上》反映出当地彝族的居住环境："我家住在高山上，松涛声里把活做。荒山坡上出粮食，茅草棚棚变瓦房。"歌词是彝族安居状况的真实写照，田地周围布满森林，森林发挥了减缓风力、保持水土、提供肥力的作用。

村寨选址"有林"的取向体现了彝族对生态美的追求。彝族在搬迁中往往选择有森林的地方安家，南涧县《查氏家谱》中也反映出在迁徙中选择有森林的地方居住，"九世祖查白龙，又迁螳螂房边森林凹子地"，而且还希望族人繁衍像森林那样茂盛："如富山茂盛，似松柏常青。"④ 在茂密的森林环境中居住久了，萌生出逝者灵魂回归森林的愿望。彝族支系腊罗人在"送魂经"中希望逝者灵魂能到一个环境优美的地方："你打扮得漂漂亮亮的，你就高兴地去吧，到'啊母'（男祖先）居住的那里去吧，到'啊丽'（女祖先）居住的那里去吧，那里山青青，那里水秀秀，那里白花在开，那里动物在跑，那里鸟儿在飞。"⑤ 彝族对死者灵魂归属地的祝愿能够反映出死者生前的生活环境状况，希望死者能够回归到生前那样的美丽环境中。彝族具有生死与森林相依的理念，村寨选址讲求有林，要在房前屋后栽树，死后坟地选在森林里。巍山彝族孝子"哭丧"时告慰死

① 《景谷傣族彝族自治县概况》编写组编：《景谷傣族彝族自治县》，民族出版社 2007 年版，第 84 页。

② 中共营盘镇委员会、营盘镇人民政府编：《云南省兰坪白族普米族自治县营盘镇志》，云南民族出版社 2008 年版，第 253 页。

③ 云南省中甸县志编纂委员会编：《中甸县志》，云南民族出版社 1997 年版，第 201 页。

④ 云南省编辑组：《大理州彝族社会历史调查》，民族出版社 2009 年版，第 12 页。

⑤ 大理市彝学会编：《文化大理·彝家风采》，中国文艺出版社 2007 年版，第 46 页。

者："你家迁到松坡上，你屋盖在大松林。高山有青松，你到那里去。"① 在庆生活动中也体现出彝族对美丽森林的挚爱，昌宁彝族"送祝米"的贺生调唱道："罗罗住在大山上，不怕风吹雨来打。昨日花开香满坡，今日结果果满园。"② 从唱词中可看出彝族居住在山区的地理环境，山区提供了花朵盛开、瓜果满园的生态环境。从美好辞藻中可以看出彝族对森林茂密的居住环境情感笃厚。兰坪彝族居住的地方"山清水秀，森林茂盛"③，景东彝族用"茶树栽得满山岗，山清水秀百花香"④ 来歌颂家乡秀丽的景色。不仅在居住大环境上追求茂密的森林，在建房选址时讲求门户所对的山体要草木旺盛，还喜欢在田间地角、村寨周围、房前屋后、庭院之中种树、种竹、栽花，客观上森林茂密的大环境加上建房建寨之后主观上营造的植被，致使彝族地区形成寨在林中、树在寨中、花在院中的林居格局。村寨的绿化主要分为两大类型，一类是在房前屋后、村寨周围、道路两侧栽树种竹，如巍山县龙街乡"村寨坐落在群山之中，四面青山环绕，林木苍翠。村子的路旁、地边栽着桐子树、金刚钻树等，用来扎篱笆。房前屋后栽竹子、芭蕉、桃、梨、花椒等"⑤。龙街乡彝族在村寨选址时注重有森林，而且房屋建成后还大量栽种树木，愈发增添了绿化比例。打歌调中反映出彝族民居被花草树木包围的美丽景致："房后覆盆子树，房前覆盆子丛，黑色蕨藜花……房后结着早熟梨……去采房后的幼竹，那里的幼竹还小。"⑥ 可见，彝族房前屋后栽植多种树木，

---

① 大理白族自治州彝学学会编：《从心灵开始的千年历史——大理彝族婚丧习俗》，中国文艺出版社 2011 年版，第 114 页。

② 昌宁县文化发展促进会、昌宁县文体广电旅游局：《昌宁民俗》，云南民族出版社 2012 年版，第 556—557 页。

③ 兰坪白族普米族自治县志编纂委员会编：《兰坪白族普米族自治县志》云南民族出版社 2003 年版，第 189 页。

④ 景东彝族自治县民族宗教事务局编：《景东彝族自治县民族宗教志》（内部发行），普新出（2009）准印内字第 95 号，2009 年，第 71 页。

⑤ 云南省编辑组：《云南巍山彝族社会历史调查》，民族出版社 2009 年版，第 127 页。

⑥ 杨茂虞、杨世昌编译：《彝族打歌调》，云南民族出版社 2002 年版，第 206—209 页。

有可供药用的蒺藜，还有果树、竹林等。保山市彝族在房屋四周种桃、梨、杏、芭蕉、香蕉等多种果木。[①] 果树春华秋实的景致提升了田园风光的格调。通过植树美化住宅及村落环境是常见的现象："习惯于大门口和村庄周围种植大树。"[②] 另外一种类型是在院中栽种花草树木，如漾濞彝族"院内外种植花草果木"[③]，巍山县龙街乡彝族在场院靠照壁一边栽种石榴、香橼、花卉等绿色植物，对人居环境发挥了良好的美化效果。村寨绿化体现出彝族对生态审美的追求，既美化了村寨环境，又能调节村寨小气候，能使居住者获得冬暖夏凉的舒适居住环境，还能吃上新鲜的水果、竹笋等时令果蔬。

（三）近水而居

水是人畜生存和庄稼生长的必备条件，彝族人居环境讲求靠近水源，如祥云彝族住宅多依山而建、面向流水，正如对联所言："四面青山如玉璧，八方绿水是银河。"[④] 景东县哀牢山区的彝族村落多分布在半山坡或山涧两侧就水向阳的地方。[⑤] 虽然住在山上，但还是讲求靠近水源。巍山彝族居住的村寨几乎都有龙潭，凸显出村寨选址时对水源的追求。镇康彝族的居住环境讲求"依山就水"[⑥]，兰坪县"彝族寨子多数坐落在平缓的山坡和林间小块盆地。后有靠山、旁有小溪为理想的宅基"[⑦]。"旁有小溪"就是要把房子建在离水源较近的地方。大理彝族"聂苏"支系的村寨选址十分讲究，通常在小河旁边和后有靠山之处建立村寨，认为这样的地势较

---

① 保山市民族宗教事务局编：《保山市少数民族志》，云南民族出版社 2006 年版，第84 页。

② 大理市史志编纂委员会编：《大理市志》，中华书局 1998 年版，第 924 页。

③ 漾濞彝族自治县地方志编纂委员会编：《漾濞彝族自治县志》，云南人民出版社2000 年版，第 134 页。

④ 王丽珠：《祥云县少数民族志》，云南人民出版社 1990 年版，第 56 页。

⑤ 云南省编辑组：《云南彝族社会历史调查》，民族出版社 2009 年版，第 131 页。

⑥ 镇康县民族事务委员会编：《镇康县民族志》，云南民族出版社 1994 年版，第 47页。

⑦ 兰坪白族普米族自治县志编纂委员会编：《兰坪白族普米族自治县志》，云南民族出版社 2003 年版，第 194 页。

为吉祥："前对绿水增百福，后靠青山积千金。"① 表面上看村寨选址带有求吉心理，但实质上很好地应用了生态环境优势，村前河水有利于解决灌溉、饮水问题，村后有山有利于放牧、采集，村前之水带来湿润的空气，村后的山林阻挡狂风来袭。景东彝族的居住地多在"背风向阳，靠近水源和薪柴的半山腰上"②。巍山县东山小潭子村民当时之所以定居于此，最主要还是看重了优越的水源条件："因见现有之村子所在地有清泉一潭，可供饮用，兼之地势开阔，风光秀丽。因此，由龙潭边再迁而下，建村于小水潭边，故名'小潭子'。"③ 村寨选址时主要考虑到此地有清泉可供饮用，水源在村寨选址中是一个重要的考量因素。弥渡县寅街镇朵古村彝族当时之所以迁居于此，是因为"看见山冈尚平，且有一口水井，水井旁长着一棵白菜，认为这里可以居住，于是就落脚下来繁衍、生息，逐渐形成了村子"④。"山冈尚平"有利于农业生产，"水井"为生产生活提供了至关重要的因素。

（四）靠山向阳的村落朝向

彝族居住的山区海拔较高、气温偏低，因此喜欢把村寨建在地势平缓向阳的山坡上，这样能起到很好的避风保暖采光的居住效果。"凡人家所居，皆依傍四山"透露出大理市彝族村寨依山而建的人居现象，村寨建在地势平坦向阳的地方："村落选择于山腰或山谷平地，向阳有水源处。"⑤ 弥渡县彝族地区有部分土掌房，墙体用泥土夯实而成，这种建筑形式是巧妙利用和适应地理环境的结果。彝族居住的山区冬冷夏热，而土掌房具有冬暖夏凉的功效，平坦的屋顶具有多重功效，如晒台、凉台、办酒席等，弥补了彝族山区平地少的劣势。云

---

① 云南彝学学会大理分会编：《大理彝族研究资料（第二集）》（内部发行），大理市印刷一厂 1988 年版，第 94 页。
② 颜仕勇主编：《景东彝族自治县民族志》，云南民族出版社 2012 年版，第 92 页。
③ 云南省编辑组：《云南巍山彝族社会历史调查》，民族出版社 2009 年版，第 130 页。
④ 云南省编辑组：《大理州彝族社会历史调查》，民族出版社 2009 年版，第 118 页。
⑤ 大理市史志编纂委员会编：《大理市志》，中华书局 1998 年版，第 923 页。

龙县彝族支系"罗武人的村寨多坐落在向阳的山坡带"①，凤庆"彝族村寨大多依山傍地，周围有树向阳"②。依山傍地表现出彝族将就地形而建寨的理念，"有树"表明对大自然的热爱，树木可以带来绿荫、蓄养水源，还可以到树林中放牧、拾柴、采野菜等，向阳一则可使房屋的光线较好，另外彝族居住的山区气候相对寒冷，能起到较好的保暖作用，向阳是农业生产的重要条件，据康熙《顺宁府志》记载："山谷向阳者，可荞、可稗、可麦、可菽，彝民以之为天。"③彝族仰仗向阳之地种庄稼以供食用。另外，彝族人居环境在风水观上的讲究也体现出一定的生态理念，景东彝族建房时门的朝向和周边环境都有讲究："倮倮泼支系建房，门向要对准凹子，有'左有青龙，右有白虎'的讲究。迷撒泼支系建房则讲究有'龙脉'，左右有水源，门向不能对准石岩、垭口，要对山峰。"④从中可看出建房时门向要对空旷处，实质上是对光照和眼界开阔的追求。在建房选址时讲求门户所对之山要草木旺盛，而且房前要有水。

（五）分散居住的生态效益

彝族分散居住既能保证一定范围内资源的供给，又不会因资源过度开发而造成环境严重破坏，而且对防止传染病快速传播有一定遏制效果。澜沧江自然保护区周边的彝族村寨多选择在地势险要的高山或接近河谷的向阳山坡，村寨之间相距很远。⑤在河谷旁向阳山坡上建寨，河谷保证了水源供给，同时体现出彝族村寨选址对向阳因素的考虑，村寨之间距离较远有利于水、林、草、耕地满足生活、农业生产、放牧的需求。彝族村寨大的三五十户，小的只有三五户，而且村寨、住户之间相距较远，如巍山县太忠乡尼格底村在中华人民共和国

① 云南省编辑组：《大理州彝族社会历史调查》，民族出版社2009年版，第64页。
② 凤庆县志编纂委员会编：《凤庆县志》，云南人民出版社1993年版，第521页。
③ 杨滋荣整理点校：《顺宁府（县）志五部》，天马图书有限公司2001年版，第14页。
④ 颜仕勇主编：《景东彝族自治县民族志》，云南民族出版社2012年版，第92页。
⑤ 王娟、黄莹、李帅锋、万开明、杨建华：《澜沧江自然保护区周边社区林业现状及发展对策》，《西南林学院学报》2007年第2期。

成立前只有 34 户人家，整个村寨分布在由涧底到半山的三处平坡。①
分散的居住方式不会造成土地、牧场、森林、水源等资源的过度紧张
和破坏，同时自然资源也能满足分散居住范围内人口的生产生活需
求。靠山、近水、向阳、有林的居住环境及分散的居住方式对人的身
体健康大有裨益，良好的空气、水体、光照、通风等条件是彝族身体
壮硕、很少生病的重要原因，彝族地区很少有痢疾、疟疾、天花、霍
乱、重感冒等传染病流行，这与彝族村寨、住房零散分布以及山上生
态环境好有密切关系。关于居住高山森林对健康的益处，俫俫泼有清
醒的认识："由于地处高寒山区，森林密布，空气新鲜，流行病不多，
人们的寿命普遍比河谷地带的人要长些。"② 这是彝族居住高山密林
有利于健康的切身体会。分散居住在防止疾病蔓延方面有一定效果，
不失为一种利用地理空间的智慧之举。

二　自然特征浓郁的村寨命名

彝族喜欢选择自然环境好的地方建寨，从彝族村寨的命名可以看
出当地的自然状况，与自然环境相关的命名方式主要包括三种类型：
以物产命名，以动植物名称命名，以地理环境命名。

（一）彝族聚居区村寨命名的自然化倾向

澜沧江流域彝族聚居区的地名都具有明显的自然特征，以自然物
命名的村寨比例较多，接下来以凤庆县、镇康县、南涧彝族自治县、
漾濞彝族自治县、景东彝族自治县安定乡（选取彝族自治县和非彝族
自治县各两个以及彝族自治县中彝族较集中的乡镇一个）为例展现彝
族聚居区地名的自然特征。

凤庆县彝族人口占 24.9%（2010 年人口普查时凤庆总人口 45.6
万人，彝族人口 11.37 万人），共有新华彝族苗族乡、腰街彝族乡、
郭大寨彝族白族乡 3 个彝族自治乡镇，这三个乡是彝族居住相对集中

---

① 云南省编辑组：《云南彝族社会历史调查》，民族出版社 2009 年版，第 131 页。
② 思茅行政公署民委编：《思茅少数民族》，云南民族出版社 1990 年版，第 300 页。

的区域：新华彝族苗族乡共有街道村落238个，其中63个以自然物命名，分别是瓦屋箐、水源村、水吗自、水源小村、砚田、小卡吗箐、蚂蟥箐、蘑菇平坦、阿雪地、大东瓜林、松坡村、红岩、草皮路、麻栎树、大沟、蚂蟥箐、腊左河、金水塘、鲁姑地、羊圈山、对门山、山背后、土地白、菜不苦、团山、张家箐、罗家箐、瓦窑箐、大蓄山、大坟地、龙潭边、木瓜树、臭水、棠梨树、大龙潭、松坡林、朝阳村、金竹林、大平地、小水井、大水沟、硝凤、小石子、腊皮路、岩子脚、白沙沟、大水沟、大水塘、青树、西箐、刘家箐、二土地、大河边、麻地平坦、栗树、三沟水、稗秧地、江边、中山岭冈、竹林边、阿尼地、青树、岩子头等。腰街彝族乡共有街道村落68个，其中37个以自然物命名，分别是羊圈房、打麦场、龙潭、田心、小青树、桤木林、牛歇场、烂坝、后箐、大青树、大平地、松树林、四家村、箐村、核桃箐、松林、白沙井、龙潭、牛过口、花木林、星源、河边、李子树、背阴寨、岭冈、安龙山、红豆山、稗子地、小落星、凹子村、丫口、歇场、打虎山、装羊塘、岔河、箐口、大石凹。郭大寨彝族白族乡共有街道村落136个，其中79个以自然物命名，分别是凹子寨、李子树、竹林寨、营盘山、鱼塘坡、旧地基、桤木林、豆杆寨、上箐子、丫口、关山、核桃林、猪歇塘、松林、山头田、青树、坎子脚、芭蕉林、岭冈寨、大沟山、水井寨、立木爬、阿腊山、岩子脚、山头寨、小米山、青树、黑山寨、芭蕉箐、尖山、菖蒲塘、大麦地、杉松坡、麦地坡、岩子脚、水磨河、沙坝田、岭冈头、鱼塘地、田坝、青树、丫口、独水井、大田坡、白泥塘、桤木林、龙潭、大岭冈脚、山头、新寨沟头、大岭冈、岩子脚、尖石、桤木林、沙子坡、大龙潭、白沙沟、烂坝寨、大树田、羊火塘、老李坟、麻栎林、蒿子坝、团山、凹子寨、火石场、松林寨、岭冈寨、田坝、核桃林、岩子头、干沟寨、辰沙沟、独水井、山背后、丫口寨、岭冈寨、大水井、岩佛山。三个彝族乡镇以自然物命名的村寨占该乡镇村寨总数的比例分别为：新华乡26.5%，腰街乡54.4%，郭大寨乡58.1%。村寨名称往往能反映出村寨的文化传统和当地人的价值取向，以自然物命名的村寨名称又可分为山、水、地、林、石、树、星辰七类，其间浸透着清新的自然气息，以自然物作为村名的比例较高反映出当地村民对自然山川的热爱及村寨较好的生态状况。

镇康县彝族人口占9%（2010年人口普查时全县总人口176356人，彝族人口15907人），彝族居住的村寨多以其所在地的自然环境状况命名，如酸格林、苦菜林、茶叶林、麻栗树、蒿子坝、白水、独水井等，村寨名称多以林、树、井等与彝族生存密切相关的自然要素命名，既能体现出彝族优美的生存环境，又说明彝族村寨选址的环境取向。

南涧彝族自治县彝族人口占47.6%（2010年人口普查时全县总人口211433人，彝族人口100700人），彝族居住的村寨名除了有大量充满生态内涵的彝语地名（待下文论述）外，还有一些彝族聚居非彝语的地名也充满生态意蕴，具体可分为以下几种类型：其一，茂密森林型：黄栗箐、芭蕉箐、骑马箐、大弯箐、茂盛地、踏枝树、箐口大地、栏杆箐、木板箐、解板箐、水滑箐、芭蕉箐、栏杆箐（从前此地是森林，树杆标直，附近人砍去做栏杆，故名栏杆箐）、木板箐（从前此地是森林，有人在此解木板）、阿招箐、白石岩、松花岭箐、松林塘（从前此地是松树林，地形低洼）、小黑箐（此地从前是大森林，抬头看不见天，故名小黑箐）、箐头、小波罗箐、箐门口、银中箐、龙门箐、蚂蟥箐。其二，水源丰沛型：水磨房、龙潭、黑龙潭、汉江河、响水沟、大龙潭、大水井、大乌木龙（从前此地是森林，林中有一水塘，有一天，水塘里出现一条形似鸟木的黑龙，从此得名乌木龙）、大水井、小水井。其三，地形地貌型：对门山、大坟山、青龙山、团山、麻子地平掌、春光丫口、背阴村、大石头、打底锅（村居于四面环山、形似铁锅的中部）、岩子脚、大沟边、二台坡、甲山、大石房。其四，典型物产型：菖蒲塘、芹菜沟、梨树园、马果树、木瓜树、池树地（村旁有一棵大奶浆树，当地称为池树，村以树得名）、茶花树、空心树。其五，典型动物型：龙马塘、凤尾村、白虎山、鱼塘、新虎、老虎营、蝙蝠洞（从前洞中蝙蝠多）、狐狸村（现福农村）。从村寨名称中可看出南涧县古代良好的生态环境状况，大量带"箐""虎"字的村寨名反映出当时森林的茂密程度，"箐"指树木丛生的山谷，而"虎"则能印证当时森林茂密的情况，因为虎要在森林状况非常好的条件下才能生存，丰沛的水源也是森林茂密的佐证。五种类型的地名表现出彝族村寨选址对森林、水源、地形、物产等方面的追求，可以看出彝族在村寨选址方面讲求"森林茂密有水源、地势开阔物产丰富"，这样能很好地满足物质生存的需求。

漾濞县彝族人口占44.7%（2010年人口普查时全县总人口100663人，彝族人口44757人），以汉语命名的纯彝族村寨地名主要有以植物和地理环境命名两种类型。以植物命名的村寨有：核桃园、松毛坡、核桃林、梨树、木瓜树、荨麻箐、茶树村、青木园、杉松树、白荞、松毛坡、大白果、楂子树、麦子地、构皮树、楸木庄、楂子树、构皮园、棕园、花椒树、梨树、山梨果树、大栎树、梅子箐、菜子撒、青木园。村寨名称共涉及23种植物，核桃、楂子、青木各出现两次，从中可见漾濞丰富的物产和生物多样性特征。以地理环境命名的村寨有：箐口、背阴坡、朝阳坡、托罗坪、冷涧、双河、抱河岭、珍珠坡、双涧、打雀山、青冈场、坡里场、岩口、平地、石竹坡、龙潭、洼子、岭冈田、阿支田、箐口、外箐口、八鸭塘、石沙田、岩子田、大坟平地、大沟印、水井头、小山后、打鹰山、下龙潭、路古平地、上龙潭、水改沟、小水井、大平地、上水井、大浪坝、小水井、大地埂、苦草洼、常熟地、岔地、茂朝地、上四火山、四火山、平地、河头、小水井、八鸭塘、清水河、大浪潭、山背后、大平地。地名中涉及水源、平地、山、山坡的情况较多，因此可以看得出彝族喜欢把村寨建在有水源、地势平缓的地方。综合以植物和地理环境命名的方式表现出漾濞彝族在村寨选址方面特别注重自然因素，重点考虑的因素集中在植被、物产、水源、地势四个方面，这与澜沧江流域彝族村寨选址四要素"靠山、近水、向阳、有林"恰好吻合。

景东县安定乡是典型的彝族聚居乡镇，彝族占该乡人口的97%，与汉族村寨相比，安定乡彝族村寨名称更具生态意蕴，具体情况如表1—6（安定乡所涉彝语地名将在下文列出，此不赘列）：

表1—6　　　　　　　　　景东县安定乡地名及生态含义表

类型	地名	生态含义	类型	地名	生态含义
物产类（以当地特有或者富有的物产命名）	大麦地	种过大麦之地	动植物名称类（以动物或者植物名称命名）	飞鼠箐	箐中有飞鼠
	小麦地	种过小麦之地		黄草岭	山岭上黄草多
	草子地^2	种过草子之地		邦别箐	松树地
	菜子山	山上种过菜子		羊圈房	有关羊之房
	小麦庄	种小麦之地		柳树	有柳树之村
	麦地坪	较为平整的麦地		茶树箐	箐边有茶树
	扫把村	扫帚苗多		木栎林	栎树成林之地
	面瓜村	面瓜多		松家	松树林中之人家
	核桃村	核桃树多		龙树	有祭龙之树
	花椒树	花椒树多		鱼塘	有养鱼之塘
	玉梅村	梅子树多		花椒村	花椒树多
动植物名称类（以动物或者植物名称命名）	柳树田	田边有柳树		小老仓	黄竹林
	独松树	只有一棵松树		马鹿塘	常有马鹿之洼地
	蕨蕨岭	山岭上有蕨蕨草		燕子村	燕子多
	螳螂河	河边有螳螂		麻栎树	有麻栎树之地
	上蚂蟥箐	箐边有蚂蟥		狐狸村	有狐狸
	喜鹊地	喜鹊较多之地	地理环境类（以居住的地理环境命名）	大平地	地势较平
	龙树	有祭龙之树		锈水塘	洼塘中有锈水
地理环境类（以居住的地理环境命名）	箐门口	村子在箐口		雪柱村	冬天雪包满树干
	回龙村	大箐		下沙拉	在沙拉河下游
	箐平掌	箐边较平之地		田头间	村子在田头
	大石头	村旁有大石头		白石岩	岩石呈灰白色
	垭口^3	两山之间狭窄地		小会马	放马之箐
	山背后^2	在黄草岭之后		塘子边	洼塘旁边之村
	滥潭	地下水多而形成滥泥潭		阳坡村	在阳光充足之山坡上
	小井塘	有小水井		麦出路	刺竹箐干沟
	大洼子	地势低洼		丰收村	丰收由"风口"演变而来
	大平地	地势平坦		平掌村^2	地势较平
	龙潭^3	有水潭之地		河底村	地处老苍河边，山高箐深
	岩子脚	石岩下之村		洼子村	地势低洼
	小平地	山间较小的平地		塘子边	洼塘旁边之村
	沙过落	山间角落之地		热水塘	河边有热水塘
	岩子村^2	村旁有岩子		向阳村	向阳的山梁
	望月	地形似犀牛望月		洼子村	地势低洼
	牛路难	山路崎岖，牛行走不方便		窝落地	地势低洼
	牛泥塘^2	牛洗澡的泥塘		河边	村庄在河边
	平路	道路较平		绕马路	山路崎岖
	小荒田	因缺水而荒芜之田		洼子村	地势低洼
	高埂田	坡陡埂高之田		箐边村	箐边之村
	大山	大山上之村		山尾巴	山尾之村

注：右上角数字为共用一个地名的次数。

资料来源：景东彝族自治县人民政府：《景东彝族自治县地名志》，西南有色地质勘探公司新星印刷厂1985年版，第21—42页。

从地名可以看出景东县纯彝族及彝族比例占绝大多数的村寨名称多以当地的物产、动植物状况和地理环境命名，以树木、箐命名说明村寨选址注重有树有林，而"洼""河边""龙潭""井"等命名说明村寨选址注重水资源，"向阳村""阳坡村"的命名说明村寨选址注重采光、向阳，以动物命名可以看出当地有或曾有该动物，野生动物种类多是生态环境较好的具体表现，以物产命名可以看出当地的物产历史和状况。从景东县安定乡村寨的命名方式可以看出，彝族聚居的村寨命名尤其注重自然环境因素，其中与动植物、树木、森林、箐、水相关的村寨名称占较大比重，说明彝族在村寨选址过程中特别注重森林和水源。而景东县汉族人口比重大的乡镇则多以村寨大小、姓氏、集市、人口迁移等命名，例如文井镇汉族人口达72%，村寨命名情况如下：以集市命名的有：文井街、清凉街、中所街；以姓氏命名的有：龙家营、姚营、熊家、施家、庄上张家、杨家庄、胡家坡、卢家庄、田心梁家、响水朱家、傅家、上马家、下马家、朱家营、连家箐、查家、杨家洼、黄家、陈家、邓家、潘家庄、戴家营、苏家营、王家、大树张家、孙家营、伍家坟、罗家、郎家、小河边杨家、王家、高家、高家山、杨家窝、陈家山、老罗家、徐家田、陶家村；以大小命名的有：文类（因人户少得名）、小旧村（因人户少得名）、小庄、大寨、小营、大村、三家村、大营、回营小村、小村；以人口迁移命名的有：新村（明代汉族迁入新建之村）、文开（后迁来之村）、旧村。[①] 可见景东县以汉族居多的村寨名称多以姓氏命名，体现出较强的宗族观念，具有浓烈的儒家文化意蕴，很少以动植物和地理环境命名，对自然因素的考量相对较淡。

（二）彝族聚居区彝语地名的生态特征

彝语地名是彝族文化的重要组成部分，彝语地名通常以物产、动植物、地理环境命名，可见其间具有浓厚的自然特征，彝语地名因其具有一定原生性而更富有真实性，很多彝语地名具有悠久历史，所以

---

① 景东彝族自治县人民政府：《景东彝族自治县地名志》，西南有色地质勘探公司新星印刷厂1985年版，第142—159页。

彝语地名能反映出地名出现时小区域的生态状况，接下来以景东、南涧、漾濞、巍山、弥渡五县①的彝语地名为例进行分析：

表1—7　　　　　　　　景东县部分彝语地名及生态含义

类型	彝语地名	生态含义	类型	彝语地名	生态含义
物产类	扎木腊	采野果吃	地理环境类	利月	热水潭
	宜起苴	烧牛肉吃		扎拉	有箐
动植物名称类	扎洼	有猪		柏枝库	黄栎树梁子
	菠萝迭	栎树平掌		谜皮河	箐箕洼
	刺平掌	有野花椒的平地		瓦嘎细	岩子上头
	发达地	放绵羊场		拉嘎么	大箐
	背克	包头栗		麻古卢	土官在箐边筑城
	菠萝	栎树		依喝地	水浇地
	射射么	蛇多之地		树叭喇	背麦子之地
	安乐	蜜蜂		握苴	小岭岗
地理环境类	阿卓	路边寨		泥格地	关牛之地
	罗低么	大石头		倮么	大石头
	保甸	缓坡下的小平坝		迤扎拉	山箐边之村

资料来源：景东彝族自治县人民政府：《景东彝族自治县地名志》，西南有色地质勘探公司新星印刷厂1985年版，第431—433页。

从辑录出的26个彝语地名可以看出景东县彝族居住地区有较好的自然环境。首先是森林茂密，如箐、野果、栗树、包头栗、黄栗树、野花椒等都是森林茂密的力证，而烧牛肉吃、放绵羊等证明畜牧业发展较好，间接反映出良好的森林状况。其次是注重水源条件，热水潭、水浇地等地名证明有丰富的水资源。可见，景东彝族善于选择自然环境较好的地方居住，"麻古卢（土官在箐边筑城）"凸显出彝族居住方面对森林环境的追求。

---

① 五县彝语地名都按物产、动植物名称、地理环境分类，物产类为以当地特有或者富有的物产命名，动植物名称类为以动物或者植物名称命名，地理环境类为以居住的地理环境命名。

表1—8　　　　　　　　南涧县部分彝语地名及生态含义表

类型	彝语地名	生态含义	类型	彝语地名	生态含义
物产类	卡子密	编竹篮的地方	物产类	舍左地	小麦长得好的地方
	瓦车	山上盛产薄层青色石板		沙拉谷	燕麦多的山
	罗毕马庄	毕姓彝族养马的村庄		去么五	小米长得好、籽粒饱满的地方
	阿去密	小米地		麦拍路（大波罗箐）	薯类长得好的箐
	射米度	小麦成熟早		阿苦低	村下是澜沧江，江里鱼多
动植物名称类	瓦妈助	有大竹子的地方	动植物名称类	阿拉库	雀鸟山
	思可苴小村	为有麻栎树的地方		阿怒把（安乐村）	狗养得多的村子
	拉把密	有虎的地方		尾拉界把（孔雀村）	孔雀村人
	念六	猫住宿处山箐		你此必（三家村）	堆灵牌处
	思可苴	有麻栎树的地方		阿迟色（阿其才）	山羊喜欢的地方
	阿别烈	蝙蝠多的地方		瓦妈自（瓦术自大村）	大竹子树
	拉库妈	有虎的大山		罗白兑	为虎过路的地方
	罗么哨	有母虎出没的哨所		土妈度	生长大松树的地方
	罗么村	有母虎的地方		阿母助路	有猴子的箐
	上母者	骑马的地方		古巴老箐	大冬青树多的深山箐
	拉妈色	老虎喜欢住的地方		阿苴	有芭蕉树的地方
	密枯营	有神树的村子		服妈克（苞茅科）	苞茅草多的地方
	洒米路	核桃箐		大畔密	割蕨菜地
	密枯树	神树		斯须乐	红毛树多的箐
	老四度	生长尖刀草的地方		背自么（新村）	看见棕树的地方
	老步路	老虎奔跑的箐		大白密	蕨菜地
	黑母治	鼠马街		拉勿拉可	捉虎的被虎咬
	勿泥皮	为水牛经过的路口		密克低（密海底上村）	核桃多的地方
	罗果苴	虎过路的地方		阿说乐	野鸡多的山箐
	拉卡皮	村居于地形似虎嘴的山丫口附近		盖底巴细	下坡路那边
	拉妈苴	有大老虎的地方		自锅利么	村居于半山腰，在草棚房能看见远方
	问泥路（问六）	放水牛的箐		二此苴（白沙井）	有水香菜的地方
	赖自么（凤仙村）	大樱桃树		老四度	长尖刀草的地方

续表

类型	彝语地名	生态含义	类型	彝语地名	生态含义
动植物名称类	老四克达比（新安村）	尖刀草窝平掌	动植物名称类	母古子	猴子睡觉的地方
	供自么细（大椿树）	大椿树那边		期妈路（西妈路）	有马鹿的箐
	阿迟目	山羊叫的地方		老家库大村	虎在处的山
	阿扎五	喜鹊多的地方		结古把（者古把）	挖橡子树根的人
	阿兹目（羊叫地）	山羊叫处		八字二朵	此地干旱缺水，当地人盼望蛤蚧叫，早日下雨
	斜密目自（核桃林）	泡核桃树		腊此二具（老草具）	村居澜沧江边
	保舍么	看见黄蜂的地方		底么树	田多地肥
	阿昔子面	种大麻的地方		鲁拍路	为拴龙马处的箐
	者母地拉	竹子多，居民姓者		阿务里	猫头鹰
	气库	马鹿山		期鸡故（马鹿塘）	马鹿在处
	小李自么	大棠梨树		阿务里箐	猫头鹰多的箐
	古母腊	看见豪猪的丫口		阿细字	村附近鸡嗉子果树多
地理环境类	大瓦锅	为石岩山那	地理环境类	路五故（六五谷）	山箐前面的地方
	富谷	土质好，收成好		亦可度把（亦可堂郎大村）	苦蒿长得好的地方
	者别烈	者姓人居住在山峦附近		举卡洛（举可乐）	用竹筏渡水
	小波罗	山峦起伏不平		路五必（六五必）	山箐前面坡上
	密卡路	小河边种地处		罗白路	石头掉下来处箐沟
	阿里路	老二的洼地		路俄低（松花岭大村）	弯田箐
	必的	居于向阳坡地		阿皮路	老妈妈住的箐
	小黑苴	有小黑龙的地方		二可妈苦	大水沟后山
	瓦午	石岩前		瓦基系（岩子脚）	岩子脚地方
	瓦膏苴	有白石岩的地方		阿比库（蝙蝠山）	蝙蝠山
	瓦午田	石岩山前面有田		乐吾具	石岩前箐边
	阿克地	村居于地形象三个锅桩石的三支山之间		二基库	村附近有一个落水洞
	打比妈	大平地		阿切期（锅底塘）	村附近有一塘形似铁锅的洼地

续表

类型	彝语地名	生态含义	类型	彝语地名	生态含义
地理环境类	母脉地	养马的好地方	地理环境类	嘎底库	路上方山上
	阿古具（东升村）	山岭岗那边		低妈密	大田大地好地方
	阿母列（建设村）	马跑的地方		义尾堵（民主村）	为猪喝水的井
	罗午村	石头山前面		嘎布路	坡陡路滑的箐
	龙住固	有龙处		玉比苴	地形生像接水槽的地方
	母古拉（母公郎）	野马奔跑的地方		母底路（母底乐新村）	雷响处的箐
	阿朵乐	火烧箐		介瓦洒	不害怕山高箐深
	路五固（乐午歌）	山箐前面的村子		瓦富五	白石岩山前面
	瓦步路	石滚下来的箐		石卡妈（石花村）	草多的村子
	义木厦（玉米洒）	此地箐深湾大，远地很难看见		密妈路（密马郎旧村）	箐上的洼地
	阿克渡	地形象门槛		二尺堵	甜水井
	利备苴	山形象瘿袋		自克么	村居于地势较高处，看得见对门山
	脉处利	这里好，来这里居住		低妈底（的妈林）	有大田的地方
	密此路（米此禄）	土地肥沃的箐		瓦腊（瓦郎大村）	石岩山丫口
	得嘎妈（打嘎山）	大平路		路五密（六五上村）	上箐地方
	擦比路（莱边路）	箐边比较热的地方		代妈库	水稻栽得迟的山（因田在沟尾，要等沟上游栽完才得放水栽秧）
	足栖么	村前面有块较好的地		麻妈路	簸箕形的洼地
	东阿狄	先到此选地的人，看到此地土质肥沃，自然条件好，理想实现		柳故把	拐弯处的村子
	达比密（大平掌）	大平地		瓦嘎把	石岩山之间的村子
	得密低（瓦窑田）	村居田附近		择皮底（上草皮）	土地肥沃的地
	阿纪苴	牲畜多的地方		嘎路把（介路把）	住在箐边路旁的村
	大阿朵坡	此地建村前是刀耕火种之地		德嘎妈（得介妈）	村居于大平路边

续表

类型	彝语地名	生态含义	类型	彝语地名	生态含义
地理环境类	气二低（气候地）	水田多的地方	地理环境类	黑苴坝	地形像饭勺的洼地
	阿鲁腊	山丫口附近，土锅形的洼地		度固路	箐边喝水处
	么射细	阳光好的地方		拉岔河	两箐相交处，又在小河边
	山神平掌	村附近有一座山神庙，地势较平		哈把二朵（梅子箐）	此地是路口、休息喝水的地方
	玉比	用接水槽接水吃的地方		瓦妈苴（下瓦不苴）	有大石岩的地方
	保比所	此地气候、土质比较好，种庄稼能吃饱饭		二巨克（雄巨口）	村居于澜沧江渡口上方
	乐可苴	有洼地的地方		乌鲁卡库（乌龙卡库）	为砍木盆处的山
	黑摸苴	山形生成大象的地方		阿给渡	聪明人渡水处
	拉坝	背阴地		瓦富咱	有白色石岩的地方
	处可乐	村居于山丫口附近		阿基苴	此地草场好，是放牧牲畜的好地方
	拉苦么	大洼子地		乐计	土质肥沃的洼地
	平掌	地势平缓			

注：括号内为村寨原名。

资料来源：南涧彝族自治县人民政府编辑：《云南省南涧彝族自治县地名志》（内部发行），昆明市清泉塑料彩印厂，1986 年。

南涧县的彝语地名反映出彝族居住地林茂、水丰、向阳、土肥的自然环境。其中大部分地名反映出茂密的森林状况，主要体现在以竹子、麻栎树、松树、箐、虎、孔雀、猫头鹰、马鹿、牛、羊、马等命名的村寨名中，以虎得名的村寨有 13 个，虎的存在是森林茂密及生物多样性特征明显的最好见证。一些以水命名或与水有关的地名说明有丰富的水资源，如举卡洛、密卡路、小黑苴、二可妈苦、二基库、龙住固、玉比苴、二尺堵、气二低、度固路、拉岔河、哈把二朵、玉比、二巨克、阿给渡等。必的、么射细反映出彝族向阳居住的村寨选址特征。农业是生存的重要保障，于是选择土地肥沃的地方居住，有利于农业丰收，反映土肥的地名有富谷、低妈密、义尾堵、低妈底、密此路、足栖么、东阿狄、择皮底、得密低、乐计。林茂、水富、向阳、土肥的自然环境提供了宜居条件，足可见南涧彝族村寨选址对生存及生计的考虑较多。南涧县非彝族聚居村寨的彝语村名也饱含生态张力，如突密（现富密大村），为松树地。从前，此地是松树林，开辟成地而得名。马卡苴，意为有竹林的地方。路不五（现六不五），意为山箐前面。阿巴地，村居江边，以江里的鱼会跳上来而得名。

表 1—9 漾濞县彝语地名及生态含义表

类型	彝语地名	生态含义	类型	彝语地名	生态含义
物产类	炼么路	种麦子的洼地	地理环境类	打别么	村寨居于山间平地
	阿苦社密	阿苦种麦子的地		助路么	村在山湾里
动植物名称类	厄门氏	有杨柳树的地方		密洗把	村在离河不远的山坡上
	洒密度路	多核桃的山湾		澈古	村在山间狭窄之地
	悟么路	有熊的地方		密沙路	箐沟多、坡坎大
	旮哈么	有鹌鹑的地方		厄比么	村旁有较大的水塘
	吉岢助	羊奶果树长在坎子上的山湾		举氏把	岭岗后面
				腊尬	村在箐沟对面

资料来源：云南省编辑组：《大理州彝族社会历史调查》，民族出版社 2009 年版，第 103—105 页。

从漾濞县的部分彝语地名可以看出，彝族聚居的地理环境以山区为主，"密洗把""厄比么"等有河有水塘的地方说明村寨选址讲求水源条件，"厄门氏""洒密度路""悟么路""旮哈么""密沙路""腊尬"等有野生动物、树木及箐的地方说明村寨要坐落于有森林的地方。漾濞县瓦厂乡蛇马村的一些地名多因生态环境得名，如"厄此克打别"意为"有沼泽的平地"，"四么路"意为"柴多的地方"，"瓦氏么"意为"龙竹箐"，"以自么路"意为"高大的冬瓜树"，"阿克自昨厄"意为"豹子吃狗处"，"旮哈么"意为"有鹌鹑的地方"，从这些充满生态情趣的地名可以看出，蛇马村古代的生态环境状况非常好，究其根源还在于茂密的森林，柴、龙竹、冬瓜树是森林茂密的直接体现，豹子、鹌鹑、沼泽是森林茂密的间接反映，因为只有森林状况好才会有大量的野生动物，森林中渗出的泉水往往会形成沼泽。至今该村的森林覆盖率为87%[①]，高森林覆盖率印证着良好的生态状况，说明当地彝族继续保持着优良的生态文化传统，然而处于食物链顶端的豹子等肉食动物的消失说明当地生态环境今非昔比。

表1—10　　　　　　　巍山县彝语地名及生态含义表

类型	彝语地名	生态含义	类型	彝语地名	生态含义
物产类	射克佐	这里出产金子	物产类	子皮码	产麻皮的地方
	母哨科	种麦子的村子		上五夏路	有油菜的箐
	洒只已	用果实酿酒		社地	产麦子的地方
	麦库	山上有薯类		贝的洒	麻栎籽多
	沙白足	有麦子的村子		社密妈	大麦地
	沙库么	麦子多的山地		瓦尺虑居	狭窄的甜荞地
	取去码	产小米的园地			
动植物名称类	乌保郎	乌鸦多的地方	动植物名称类	图白山	松林坡
	啦哈咱	吃老虎肉的地方		勒白尼	有神虎的地方
	老补祖	追老虎处		来居咱	小鹞鹰
	郎马路	有老虎的箐		子夏	野麻
	安章五	找牛的地方		子宝山	豹子
	阿尺度	羊群喝水的地方		阿尼村	猫
	阿查黑	放羊的山坡		叙妈路	有大赤松树的山箐
	阿纳底	这里有孔雀		富去妈	芦苇地
	思色克	果树多		土子坝	松树坡
	利皮	阔叶树根果		占母路	麻雀多的箐
	洒密塘	核桃箐		补足咱	蜜蜂采蜜
	泥利午	猫来游玩处		黑咱	有小岩羊的地方
	叙叙罗	有红毛树的箐边		啦八六五	有老虎的弯箐
	瓦脉佐	生长龙竹的地方		布度	麻栎树下的地方
	阿巴薯路	阿树爷爷住的箐边		来自居	枫树和紫金杉多的地方
	母古鲁	挖木盆的地方		阿主	绿斑鸠

---

① http：//ynszxc. gov. cn/szxc/villagePage/vindex. aspx？departmentid＝20216&classid＝220684.

续表

类型	彝语地名	生态含义	类型	彝语地名	生态含义
动植物名称类	阿妮村	猫多的村	动植物名称类	绪妈库	大赤松山
	达池	黄栎树多		百物地	松树多的地方
	阿芝妈坎	鹦鹉多的村子		绪白	有赤松树的小山坡
	拉士把	尖刀草多的村		子克	大麻
	白克自么	麻栎树多		照目路	麻雀多的箐
	付去码	芦苇多的地方		阿里路	有苦楝子的箐
	麦作村	有菖蒲的村子		付库	芦苇丛生的山地
	拉自巴嘎	放骡马的山坡		举雄	山草果
	麦除箐	竹子林里的村庄		利皮	阔叶树根果
	昂系古	鱼房在的地方		有佐	竹子多的村
	阿尺白山	羊蜂子		绪妈库	有赤松树的大山
	吴罗村	野马来的村子		阿波玉	燕子歇息的地方
	洒嘎自	李子树		二自皮	有杜鹃花树的丫口
	六儿妈	金凤虫		白牙沛	白杨树多的村子
	拉四度	尖刀草多的地方		老四渡	尖刀草多的地方
	阿树路	野鸡多的箐		阿拉渡	有孔雀的渡口
	小密路	核桃箐			
地理环境类	六花库	几支山汇集之地	地理环境类	达比妈	大平地
	密食路	肥沃的箐边地		龙马佐	大石头多
	罗坞么	凹子地		阿助底	官家的田地
	地利住拔（现吉利谷）	弧形的村子		六果	凹子地
	密海低	有田有地		低白	田在缓坡上
	底毕	平坦地		路助地	箐地
	克干	山顶上		拔旱度	须跳过去的烂滩地
	腊苦村	僻静的凹子地		瓦住处	有石岩的地方
	打比摩	大平地		阿卢库	山形像土锅
	利么故	大山林地		目自白	对面的山坡
	打比么	大平地		架妈佐	大斜坡
	系步路	松明多的箐		列佐	瓜果的柄蒂
	作没顶	像楼一样高的地方		密起码	大地下边
	密鹿摩	作物早熟的大地		罗妈佐	大石头多
	嘎资路	烧瓦窑的箐		大理度	龙喝水的地方
	水资路	出水箐		阿徐地	村址像放着的罗锅

续表

类型	彝语地名	生态含义	类型	彝语地名	生态含义
	二此地	出水的地方		肚故皮	地形像筲箕
	谷鲁村	挖制木盆的村子		抵拔大村	田埂上边的村子
	下乐武	凹子地		大密习	在江边的村子
	罗妈佐	大石头		朱各底	田地在箐边
	二瓷摩	烂滩地		挖路巴	岩子对面的山坡
	达比么	大平地		打马度	舀水喝的村子
	潞主塘	两河交汇处的塘哨		柏木库	山上的凹塘
	伊故系	树林茂密的地方		肥度村	喝水困难的村
	小瓦戛	山边的崖石		戛佐	生有石岩子
	度码	此地有水喝		瓦路	石岩多的箐
	瓦戛	上边是石岩		老布村	村子的住地像耳朵
	者木者克	骑马时固定上下马的地方		阿四路	"阿四"居住的箐边
	纳不路具	像耳朵形的狭窄山沟		罗自佐	石头和树多的地方
	潞五村	河湾		罗妈	大石头
	潞们	河尾		玉绪码	要积水喝的地方
地理环境类	厄自苦	水源头处	地理环境类	度理妈	地形像大翅膀
	低固村	田在低处		利问	横山上的密林
	战马古郎	山形似骑马的地方		格密拔	隔断地脉的村子
	打比摩	大平地		口吾低	沤积肥料的地方
	嘎落马佐	大石头多		厄度妈处	有大水井的地方
	地马田	大田		舍住库	有金子的山
	瓦尼五	藤子攀缘在石岩上		罗妈佐	有大石头的地方
	利古路	灌木林多的箐		已路	放牧牲畜的箐
	阿果郎	弯曲的山箐		度妈库	山上有大水井
	厄差去	水分岔淌下的地方		命灯	有田有地
	厄多路	水箐		拉嘎地	跑来这里盘田
	卡地	田在村边		大瓦佐	有石岩子的地方
	别落古	山凹子里的平地		佐妈	村子在大山上
	民拉库	小山地		野果落	灌木林多的箐
	勿卢库	山形似水牛角		衣玻路	鸡鸭都能吃饱的箐边地
	厄磁妈	大烂滩地		玉序码	需要积水喝的地方
	列马薯	适合做秧田的地方		厄磁	饱水田多的地方
	上达比	平坦地		问路	横列着的山箐

注：括号内为村寨原名。

资料来源：云南省编辑组：《云南巍山彝族社会历史调查》，民族出版社2009年版，第21—29页。

　　《云南巍山彝族社会历史调查·巍山地区彝语地名》中共记录了228 条彝语地名，与生态密切相关的有 176 条，占 77.2%，包括物产类 13 条、动植物类 67 条、地理环境类 148 条。目前这些彝语地名的村寨绝大多数仍为彝族聚居，从动植物类和地理环境类可看出彝族在村寨选址方面对生态因素的考究，随着生态变迁，如今这些村寨不一定有彝语所言的动植物及森林状况，但至少可反映出几百年甚至上千年以前当地村民在村寨选址时的生态取向：注重对树木、森林、水源、地形、农业生产的讲究。在地名中涉及的动物有①：虎^5、猫^2、麻雀^2、乌鸦、牛、羊、孔雀、鹦鹉、骒马、鱼、羊蜂子、野马、金凤虫、野鸡、鹞鹰、豹子、蜜蜂、岩羊、绿斑鸠、燕子、孔雀，涉及动物包括飞禽走兽及家养牲畜，其中以虎命名的有 5 处之多，表现出彝族对虎的崇拜及当时巍山县也是虎的分布区域之一，虎对生态环境具有特别高的要求，虎的存在说明当时生态环境状况尚好。地名中涉及的植物有：松树^7、尖刀草^3、芦苇^3、麻栎树^2、核桃^2、竹子^2、果树、阔叶树根果、红毛树、龙竹、黄栎树、菖蒲、李子树、野麻、枫树、紫金杉、大麻、苦楝子、山草果、杜鹃花、白杨树。其中以松树命名的地名达 7 处之多，这与巍山多松树的自然环境是相吻合的。有28 个地名都含有"箐"字，从以动植物名称及"箐"为地名可看出巍山县从前彝族聚居区森林状况较好，同时说明彝族对森林的热爱及与森林为伴的村寨选址追求。从村名可以看出地形特征以石崖前、山坡、山间平地为主，这与彝族居住在山区的地理环境相吻合；有 15个与水源有关的地名，说明在村寨选址时水源是一个重要因素，还有部分与物产及土地肥沃命名的地名，说明农业生产已作为村寨选址的条件之一。据说谷波罗村所在地 600 年前是原始森林，一个坝区居住的人来此打柴发现这里土质好，于是迁居于此，可见有森林和利于农业生产是村寨选址的重要条件。

----

　　① 右上角的数字为该词出现在地名中的次数。

表 1—11　　　　　　　　弥渡县彝语地名及生态含义表

类型	彝语地名	生态含义	类型	彝语地名	生态含义
物产类	非白底竹	香竹多	物产类	自拉么（左腊么）	此山坳子出产粮食
	树密者	该村建于种过大麦的山坳里		务本（务白）	此地产生瓜较多
动植物名称类	塔乜苦	有松树的山坳	动植物名称类	踏木地（踏麦地）	赤松树多
	腊木白	教马的地方		保度地（表都的）	有过大土蜂窝
	阿姑利	猫头鹰多		二宜可坝（乌里可包）	猫头鹰多
	么力者（么里扎）	竹林多的地方		阿宜小在	牛奶果树多
	自故拉	豪猪多的地方		小在苦（洒耳子苦）	桃子树坳子
	立石么	松树多的地方		是叶（是苦）	此地有草豹
	阿扎鲁大村	喜鹊长叫的地方		阿罗克（阿啰咔）	此地老虎咬伤过人
	库度么	此地野鸡多		白宗别（波左鳖）	牛赖子花多
	二多库（耳朵苦）	此山坳里熊多		丫白字	榻枝树多
	文启浪上村（飘此拉）	村子在洗衣箐边		二自苴上村（耳子左）	沙松树较多
	路伍（路耳）	柏杨树多		秀有村（罗苦）	草子坳子
	扎格苴（洒耳苴）	此山梁子上橄榄树多		布腊的（背捞的）	建村时此地有大波罗栗树
	安乐（阿萨拉苦）	枇杷树箐		阿尼山	此山曾有老虎
地理环境类	大罗么	此地石头多	地理环境类	米得勒苦	形似笪箕的山坳
	格者（嘎罗）	石岩前		的么	此地是一块大平地
	瓦哲	石岩旁的一个坳子		瓦腊的	石岩下的一块平地
	苴力	大山梁子下		瓦腊恩	陡石岩下
	务本	水里蝌蚪多		玉光郎（玉姑郎）	在一个水塘旁
	罗腊	石头可制作石盆		罗利腊（罗利捞）	此地小石头多
	新村（衣学乌）	水沟边		怕喝	此地山势陡峭，经常塌方
	义纳村（衣腊）	出水的山坳旁		亦气发（依轻坳）	村旁有个跌水坎
	密大村（密扎郎）	河边		落口大（罗坷大）	石头多
	德苴（的苴）	在大山梁子下的一块平地		新合（依机捞）	水坳子
	依次堵	吃水箐旁		大的么	平坦的大地
	路谷米（捞苦面）	大坳子地上		罗腊扎下村	在石头河边

续表

类型	彝语地名	生态含义	类型	彝语地名	生态含义
地理环境类	黑白系	山背后	地理环境类	瓦录上村（瓦午）	石岩前的坳子
	依土地	地形似水桶		依多么（依多）	出有大水
	毛车车（毛车车）	悬岩陡坡上		瓦腊阁	村前有石岩
	阿恩郎	出水的山坳		罗巴利	石头窝
	大阿助（阿吾）	形似帽子的山上		富地（西地）	村旁有一山洞
	卡石底米竹	一家人住在山脚下		亦底腊（依叨捞）	吃水歇气的地方
	拉马者（拉马扎）	该村建于一小尖山下		瓦亦的	水从石岩上流下来

注：括号内为村寨原名。

资料来源：李毕：《弥渡彝语地名考》，见 http：//md. dali. gov. cn/wsbs_ tye. asp？articleid = 2705。

从彝语地名的含义可以看出弥渡县彝族聚居地的自然环境特点为林茂、水丰、地平。大量以动植物命名的村寨表现出林茂的特征，涉及的植物有松树、竹、牛奶果树、桃子树、牛赖子花、榍枝树、柏杨树、草子、橄榄树、大波罗栗树、枇杷树等，动物有马、大土蜂、猫头鹰、豪猪、草豹、喜鹊、老虎、野鸡、熊等，诸多动植物的存在表现出茂密的森林状况。一些以水或与水有关的地名说明彝族村寨建在有水的地方，如务本、玉光郎、新村、义纳村、亦气发、密大村、新合、依次堵、依多么、阿恩郎、亦底腊、瓦亦的等。平地有利于开展农业生产及建盖房屋，于是彝族尽量在山区平坦的地方建立村寨，这从一些带有平地含义的地名中可以看出，如的么、瓦腊的、德苴、大的么等。林茂、水丰、地平的自然环境提供给彝族必要且便利的生存条件，其间透露出彝族村寨选址的生态智慧。

原思茅县（现普洱市思茅区）的彝语地名同样充满生态意蕴：展兰箐意为种黑谷子的地方，迁罗窝意为有涩树的村，窝托寨意为有松树的村，亚罗新寨意为柏树村，西米亚意为田边有树的山村，嘎里意为小团山村。①《思茅县志》中共出现六个彝语地名，而且都与生态有关，其中迁罗窝、窝托寨、亚罗新寨、西米亚直接以生态中非常重要的部分树命名，展兰箐以物产命名，嘎里意以地形命名，从村寨名称我们可以看到当地的树木、物产、地理状况等与生态直接相关的元素，尤其是"西米亚"最能表现出农林混作的生产方式。

澜沧江流域彝语地名中的最突出的特征为：含有箐字，以动植物名称命名。此两者都能反映出较好的生态环境，命名通常能表现出命名者对命名对象的喜爱，彝语地名表现出当地良好的生态环境及彝族村寨选址的生态追求。良好的生态环境与彝族保护生态的习惯和方法有关，良好的生态环境折射出彝族保护生态的智慧。

地名是人们赋予某一特定空间位置上自然或人文地理实体的专有名称，从定义可以看出地名包括自然、人文地理两个重要组成部分，村寨是人活动频繁的地方，其名称按理更应该偏重人文化，然而澜沧江流域彝族聚居区的地名却更偏重自然化，内里反映出两大重要信息：其一，从中可以获悉当地自然生态的信息，如地理状况、气候特征、生物多样性等，尤其有利于我们了解历史时期当地的生态情况，特别是长时段人类活动与生态变迁的相应状况；其二，村落命名的自然化特征表现出彝族村寨选址时对生态状况的考究，名称往往打上命名者的心理烙印，自然化特征明显的命名方式昭示着彝族热爱自然、适应自然、融入自然的人居价值理念。

三　建筑用材的生态性能

彝族传统的建材多为木材、茅草等取自森林的材料，而且建筑形式较为古朴、简陋。早在青铜文明时代，澜沧江流域居民就已经学会用木材建房，例如剑川海门口出土的文物中就有全松木的桩柱224根。在20世纪80年代以前"聂苏"支系通常住"垛木房"，"腊罗"

---

① 云南省思茅县地方志编纂委员会编：《思茅县志》，生活·读书·新知三联书店1993年版，第57—58页。

支系多住土木结构的茅草房或"厦片房"。"垛木房"是以圆木或方木交错叠置成墙体的房屋，屋顶覆以茅草或者木片。"厦片房"就是用松木片当屋顶的房子。垛木房是在彝族居住地区森林较好的前提下建成的，而且具有冬暖夏凉的优势，可见垛木房是一种因地制宜的建筑样式。兰坪县营盘镇彝族的住房几乎全用木材建成："在地基上两侧各挖洞栽上三棵柱子，中间那棵高于两边的两棵用于搭屋脊梁用。两边的两棵也搭横木，然后把人字木搭在这些横木上。屋的四周用栏木竖栽过来。只留下门，人字木再用几根较小的横木搭着。"① 景东县哀牢山区彝族的"克权房"的梁、柱、门、窗全是木质，特别是梁柱通常不打榫卯，一般以天然树权代用，用料和建筑方式都体现出古朴自然之趣。镇康彝族在 20 世纪 50 年代以前大多数居民住简陋的丫权房，以木片、竹瓦，或者茅草盖顶，四周以泥草或竹篱笆为墙。彝族建筑大多采用木材、茅草等建成，其间充满山野气息，草木建材的房屋与彝族山地居住环境交融在一起，具有强烈的景观和谐之美。楼梯多用树木做成，景东彝族的楼梯"多用整棵独木刻级为磴，也有用竹竿或木板制成"②。兰坪彝族的房屋都是竹木结构，墙壁为竹、木、篱笆扎排，屋顶覆以木板。③ 迪庆州彝族的穿斗式木楞房更是采用优质的云杉、冷杉、松木等建造。普洱市彝族的房屋多为木质结构的扣榫屋架，这种建筑样式具有较强的抗震功能。20 世纪 90 年代以前，澜沧江流域彝族几乎都是建木结构的房屋，后箐公社（今后箐乡）社员于 1983 年共获批伐松树、杂木树 4610 棵。④ 从《关于批伐建房木材记录簿》可以看出，这些树木大多用来建住房，有极少部分用于建学校、圈舍。甚至到 2004 年，澜沧江自然保护区周边的彝族还是大量木结构建筑："在所调查的彝族农户中，有 7.7% 为砖混结

① 中共营盘镇委员会、营盘镇人民政府：《云南省兰坪白族普米族自治县营盘镇志》，云南民族出版社 2008 年版，第 256 页。
② 颜仕勇主编：《景东彝族自治县民族志》，云南民族出版社 2012 年版，第 92 页。
③ 兰坪白族普米族自治县志编纂委员会：《兰坪白族普米族自治县志》，云南民族出版社 2003 年版，第 194 页。
④ 《关于批伐建房木材记录簿》，云县档案馆，卷宗号 56—1—143，第 72 页。

构，92.3%均为土木和砖木结构。"① 取自森林的建材表现出极强的生态性。其一是体现出彝族就地取材的生态智慧，这是充分利用自然资源为人类服务的具体呈现。其二是竹木建材具有很好的生态性，使用竹木材料建成的房屋具有冬暖夏凉的效果，这与山区的气候特征相适应，具有夏防酷暑冬避严寒的作用。

第四节　服饰中适应和利用自然的技术

一　适应自然环境的服饰样式

（一）与相对寒冷的气候相适应

澜沧江流域彝族服饰以深色调及厚实为主要特征，具有较好的避寒保暖功效。山区气候较坝区寒冷，彝族的"披毡"昼披夜卧，能防寒防潮。彝族喜欢穿羊皮褂，谚语"穿红穿绿一水货，半张羊皮老挂着"②，是彝族喜欢穿羊皮褂的真实写照。巍山彝族穿羊皮褂的习俗更盛，据《蒙化府志》记载："其山谷群夷，男妇以青布蒙首，体掩羊皮。"③ 巍山彝族无论男女都穿羊皮褂，如今主要在一些老年人中还保留这一服饰习俗。羊皮褂就地取材，而且特别实用，晴天、冷天毛面向里，能起到保暖御寒的作用，雨天、热天毛面向外，能起到防雨、避暑的作用，睡觉时盖在被上或铺在床上，具有很好的保暖防潮效果。羊皮褂的使用体现出彝族就地取材、认识自然、利用自然的智慧。

（二）适应地理环境

彝族服饰表现出对森林环境的适应，"椎髻"后盘覆以头帕、上衣短窄是为了在森林中行走防止被树木荆棘撕扯。扎绑腿更便于在山

---

① 王娟、黄莹、李帅锋、万开明、杨建华：《澜沧江自然保护区周边社区林业现状及发展对策》，《西南林学院学报》2007年第2期。

② 巍山县民间文学集成办公室编：《云南民间文学集成：巍山民间谚语集成》，大理市印刷厂1990年版，第55页。

③ 胡朴安：《中华全国风俗志》上编，河北人民出版社1988年版，第357页。

林间行走，还可防蚊虫叮咬。服饰尚黑与生态环境有关，彝族居住地区气温通常较低，黑色具有吸热保暖的作用，还能在狩猎过程中起到隐蔽效果。彝族居住的地区森林茂密，然而黑黝黝的森林又在彝族生产生活中具有重要作用，服饰尚黑与茂密幽深的森林契合融通。

二　选取于自然的服饰原料

（一）使用植物性纤维做布料

曾经很长一段时期，彝族以植物纤维和动物毛皮做衣服，甚至直接把草叶披在衣服外："男女皆青蓝短衣，裤外均以草叶做披衣。"[①]弥渡彝族用自己生产的白麻织布做衣服。火草是彝族用以织布的重要原料之一，其背面有一层韧性很强的白色纤维可通过加工用来织布，这就是火草中可以织布的纤维。景东县彝族拉乌支系在古代时期无论男女都穿火草布的衣服："男披发贯耳，披毡佩刀，穿火草布衣。女辫发垂肩，饰以海贝砗磲，穿火草布裙。"[②]鹤庆彝族支系白依人的火草布分为缝制生活妆或婚礼服及孝服两种。

（二）采用植物性染料

用植物染料给布料上色的技术充满生态意蕴。弥渡彝族的扎花布以棉布为原料，以当地的植物做染料，这种布柔软美观、不伤皮肤。巍山县西山彝族扎染采用植物颜料染色，黑色用皂斗、黑头草，黄色用槐花、栀子花，蓝色用蓝靛草，紫色用紫草，绿色用鼠草，红色用红花、茜草等等。植物颜料染出的布料属于绿色生态织品，体现出彝族对植物的认识和利用。俐侎人传统服饰主要靠自己制作，主要有三道工序，即纺线、织布、染色，纺线和染色工序充分借助自然力量，充满生态意味。麻秆收割后，先剥下麻皮，然后漂洗、晒干，再纺成麻团，用水泡过后纺成麻线，加灶灰水煮，再拿到水边敲打、晒干，最后过粟米浆，接着晒干，就做成了洁白柔软可供织布的麻线。纺线

---

① 邓启华：《清代普洱府志选注》，云南大学出版社2007年版，第331页。
② （明）杨慎：《南诏野史》，成文出版社1969年版，第153页。

过程中屡屡借助自然之力，如麻皮的漂洗、晒干，泡麻团、煮麻线、晒干麻线等，经过阳光炙烤和水的洗涤，最后获得洁白的麻线。布织好后，即行染色，颜料多取自植物。靛蓝色来自靛叶，先将靛叶放到缸里浸泡五六天，待叶子腐烂后，捞出叶渣，留下靛水，反复搅拌，待沫子呈青色后，静置两天，沉淀物成为染料。棕红色来自白花树皮，将白花树皮放在灶灰水里煮熬 10 小时左右，将白布浸入即可。黑色来自椰卡剂树皮，把靛染过的布放入煮好的椰卡剂树皮汁里，一袭黑色的布料就染成了。黄色来自黄连和羊巴巴花，把布料放入煮好的黄连和羊巴巴花汤液里，就可染成黄色布料。为了避免脱色，对染好的布还要进行定色处理。用香樟树皮、冬荞籽和糯米放在一起煮，得到的水便是定色水。定色方式如同染色，把染好的布放入定色水中浸泡，取出拧干缠于木棒上，然后敲打、晒干。如此反复多次，直到被定色的布又黑又亮为止。俐侎人自己加工的布料可谓是绿色生态布料，因为原料取于自然，麻线和染料都来自植物，这种布料舒适柔软，而且不用担心工业染料超标给人体带来伤害。俐侎人喜欢穿黑色衣服也跟山区较低的平均气温有关，黑色衣服保暖效果较好，适合相对较冷的气候环境，俐侎人崇尚黑色服饰是与自然环境相适应的产物。

（三）木质纺织工具

彝族传统的织布用具是木制纺织机，彝族织布机通常由绞线辊、拉线机、梳线网、梳线盘、梭子等部件构成。在 20 世纪 80 年代以前还大量使用纺织机，如景东彝族自治县截至 1954 年有木制纺织机2100 多台[①]。但随着现代工业的发展，大量工业布匹及现代服饰被彝族使用，传统的纺织方式逐渐淡出，一些纺织机被闲置或拆解。不论时代如何变迁，木质纺织机是彝族利用木材为人类服务的重要方式之一，其间蕴含着彝族利用自然的生态智慧。

---

① 颜仕勇主编：《景东彝族自治县民族志》，云南民族出版社 2012 年版，第 60 页。

三 服饰图案体现出的自然韵味及生态感知

澜沧江流域彝族服饰上的刺绣饱含自然韵味，尤其喜欢在服饰上绣花，流传着"有多少种花，就有多少种衣裳"的说法。彝族服饰上绣有星星、月亮、太阳、云彩、山脉、海浪等图案，体现出彝族对日月星辰、山川河流的热爱，其间彰显出广阔的自然视野和博大的生态情怀。迪庆彝族的刺绣具有浓厚的自然韵味："以天象日、月、星、云、彩虹等为图案的；以自然地理、山、河等为图案的；以动物类的鸡冠、牛眼、羊角、獐牙等为图案的；以植物的某一部分为图案的，如花蕾、树叶图等。"① 把具有自然元素的图案绣在服饰上，让自然美随身相伴，只有热爱图案对应的实物，才会不辞辛劳、一针一线把实物以图案的形式呈现在服饰上。动植物造型是彝族服饰上较常见的图案，如祥云县彝族在服装上绣花草、蝴蝶、小鸟等各种图案②。植物图案主要"以植物、农作物的根、叶、果、花作为刺绣图案的素材，如马缨花、牡丹花、山茶花、牵牛花、迎春花、火草花、八角花、石榴花、吊子花、棋盘花、马铃薯花、桃花、菊花、荞花、桃子、蕨树等"③。巍山县龙街乡彝族的刺绣图案主要有寿字、石榴花、桂花、梅花、龙凤、蝴蝶等图案，④ 动植物图案在刺绣中占很大比例。景东彝族的刺绣图案主要是模仿花鸟鱼虫的形状⑤。把大量的花朵图案绣在服饰上，其间蕴含着挚爱花朵的深情："在对自然的向往和崇敬中，彝人对植物开出的花朵最为喜爱，所以在彝族的服饰中，把他们对情感较深的十几种花卉作为服饰的主调性图纹，赋予美艳的色

① 毛建忠：《火映龙虎：迪庆彝族文化初探》，云南民族出版社2011年版，第137页。
② 王丽珠：《祥云县少数民族志》，云南人民出版社1990年版，第70页。
③ 张瑛：《西南彝族服饰文化历史地理——暨民族服饰旅游资源开发研究》，民族出版社2005年版，第88页。
④ 云南省编辑组：《云南巍山彝族社会历史调查》，民族出版社2009年版，第128页。
⑤ 颜仕勇主编：《景东彝族自治县民族志》，云南民族出版社2012年版，第82页。

彩，缀于服装的显著位置，以表示对其的称颂，也显示了自身的荣耀。"① 巍山女子穿尖头绣花鞋、男子穿皮底绣花鞋，南涧妇女穿圆口花布鞋；弥渡彝族围腰上的花饰通常为比较艳丽的太阳花、牡丹花、串枝莲等，鞋口上的花饰通常为"喜鹊登枝""蜂赶梅"等富有吉祥韵味的图案，马缨花是较常见的花饰，裹褙、围腰、鞋面上都会绣有马缨花图案。巍山县西山彝族的刺绣图案以植物为主，常绣有梅花、菊花、荷花、柳叶、石榴花、串莲枝等。保山市隆阳区瓦马乡彝族的围腰上多绣有芍药、牡丹、石榴花之类的图案。巍山县东山小潭子村彝族的围腰多绣有柿子花、太阳花、牡丹花、串枝莲、狗牙花、凤穿牡丹、丹凤朝阳等动植物图案。云龙彝族妇女围腰的飘带上绣有花朵、蜜蜂、蝴蝶等图案。南涧县乐秋乡彝族的围腰上绣有牡丹花、菊花，而且还衬以翠绿的叶子，显得栩栩如生。景东彝族服饰多以刺绣见长，倮倮支系坎肩上绣有红花及绿叶图案、围腰绣有蝴蝶小鸟图案、鞋上绣有花卉图案。只有热爱自然，心中有美丽的自然景物，才能绣得出肖似自然实物的风景图案，景谷县者干河谷彝族的说法正好说明这个道理："绣得出一双双招人喜爱的布凉鞋的女子是花仙子转世的，她心里绿着叶开着花唱着鸟。"② 服饰上的刺绣图案征示着趋祥避邪的文化意蕴。弥渡县弥祉乡彝族的绣品动物花草图案富有吉祥意蕴，以花鸟类居多，鸟类如鸳鸯象征白头偕老，喜鹊象征喜上眉梢，花类如牡丹花象征富贵，荷花象征清平吉祥，石榴象征多子多福等，这些图案表达出彝族对大自然的热爱及对美好生活的向往。巍山、弥渡的彝族把蜘蛛绣在裹褙上，据说这有辟邪的功能。

---

① 范例：《彝族服饰图纹类型、艺术特点及美学价值》，《云南师范大学学报》（哲学社会科学版）2004 年第 2 期。

② 景东县政协：《景东文史资料（第三辑）》，思新出［2006］准印字第 71 号 2006 年版，第 341 页。

第二章

澜沧江流域彝族维系生态
平衡的精神力量

　　澜沧江流域彝族的原始宗教信仰较为浓厚，认为天、地、日、月、星、辰、风、雨、水、火、山等都有神灵存在，诸神灵对人们的祸福有主宰力。从客观意义上讲，原始宗教对保护生态发挥着重要作用，有的学者对原始宗教信仰在生态保护中的作用给予高度定位：中国少数民族信仰的"神灵"是左右和决定人与自然的"第三方力量"①。原始宗教信仰中崇尚自然的理念对生态保护具有重要意义，这种发端于内心深处对自然的热爱和崇敬在生态保护方面具有原生性、传承性、持久性，其效果更佳。彝族的信仰习俗、文学、艺术中都体现出对自然的热爱和敬重，里边蕴含着浓烈的生态伦理观念，这对维系澜沧江流域彝族聚居区长期以来的生态平衡起到持久效果。

第一节　崇敬自然的信仰习俗及其生态意义

一　天、地、水崇拜及其生态意义
（一）天崇拜
　　其一是天体崇拜。澜沧江流域彝族每当遇到日食、月食现象，就会对着日、月磕头，敲锅盖或者打锣，日月崇拜是天神崇拜的表现形式。其二是广义的天神崇拜，以敬天和祭天的形式表现出来。迪庆州

---

　　① 廖国强：《生态哲学：从"实体中心论"走向"虚体中心论"——以中国少数民族生态文化为视点》，《思想战线》2010 年第 5 期。

彝族奉天地神"木尔木森"为大，认为"日月是父母，天神地神是弟兄"，他们认为日月星辰都是天神身边的神灵，不能用手指天、太阳、月亮等，更不能咒天，其间包含着彝族对天神的敬重。"祭天"是云龙县彝族支系罗武人最隆重的祭祀活动，团结乡新寨村祭天坪就是以前罗武人祭天的地方，祭天目的在于保佑人畜兴旺、五谷丰登。祥云彝族的祭天活动在每年农历九月属虎日举行，地点在当地最高的山上，历时两天，其目的在于免除灾祸、粮食丰收、牲畜兴旺。

（二）土地崇拜

1. 类型多样的土地神

土地滋养万物，土地崇拜是自然崇拜的重要表现形式。关于土地滋养并承载万物的作用巍山彝族有深刻的认识，牧甸罗土主庙"土生万物普施惠泽，主宰一方庇护苍生"[①] 的对联道出了土地的宏伟功能。澜沧江流域几乎每个彝族村寨都有土地庙，土地庙是土地崇拜的重要表现方式。人们基于对土地重要性的认识，衍生出内涵丰富的土地崇拜习俗，《密喜经》（土神经）中反映出彝族虔诚的土地崇拜习俗："鼠地北方土神，请就位；日出东方土神，请就位；马地南方土神，请就位；日落西方土神，请就位；中央地上土神，请就位……土地土公神，请就位；土地地母神，请就位；土建土神灵，请就位；土子土孙神，请就位；地脉和龙神，请就位；土神八卦神，请就位；上述诸神齐临否？若是都到位，请显出一副好卦来。"[②] 经文中罗列出名目繁多的土神，具体包括东土神、西土神、南土神、北土神、中土神、土公神、土母神、土建土神灵、土子土孙神、地脉神、土神八卦神等，从中反映出土地在彝族心目中载生万物的基础性地位。有的土地神兼有多重功能，巍山彝族的原生土主通常选村后的一棵树（主要有栗树、松树、马樱花树三种）充当，兼有山神、祖先神和畜牧神诸多功能。

---

① 巍山彝族回族自治县彝学会编：《彝人圣殿——南诏土主庙》，云南美术出版社2013年版，第68页。

② 云南省楚雄彝族自治州人民政府编译：《彝族毕摩经典译注·祭祀经、巍山南涧彝族口碑文献》第五十五卷，云南民族出版社2009年版，第358页。

2. 祭祀土地神

土地为农业生产提供了必要条件，澜沧江流域彝族认为他们与土地间有着骨肉般的亲情关系，甚至把土地称为父母兄弟。土地是动植物赖以生存的基础，土地崇拜体现出彝族对土地重要性的深刻认识，祭祀土地的活动表现出彝族对土地的崇敬之情。漾濞彝族认为地母掌管人类赖以生存的土地及庄稼、牲畜等重要事项，彝语祭地母称"密喜奢"，又分为全村公祭和家庭祭献两种，火把节以村为单位在村边一处山梁杀羊公祭，家庭祭献则以一枝松枝在正房外右后角宰鸡祭献。南涧彝族撒秧前要先祭献田口，在秧田水口处插香并献上六个粑粑，磕头祷告："田公地母请来领受。"① 景东彝族认为土地由地母娘娘管辖，每年农历六月二十四都要祭献地母娘娘，安定乡彝族支系迷撒泼专门建有地母阁供奉神像，每年农历二月前后祭献，并且念《地母经》。火把节期间，俚㑩人开展祭田头仪式。每年火把节的头天或当天，他们都要到田间地头祭拜田公、田母，地公、地母。用青木树、株栎树或者棉花树搭一个临时的案几，置祭品于上跪拜祭祀，口中念念有词："老天山神照看，今年我来这块田（这块地），请保护我的庄稼。"一年一度的"祭田公地母"中表现出俚㑩人对山神的崇拜和信赖。每年农历九月属龙或者属鼠日祭粮公粮母，祭祀当天，全村各户派代表携稻穗、苞谷参加，在平地或者大树下设祭坛，主祭人于坛前杀鸡祭山神，并念咒语："粮公粮母，你如住在远处，要回家来，住在近处，也要回家来，无论住在四面八方、山谷、林间，都要回家来！"② 祭田公、地母表达出俚㑩人希望庄稼苗壮成长的愿望，祭粮公粮母是希望粮食能够获得丰收。田地、粮食与生命休戚相关，祭祀田公地母表达出俚㑩人对土地的热爱，粮食是生命之本，祭祀粮公粮母表达出俚㑩人对粮食的深厚感情。

建房、建坟等涉及动土的活动都要祭献土地神，表现出对土地神

---

① 南涧县民间文学集成办公室：《南涧民间文学集成》，云南民族出版社1987年版，第140页。

② 李国文、施荣：《彝族俚㑩人民俗》，云南大学出版社2004年版，第97页。

的尊重和谢意。大理市彝族的土神称为地母，也叫密喜，在坟地和家中都不能随意动土，否则会遭不测，因此遇到修坟、盖房之类的事情，要先祭土神，竣工后送土神，可见土神在大理市彝族中具有神圣的地位，这对保护土地资源具有重要意义。巍山彝族在迁入新居时要请"阿闭"到家中祭献土地神。宾川彝族建房破土、破木时要敬告天地神灵，祈求吉利。① 永平彝族起房盖屋时要举行"谢土"仪式，还有专门的祷告词②：

今居

中华人民共和国某省某县地方居住奉

道达天谢地补土化煞祈叨平安焚修弟子某某右暨阖家人等即日沐手焚香上叩

天颜投词伏为下情弟子等生居中土忝列人伦兹因凡寓宅内多有挖东补西改旧换新建筑墙垣不知良辰冒犯土府门下禁

神祇以致宅内不清人口弗安因而虔心发愿恭就家庭奉神设位命延黄冠道侣虔就家庭讽诵

太上诸品仙经备列香烛云马清酒之仪此安谢恩祈土府门下动犯百灵等神欢喜回宫各安方位备守家庭伏望

圣慈洞鉴大垂宽肩赦免误犯之罪恩赐平安之福惟祈一家人口康泰四季平顺六畜兴旺万事亨通凡沾上天永佑之恩谨具

墨疏百拜上奉

五方土地六府禁六神座下恭望

圣慈洞回

允纳文疏

天运某某年某某月某某日吉时具疏

---

① 宾川县志编纂委员会：《宾川县志》，云南人民出版社1997年版，第763页。
② 大理白族自治州彝学学会：《大理彝族民间民俗系列丛书之祈求于自然和祖先的庇佑——大理彝族祭祀》，中国文艺出版社2011年版，第169页。

从祷告词中可以看出土地的尊贵地位，而迫不得已因建宅需要动土，也认为这是罪过，故通过"谢土"的方式祈求得到土地神的宽恕，从中折射出彝族不随意破坏土地的心理，这对土地保护、水土保持是有利的。

澜沧江流域彝族土地神的形象大多和树木联系在一起，通常以树木作为土地神的象征。南涧县乐秋乡彝族每年除夕都要在院心中央栽一棵天棚树，举行"谢土"祭祀活动，祭献时念谢土词："东方青地土，南方赤地土，西方白地土，北方黑地土，中央黄地土，五方五土共同拜献。"① 从献词中表现出对土地的虔诚崇拜。大理市彝族以"三叉削去皮的松枝或椎栗树"充当土皇，弥渡彝族以三杈松枝为土地神的化身，漾濞彝族的土地神的象征物是"一支长有三个叉的松树枝和几片椎栗树叶子"，而巍山彝族则给地母塑像穿树叶，从这些民俗现象可以看出，澜沧江流域（云南段）中段彝族的土地崇拜和树木崇拜紧密联系在一起。大理市彝族"在坟前、房后、村寨周围植蓄大树，以利引留地脉"② 的习俗载体是土地崇拜，但又与树木崇拜融合在一起，植大树引留地脉客观上给大地增添了绿荫，这种习俗十分有利于优化生态环境。树木成为土地崇拜的依托，鉴于树木在生态中的重要作用，因土地崇拜而生发的树木保护有利于保护生态环境。

（三）水崇拜

1. 龙神司水

澜沧江流域彝族中有诸多关于龙的传说，龙传说通常以水作为其中的重要因素。南涧彝族中流传着很多关于龙的传说，如《母猪龙》《半个宝葫芦》《小黑龙上门》《望娘潭》《镇海干》等都生动讲述了与龙有关的故事。③ 在漾濞彝族中也流传着很多关于龙的传说，如

---

① 云南省编辑组：《大理州彝族社会历史调查》，民族出版社 2009 年版，第 86 页。

② 大理市彝学学会编：《大理彝族文化》，云南省大理州文化局准许印刷，1997 年，第 105 页。

③ 白庚胜、吴家良：《中国民间故事全书》云南南涧卷，知识产权出版社 2005 年版，第 21—40 页。

《孤儿与龙女》《望儿滩》《姊妹龙》等。① 巍山彝族中有很多关于龙的民间传说，如《祭黑龙》《小黑龙》《水冲庙街》《耍龙的由来》《董法官捉龙》《小黄龙显身》《小黑龙的升降沉浮》《黑龙潭的传说》等。② 这些传说中分别涉及雨、潭、滩、河、海等与水相关的因素，这些龙传说的故事表现出水崇拜的内涵。

彝族认为水由龙司管，有水处必有龙，有水是因为有龙，正如情歌中所唱的那样："龙不翻身不下雨""干沟出水龙兴旺"③。"哪里有泉水涌起，就到哪里去祭龙"④ 的谚语说明祭龙和水崇拜融为一体。龙潭是龙栖息的地方，彝语称龙潭为"绿字喝"，意为龙在的地方。一些地名以龙命名，巍山县"阿包龙古"意为"野龙老爷爷在的地方"，"野龙老爷爷"表现出对龙的尊敬和亲近，"鲁古"意为请龙的地方。彝族认为龙是水的主宰，祭龙实质上是水崇拜的表达方式之一，而且龙神不止一个，《祭龙经》中反映巍山彝族崇拜的多种龙神："点苍山巅上，黑龙池龙王，虔诚奉请来。蛇街马鞍山，龙王洞前的，黄龙龙王神，虔诚奉请来。紫金中上村，双龙洞洞前，母龙龙王神，虔诚奉请来。供饮水龙王，与村是邻居，虔诚奉请来。各处的龙神，全都奉请来。有请不到的，敬请给原谅。地脉龙王神，虔诚奉请来。"⑤ 经文中提到五种龙神，把"供饮水龙王"视为村民的邻居，与"供饮水龙王"的亲密关系呈示出对饮用水重要性的认识。

2. 水的吉祥意象有利于保护其洁净性

水在彝族中被视为吉祥的象征，认为水可以祛除灾难、带来吉

---

① 白庚胜、李洪文：《中国民间故事全书》云南漾濞卷，知识产权出版社 2005 年版，第 27—41 页。

② 巍山县人民政府：《南诏故地的传说》，云南人民出版社 2002 年版，第 335—363 页。

③ 南涧县民间文学集成办公室：《南涧民间文学集成》，云南民族出版社 1987 年版，第 176—177 页。

④ 巍山县民间文学集成办公室编：《巍山民间谚语集成》，大理市印刷厂 1990 年版，第 53 页。

⑤ 云南省楚雄彝族自治州人民政府编译：《彝族毕摩经典译注·祭祀经、巍山南涧彝族口碑文献》第五十五卷，云南民族出版社 2009 年版，第 429 页。

祥，主要表现在新年取新水、叫魂洒净水、祭祖取水、取名祭水及人去世用水洗尸五个方面。新年取新水以图吉祥，景谷彝族正月初一凌晨祭水神，要带香火到水边取"仙水"；南涧彝族有大年初一抢新水的习俗，认为谁家抢到第一挑"新水"，这一年就会吉祥如意。景东彝族也有每年正月初一请"仙水"的习俗，取水时口中还念吉语："不干不净水打出去，三灾八难水打出去，一切不利水打出去，金银财宝水舀进来。"念词中表现出取水求吉求宝的心理。景东彝族在叫魂时要给被叫魂人洒净水，并且念有祝词："净水洒在头，永世魂不走；净水洒在中，永世魂不空；净水洒在脚，永世魂不落。"[1] 水和人的魂灵联系在一起，可见在彝族的思想观念中，水是具有灵性的。永平彝族祭祀祖先前，要先到水源地祭水神，在水边祈祷水神供给族人圣洁的水。[2] 其间蕴含着对水的感恩之情。小孩的生长也与龙神联系在一起，红星村民会在小孩出生第一年的大年初二去祭龙，并在水井旁边给孩子取个名字，杀鸡祭拜龙神。在水井边祭龙并给孩子取名，是希望水井神能带给孩子健康吉祥，以便孩子茁壮成长。对洗尸水的选择也很讲究："没有洗尸水，到了漾江边，漾水满且溢，不是洗尸水；又到澜沧江，江水满且溢，水浪波涛涌，不是洗尸水；来到苍山下，有一井浑水，有一井清泉，是洗尸体水。点上三炷香，带上银金窠，带上三钱银，把水买回了。"[3] 选取清泉做洗尸水，不是随意取水用之，特意选择清澈的泉水以期吉祥。民俗活动中使用的水必须是洁净的，为了得到吉祥之水，污染水源的心态和行为会受到排斥，水的吉祥意象有利于保护水的洁净。

3. 祭水神中表现出对水重要性的认知

祭水神主要包括祭龙和祭水井神两个方面，其间体现出彝族对水

---

[1] 颜仕勇主编：《景东彝族自治县民族志》，云南民族出版社2012年版，第112、119页。

[2] 大理白族自治州彝学学会：《大理彝族民间民俗系列丛书之祈求于自然和祖先的庇佑——大理彝族祭祀》，中国文艺出版社2011年版，第138页。

[3] 云南省楚雄彝族自治州人民政府编译：《彝族毕摩经典译注·祭祀经、巍山南涧彝族口碑文献》第五十五卷，云南民族出版社2009年版，第75页。

在生产生活中重要性的认知。水是农耕之本，彝族在春耕和干旱时节都会有祭龙祈雨的活动。龙神司水的直接表现就是祭龙祈雨，具体表现在春天或者干旱时节祭龙祈雨。春天祭龙祈雨是澜沧江流域彝族较为常见的一项民俗活动。南涧县无量山乡秀水塘村彝族每年二月初七杀鸡祭龙树祈雨。① 景东彝族认为"水井有井龙王，泉潭有泉龙王，河有河龙王"②，可见景东彝族认为水由龙王司管，安定乡彝族每年二月初八到一个口窄腹宽的石洞口祭龙王。景谷彝族每年农历三月的第一个属龙日要祭祀水龙神，由"朵希"念诵《祭水龙经》："今天是吉日，大家来祭水龙神。来祭水龙神，祭品已备好。人们需要水，牲畜需要水。庄稼需要水，草木需要水。望龙发慈悲，普降雨和水。龙水快快出，蛇水快快喷。风调雨顺，五谷丰登。"③ 祭龙的目的在于求雨和水，景谷彝族认为雨、水由龙司管，经词中反映出人们对水的重要性的认识，这实质上是一种难能可贵的生态思想。临沧彝族祭龙以村寨为单位选择在农历二、三、四月间的一个属龙日进行，在水源地选棵大树祭献，以求丰年。④ 在水源地祭龙还是因为彝族的潜意识中有龙司水的职责，二、三、四月处于旱季，其目的多为祈雨以便农业生产。另外一种祭龙祈雨的情况是在干旱时节。迪庆彝族如果遇到立夏前还不降雨，村民就要买鸡、羊到泉眼处或者山上的湖泊去祭水。⑤ 巍山县东山小潭子村后的"小黑龙潭"立有"蒙化东山龙神之位"，遇到干旱或者雨水过多时，彝族会到此祭龙祈雨或停雨。巍宝山乡谷波罗村每年农历五月初四杀一母猪祭龙，龙潭村于农历九月十四祭龙。在田野调查中发现，祭龙求雨的情况依然存在，巍山县马鞍山乡彝族在干旱时到龙王庙杀羊上香祭祀求雨。祭龙祈雨是没有科学依据的，但从中可以看出彝族对水的重要性的充分认识，春天祭龙祈

---

① 云南省编辑组：《大理州彝族社会历史调查》，民族出版社 2009 年版，第 87 页。
② 颜仕勇主编：《景东彝族自治县民族志》，云南民族出版社 2012 年版，第 112 页。
③ 张学权主编：《景谷彝族》，思茅市大地印刷厂，2006 年，第 36 页。
④ 武定云：《新编临沧风物志》，云南人民出版社 2000 年版，第 80 页。
⑤ 毛建忠：《火映龙虎：迪庆彝族文化初探》，云南民族出版社 2011 年版，第 74 页。

雨更能体现出雨水在农业生产中的重要作用。水是生活的必备资源，具体表现在祭水井神以求水源丰富。水井是提供生活用水的场所，水井水量的丰沛与否直接关乎人们正常的生活秩序，普洱市彝族每年正月十六祭献水井神，祈求来年水源丰沛。彝族地区的生活用水主要靠水井或者龙潭，水井水源充沛了才能很好地保证生活用水的需要。

4. 有利于生态保护的水崇拜禁忌

一些与水崇拜相关的禁忌对保护水资源极为有利，一方面是保护水源供给，另一方面是保护水源卫生。彝族中通常有以下有利于保护水资源的禁忌：禁止砍伐水源林和水源附近的树木，严禁在水边大小便，严禁在水源处洗涤污物等。西双版纳州的彝族每年农历二月初八祭龙神，禁止挖龙泉、砍龙树，禁止在龙树和龙泉旁大小便。勐腊彝族有禁挖山泉（龙泉）和砍龙树、禁在龙树旁大小便的禁忌。① 南涧彝族有"禁砍龙树和挖山泉（龙泉），禁在龙树和山泉旁解大小便"的禁忌。② 禁止挖龙泉、砍龙树有利于保障水源供给，禁止在龙泉旁大小便是为了防止污染水源。彝族认为河流或者村寨附近的水塘是龙神居住的地方，并把会出水的泉眼称为龙潭，禁止到龙潭里洗衣服、洗澡、饮牲口等，如若犯禁就会触怒龙神。龙潭水兼有灌溉和饮用功能，敬奉龙神的信仰对保护水源卫生具有积极意义。巍山彝族对龙潭爱护有加，用雕有龙图的石板、石条在龙潭上盖一间石房子。③ 在龙潭上盖房子可防止灰尘及其他异物飘进水中，具有很好的保护水源卫生的功能。盖石房子不但体现出崇拜龙的文化现象，而且能够很好地保护水源。永平彝族视龙潭为"神泉"或"神井"，严禁人畜践踏，而且要对龙潭进行修葺和保护。④ 系列水崇拜禁忌对于水量保证和饮水卫生极为有益，这体现出彝族有树才有水、有饮水卫生才有人的身

① 勐腊县志编纂委员会编纂：《勐腊县志》，云南人民出版社1994年版，第111页。
② 南涧县志编纂委员会：《南涧县志》，四川辞书出版社1993年版，第135页。
③ 云南省编辑组：《云南巍山彝族社会历史调查》，民族出版社2009年版，第200页。
④ 大理白族自治州彝学学会：《大理彝族民间民俗系列丛书之祈求于自然和祖先的庇佑——大理彝族祭祀》，中国文艺出版社2011年版，第139页。

体健康的生态理念。

二　神山森林信仰及其生态意义

（一）山神崇拜

1. 山神数多

山神数量的众多首先表现在几乎每一座山都有对应的山神。大山关乎人们的衣食住行，大山寄托着人们的精神和情感，于是在彝族中普遍有崇拜山神的习俗。每座山都有山神司管，有"一山有一神，一村有一人"①的说法，从巍山彝族祭祖经文中也可看出，彝族居住的山区均有山神："祖居山神到，兹兹浦乌地，乐尼伯山神，乌蒙山山神，凉山的山神，哀牢山山神。"②祭祖经文中提到多处大山并有对应的山神，显而易见有诸多山神。山神广泛存在于生产生活空间之中，巍山县马鞍山彝族葬礼上《开吊经》中有请山神的唱词："高山请山神，箐中请山神，请左边山神，请右边山神，请路上山神，请路下山神。"③

山神数量的众多还表现在一户或者几户联合共同信仰一个山神。普渡村彝族支系腊罗人认为山神主宰各家各户的六畜兴旺，村里有"大山神"和"小山神"两种类型。"大山神"通常是一个村子和几个村子共同的山神，相应主宰一个或者几个村子的六畜兴旺，普渡彝族的"大山神"在万宝群山的最高峰，山顶供奉着石雕山神像。小山神是一家一户自己的山神，通常在自己的房子背后以一棵树或者一块石头作为山神的象征。祭祀山神的主要时段在春节期间，从大年三十至正月十五都有祭祀山神的活动。大年三十各家各户都要祭祀"小山神"，午饭过后就在"小山神"处插上三叉青松枝，然后点香、敬茶、杀鸡祭祀。大年初五村民们会早早地去祭祀"大山神"，祭品和仪式与祭祀"小山神"略同。平时家里牲畜生病也会祭祀"大山

---

① 者吉中：《漫话漫湾》，云南人民出版社 2012 年版，第 259 页。
② 只廉清：《腊罗吉地》，云南民族出版社 2011 年版，第 23 页。
③ 云南省编辑组：《云南巍山彝族社会历史调查》，民族出版社 2009 年版，第 189 页。

神"。几个村寨联合信仰的大山神再加上各家各户的小山神，普渡村山神的数量十分可观，山神数量众多的原因有山头众多的因素，更重要的原因在于各家各户祈愿诉求的单元化和独立性。山神数量之众还表现在有时一次请多个山神，兰坪彝族毕摩念《请神经》一次可以请数十个山神，各家各户可自愿选择大石或大树为山神的替代物。①无论从请山神的数量及各户的山神再到山神象征物都表现出山神数量众多的现象。

2. 山神的载体

彝族地区通常建有山神庙或者以大树充当山神。巍山马鞍山乡的木上鲁村仅有 28 户彝族人家，但建有两座山神庙。没有山神庙的村寨选有山神树，彝族几乎每家都有一棵山神树。通常由山上的某一物件象征山神，如云龙县彝族支系罗武人把奇异的石头、树木或者险峻的崖壁当作山神加以祭祀②。云县彝族一村或几村单独或联合建一座山神庙，一村又各建小庙，山神庙多为一间简陋小屋，各村小庙则以一棵树或土坎充当。俐侎人住在山区，对山有着深厚的感情，他们崇拜山神，认为山神有巨大的魔力，主管着山林、川泽中的一切动植物。各村寨一般都会在后山设山神庙，普遍不建庙宇，通常以大树和石头作为山神的象征。

3. 山神职广

山神在彝族诸神中处于较重要的位置。祭献诸多神灵时，首先要祭祀山神，祭献的顺次是"先山神，二天地神，三门神，四土主，后献家堂"③，景谷彝族也认为山神处于最重要的位置，《祭山神经》说："天呀四四方，地呀四四方。山神为最大，山神管四面八方。山神管天，山神官地。今日是吉日，我们来祭山神。山神是天神，山神是地神。山神是父神，山神是母神。锄头挖几下，镰刀割几下。今年

① 兰坪白族普米族自治县志编纂委员会：《兰坪白族普米族自治县志》，云南民族出版社 2003 年版，第 195 页。
② 云南省编辑组：《大理州彝族社会历史调查》，民族出版社 2009 年版，第 66 页。
③ 镇康县民族事务委员会：《镇康县民族志》，云南民族出版社 1994 年版，第 53 页。

庄稼会成熟，锄头不给它闲着。天神山神呀！望你们保佑五谷丰登，六畜兴旺，人无病无痛，出门顺利。天神山神呀！四面八方你们都管，保佑我们四方通顺，八方吉利！"① 从《祭山神经》可以看出，山神处于景谷县诸多神灵的首位，山神兼有"天神""地神""父神""母神"诸多神灵的职司，管理范围宽泛，涉及庄稼丰收、六畜兴旺、人畜平安等。大理州彝族的山神崇拜较为普遍，巍山、南涧、漾濞、永平、弥渡等县的彝族村寨几乎都建有山神庙，其山神象征有石头男雕像、长条形石头、大石头等，村民们把山神看作村寨的保护神，而且是最大的神。② 甚至迷路了也有问山神的说法："不熟大路人问人，不熟山势问山神"③，可见山神司管的范围极为广泛，可称得上一境之全神。

山神最本质的职司是管理山上的一切，包括泥土、石头、动植物等等，特别是管理山间的动物，山神往往又被称为猎神。彝族崇拜山神的范围十分宽泛，如牲口丢失、六畜不顺，上山修沟、挖塘、砍伐树木等都要祭献山神。大理市彝族的山神信仰较为虔诚和广泛，在丧葬、开矿、扫墓、打猎及开木场时都要供奉山神，以求山神保佑。④ 巍山彝族中流传的神话《山神封兽王》和《鸟语》就表现出山神对鸟兽的掌管：把狮子封为兽王，其他兽类依次排名为野猪、熊、虎、豹子、野狗、豺狼、豺狗、狐狸、玉墨狸、黄鼠狼、野猫、臭鼠，并告诫这些动物不准随意伤人；另外又安排了鸟类按时节鸣叫，正月燕子、二月闭别拉鸟、三月布谷、四月野鸡、五月夏汗、六月都翁鸟、七月来依、八月吱底、九月鹩杜咱、十月嗯杜果罗、冬月洞多喽、腊月猫头鹰，而且每一种鸟叫都与当时的生产生活相呼应。⑤ 两个故事出现了大量的鸟兽名称，印证了古代巍山区域的动物种类较多，进一

---

① 张学权主编：《景谷彝族》，思茅市大地印刷厂，2006 年，第 34—35 页。
② 云南省编辑组：《大理州彝族社会历史调查》，民族出版社 2009 年版，第 88 页。
③ 者吉中：《漫话漫湾》，云南人民出版社 2012 年版，第 90 页。
④ 大理市史志编纂委员会：《大理市志》，中华书局 1998 年版，第 922 页。
⑤ 白庚胜、王丽珠：《中国民间故事全书》，知识产权出版社 2005 年版，第 6—8 页。

步反映出当时有大片茂密的森林。从两则神话中可以看出，在彝族心目中，山神是鸟兽之王，主宰着山间鸟兽，彝族民间谚语"山神不开口，老虎不吃人""山神不放生，抬枪不遇鸟"更加说明山神对鸟兽的主宰。彝族支系阿列人认为山神是掌管境内动物的神，家中动物丢失要拿鸡蛋或者杀鸡祭祀山神，祈求山神开恩放归家畜家禽。祥云彝族在村寨后建有山神庙，每年二月八节都要祭献山神，山神的主要职责是管理兽类，一方面祈求山神不要伤害牲畜，另一方面进山打猎要祭祀山神，保佑打猎平安顺利。

山神管理人间祸福。认为山神不但掌管山间草木鸟兽，而且还掌管民间平安祸福，山神甚至被当作去除邪恶的法王："山林山神爷，山神尊夫人，去邪护法王。"① 山神崇拜和彝族的生活休戚相关，大理州彝族支系罗武人建房时要杀鸡、念经敬献山神。景东彝族每个村寨都有固定的山神庙，祭祀时间多为春节、清明节、牲畜丢失的时候，通常杀鸡祭献，意在保佑人畜平安。巍山县前新村彝族每年祭祀一次山神，目的在于保佑人畜平安。双江彝族把山神称作"母舍"，对山神的祭献也很频繁，祭山神的目的在于祈求山神保佑万事大吉、六畜兴旺、五谷丰登等。② 祭山神表现出强烈的求吉心理，从祭山神的目的可以看出，山神担当着彝族保护神角色。巍山县牛街乡举雄村彝族每年在二月初八、六月二十五、腊月三十祭山神三次，祈求六畜兴旺。③ 从祭山神的时间可以看出，举雄村彝族在重大节日时都要祭祀山神。凤庆县新华乡文平村彝族每年祭神山四次：正月初九祭牛头山，正月十五祭金堂山，正月十六祭牛王山，二月十五祭阁楼山。临沧市云县后箐乡勤山村的神山上风水树、庙房树较多，当地人十分崇敬神山，遇到重大节日（如火把节、春节等）要祭祀神山，平常家

① 云南省楚雄彝族自治州人民政府编译：《彝族毕摩经典译注·祭祀经、巍山南涧彝族口碑文献》第五十五卷，云南民族出版社 2009 年版，第 405 页。
② 双江拉祜族佤族布朗族傣族自治县民族事务委员会编：《双江拉祜族佤族布朗族傣族自治县民族志》，云南民族出版社 1995 年版，第 189 页。
③ 云南省编辑组：《云南彝族社会历史调查》，民族出版社 2009 年版，第 146 页。

人有病、家里遭灾也要祭祀神山，神山可谓是当地人的保护神，这样一来，人们也就不敢轻易触碰神山里的一草一木，于是就很好地保护了生态环境。祭山神仪式通常在每年农历冬月（十一月）十五举行，参加祭山神的男人们要提前一天到山上歇一晚，十五天一亮就要宰鸡杀猪祭献山神，请山神保佑人畜平安、庄稼生长旺盛。另外，平时若遇到孩子生病、牛羊丢失等特殊事情也要祭祀山神，祈求山神保佑孩子健康成长、使牛羊失而复得。例如牛羊走失，俐侎人会举行"安山"活动，意即"拜山神"或者"祭山神"活动，其方法是："失主带上鸡、酒、茶，到走失牲口的山林、山头，选择一棵树或者一块尖石，于树（或石）前杀鸡、敬酒、茶、米……边杀鸡边咒念：'山神老爷，我某天某时在山中放牛、放羊、放猪，回家时，一条牛打失（丢失）在山中，请你帮助寻找！'咒念完毕，煮鸡煮饭，然后用熟鸡、饭再祭。祭毕，吃鸡，并用鸡脚骨占卜，以择牲口走失方向、走失远近、现在何处、是否存活、能否找到？然后按照所择的方向、地点去寻找。"俐侎人在送完"火星鬼"后也要祭祀山神，并向山神祷告："我们已经把火星鬼送走，请你帮助监督、管束火星鬼，不要让它到村中燃火，不要使住房着火！"[1] 俐侎人把山当作依靠，身体健康、庄稼丰收、牲口归复、避免火灾等重要的事情都寄于大山，对山有着深深的信赖和深厚的感情。

4. 祭祀山神

祭祀山神是彝族崇拜山神的具体表现，同时又是祈愿诉求的直接表达和呈现。"朝山节""开山节"等都是彝族祭祀山神的重要节点。"朝山"活动在澜沧江流域彝族聚居区较为流行，通常在每年农历正月举行，朝山期间，村民们穿上节日盛装到要朝拜的神山上给山神磕头，祈求山神保佑。云县茂兰乡最隆重的节日是正月十五的"朝山"，全乡共有6处"朝山"，以灵宝山最热闹。营盘村各自然村都有神山，祭祀神山通常在农历二月十五到朝山房进行，朝山房大多在

---

① 李国文、施荣：《彝族俐侎人民俗》，云南大学出版社2004年版，第158页。

20 世纪 60 年代破"四旧"中被毁。核桃箐自然村的朝山房在村后二金山的山腰，朝山房已经被毁，现以三棵树为朝山房，中间一棵高大、笔直的松树代表正堂神位，树根立有象征弥勒佛的石头。左右两棵树稍矮，分别代表后土、太平神位。巍山彝族每年农历二月初八、六月二十五、腊月三十都要朝山祭山神。部分彝族村民有多山神朝拜的习俗，这在南涧县龙街村委会的密村就比较典型："如密村除了村寨高处有两处山神护佑本村外，每年还要到护佑这一片区的月亮山朝山，村里各族长者还要在月亮山举行专门的祭祀仪式。到了正月十五要朝护佑小湾东镇的四里柱山、二月十五要朝老君山。"① 南涧彝族的朝山活动较多，时间总体在春季，然而各地有一定区别："新民乡即有正月十五山、二月十四山、二月十五山，碧溪乡的二月十三山，浪沧乡也有二月十五山，无量乡有二月十五太平山、三月二十灵宝山等。"② 弥渡县多祐村的彝族正月初四过开山节，杀猪祭山是主要的民俗事项，以求平安。除了一些相对固定的节点祭祀山神外，还有一些临时性的祭祀活动。临时性的祭祀与节日祭祀的明显差别在于，节日祭祀是集体性的，通常伴有大量活动，兼有娱神娱人的色彩，而临时性祭祀则主要是针对某项困境而祈求山神助力。南涧彝族几乎每个村寨都有山神庙，除节日集体祭祀外，平时遇到不顺心的情况也会前去祭祀，以求平安。鹤庆县彝族葛泼支系每年农历三月十五这一天朝山赶会，全村上山中有山神庙或山神树的地方杀牛祭献山神，烧香磕头朝拜"灵山老祖"③。宁洱县德化乡那迁和同心镇漫海的彝族每年正月的第一个属马日杀牛祭祀山神，祈求山神保佑村寨安宁。景谷彝族通常在正月十六祭祀山神，平时遇到家里丢了牲畜、家禽等也会祭祀山神，祈求山神能把牲畜、家禽放回来。江城彝族在农历四月栽秧

---

① 秦莹：《"跳菜"——南涧彝族的飨宴礼仪》，云南人民出版社 2010 年版，第 128—129 页。

② 南涧彝族自治县民族事务委员会：《南涧彝族自治县民族志》，云南民族出版社 1995 年版，第 34 页。

③ 吕大吉、何耀华主编：《中国各氏族原始宗教资料集成》彝族卷、白族卷、基诺族卷，中国社会科学出版社 1996 年版，第 84 页。

时节举行"献龙山"活动，由5—10个小孩描上花脸抬着用野酸木做的木刀木枪到各家"撵鬼"。镇沅彝族的神山称为"龙山"，祭龙活动分为头龙、二龙和三龙，尤其重视头龙，倮倮人于每年正月的第一个属牛日为头龙，祭龙仪式由贝母（毕摩）主持，每户出一名男子到龙山杀猪宰鸡祭祀龙神。俚俅人则以农历二月的第一个属兔日为头龙，祭龙仪式由龙头主持，通常为三年一祭，祭祀仪式在龙山举行。山神在彝族心中犹如靠山，族人对山神有深深的信赖。

5. 山神崇拜的生态意义及效果

山神是澜沧江流域彝族自然崇拜的集中体现，山神崇拜最能展现出对自然的崇拜和敬畏，其间蕴含着保护生态的伦理思想。开明村的八个自然村都有山神，通常以树象征山神，共同的特点是每逢初一、十五及节日要烧香、杀鸡祭祀山神，不能砍伐山神周围的树木和放牧，对保护生态发挥了实际效果。兰坪彝族的山神具有地位高、祭祀频繁等特点：地位高表现在诸多自然界神灵中山神最有威力，风、雨、雷、电、年景好坏都与山神有关；祭祀频繁表现在正月初一或者十五，开荒伐木、打猎、出远门放牧前都要祭祀山神，三月三集体祭祀山神。山神在兰坪彝族心目中具有崇尚的地位，说明兰坪彝族对山的崇敬程度更深一层，而且"平时禁止在山神之地砍树烧山和喧哗"①，山神的神圣性进一步凸显出来，兰坪彝族崇敬山神的热情和不能砍树烧山的禁忌对神山的生态保护具有积极意义。西双版纳州彝族的山神、土地神、土主神处于同一场所，土主庙内左山神、中土主、右土地，居于深山的彝族多不设庙，但每村亦必有土主山，在山间地势平缓处选三棵大树象征山神、土地和土主，就树干设坛祭祀，土主山上禁放牧、开荒，树木严禁砍伐。② 祭祀土主庙和土主山都表现出彝族对山神的敬仰，土主山的心愿禁忌有利于森林的保护。神山

---

① 兰坪白族普米族自治县志编纂委员会：《兰坪白族普米族自治县志》，云南民族出版社2003年版，第195页。

② 西双版纳傣族自治州民族宗教事务局：《西双版纳傣族自治州民族宗教志》，云南民族出版社2006年版，第112—113页。

森林是神圣不可触犯的，象征山神的大树更是不得随意触碰，祥云彝族有"禁砍、爬象征山神的大树"①，禁止砍伐和触碰神山大树无疑对森林保护具有积极意义。山神崇拜往往和树神崇拜融为一体："每座山上都有一棵山神树，山神树是整片森林里的'树王'，献祭山神、树神时主要就是祭'树王'，人们不能随便去动山神树，更不能去砍它，否则会触怒山神、树神，人就会遭到神灵的惩罚。"② "树王"成为山神和树神共同的象征，不能触碰山神树的禁忌表现出人们对山神、树神的敬畏，这对保护生态具有重要意义。巍山县巍宝山被彝族视为供奉祖宗细奴逻及其子孙的圣山，山上草木皆具有神圣意蕴而不能破坏，这也正是巍宝山至今森林茂盛的重要原因之一。弥渡县多祐村森林覆盖率高达87%③，而且植物种类多样，这与当地村民保护自然环境的传统文化密不可分。山神祭祀活动是彝族山岳崇拜的具体表现，体现出他们对山岳的敬意，同时又保护了一方森林，永平县龙街镇万宝山森林茂密、动植物种类丰富。

（二）神林崇拜

1. 坟山林崇拜及生态意义

澜沧江流域彝族通常以宗族为单位而辟有坟山林，因受祖先崇拜的影响，坟山林不容砍伐和侵犯。彝族中的统治阶层对坟山林管理严格，如巍山左氏土官对坟山林树木的看管十分重视，不准村民到坟山中砍柴割草，正因如此，左氏土官的坟山林祖房箐"自明清以来，古木参天，箐水环绕，风景幽胜……为旧时蒙化的十六景之一"④。左氏土官的坟山林崇拜习俗客观上保护了一片森林，而且为古代的巍山带来一方胜景，对蓄养水源发挥了重要作用。澜沧江中游的彝族支系腊罗人在公共墓地蓄有神树林，除清明祭祖等特殊情况可入林外，其

---

① 祥云县志编纂委员会：《祥云县志》，中华书局1996年版，第141页。

② 理白族自治州彝学学会：《大理彝族民间民俗系列丛书之祈求于自然和祖先的庇佑——大理彝族祭祀》，中国文艺出版社2011年版，第141页。

③ 李毕：《弥渡多祐彝族龙舞》，《大理日报》2011年2月9日。

④ 云南省编辑组：《云南巍山彝族社会历史调查》，云南人民出版社1986年版，第97页。

他时候一律不许进入神林，因此坟地神林林木茂密，这对保护森林发挥了极为重要的作用。

2. 密枯林崇拜及生态意义

大理区域的彝族普遍崇拜"密枯林"，据《蒙化志稿》记载，巍山县彝族村寨都有密枯树："祀密枯，各村皆置密枯树，祀时以黄牛一，绳系于旁祝之。"① "密枯"是彝族心中的英雄，是各村寨宗族土主的化身，象征密枯神的大树被称作"密枯树"，密枯树周边的树木构成"密枯林"。因密枯树和密枯林的神圣性而有诸多禁忌，密枯树周围的草、木不得随意割、砍，更不能在密枯树下大小便，据说违禁者将会给自己和家人带来灾难，这样的禁忌保护了一些密枯树和密枯林，进而发挥了保护生态的作用。大理市凤仪镇后山村的彝族神林被称为"密枯林"，因村民们精心守护，所以林中树木繁茂，被视为"密枯"干爹的黄栗树长势最好。巍山县大仓镇小三家村有一片树木苍郁的密枯林，密枯树下有松枝搭建的密枯神位。② 可见，神性成了后山村森林的保护神，在人们信仰神的同时，森林也得到了极大保护。另如巍山县粮乡镇古树村的密枯树正是因为村民认为其具有神性而在历次的树木砍伐中都没受到伤害。③ 大仓镇凤山村的密枯树依然枝繁叶茂④也是"密枯"崇拜对保护古树意义的活的例证。

3. 色林崇拜及生态意义

彝族支系俐侎人普遍崇拜色林。俐侎人之所以崇拜色林，据说是因为他们的祖先在迁徙中被统治者追赶，幸好躲在树林中才逃过劫难，后来就把树林当作保护神，每个村寨都有一片色林，色林中的树木不能随意砍伐。如永德县乌木龙乡帮卖村委会大寨村的色林在寨子

① （清）梁友檍纂：《蒙化志稿》，德宏民族出版社2006年版，第126页。
② 巍山彝族回族自治县彝学会编：《彝人圣殿——南诏土主庙》，云南美术出版社2013年版，第15页。
③ 刘宏涛：《不熄的火塘——彝族腊罗巴支系的亲属制度》，云南人民出版社2009年版，第12页。
④ 巍山彝族回族自治县彝学会编：《彝人圣殿——南诏土主庙》，云南美术出版社2013年版，第15页。

后面，林中树木茂密，不得在林中放牧，不得砍伐树木，林中的几棵大树被作为神树，树前用石头砌成平台供祭祀用，祭祀色林一般在每年农历四月属猴、属虎日进行，祭祀在"色头（祭祀总管）"的组织下进行。俐侎人有"立丛"习俗，即"某几个村寨居民算一'丛'，村民们有一项村规民约，就是任何人不得砍伐祭祀神林中的树木"①。"立丛"是依附在神林崇拜上的一项制度，这更加强化了对森林的保护。色林习俗里边蕴含着一条生态链环：色林保护了俐侎人的先祖，俐侎人心怀感恩保护色林，苍翠的色林又给俐侎人带来诸多益处：美化村寨环境、涵养水源、防风固沙等。在保护色林的过程中，最后保护了俐侎人自身。

4. 龙林崇拜及生态意义

普洱市彝族称寨神为龙神，初建寨时就要在寨边培植一片龙林，从林内选一棵拔地参天的大树作龙神树，并在树下放一块一市尺左右长的鹅卵石以作标记，彝族认为龙神是神圣不可侵犯的大神，禁止到龙山解大小便、挖土、倒垃圾等，禁止砍伐龙林里的树木，如果触怒了龙神，人会发疯，牲畜会跌崖，庄稼遭风灾、水灾、寨子遭火灾。②普洱市彝族的龙林崇拜保住了大片森林，客观上为保护生态环境做出了贡献。景谷彝族以龙神为寨神，并在寨边培植一片龙林，选定一棵大树做龙神树，每年祭祀两次，禁止砍龙树和在龙林边解大小便。③平时人们自觉遵守龙林禁忌，通常不出入龙林，景谷彝族对龙林的培育及禁止砍伐有利于森林保护。

（三）树神崇拜

1. 崇拜的树木种类广泛

澜沧江流域彝族崇拜的神树种类较多。第一，从调查问卷主观题

---

① 李国文、施荣：《彝族俐侎人民俗》，云南大学出版社 2004 年版，第 7 页。

② 云南省普洱市民族宗教事务局编：《普洱市民族志》，云南民族出版社 2009 年版，第 81—82 页。

③ 云南省景谷傣族彝族自治县志编纂委员会：《景谷傣族彝族自治县志》，四川辞书出版社 1993 年版，第 676 页。

第 15 题"您崇拜的植物有"可以看出树木崇拜的情况：松树[170]、竹子[39]、红毛树[33]、青树[28]、核桃[24]、榕树[9]、柳树[8]、梅树[7]、柏树[5]、茶树[5]、桑树[3]、棕树[2][①]，松树、竹子、红毛树、青树被填写的次数最多，从填写次数可以看出彝族对这些树木崇拜的程度，松树被填写的次数最多，这与彝族崇拜松树的习俗恰好吻合。第二，能被称为神树的范围很宽。景东县漫湾镇彝族把树龄长的、上过香的、被小孩拜寄为干爹的树都称为神树，[②] 凡神树都不能砍伐，这就以"神树崇拜"的方式保护了大量古树名木。第三，几乎每个彝族村寨都有神树。大理州"凡是彝族居住的村庄，差不多都有祭神树的习俗"。巍山彝族村寨几乎都有一棵被奉为神树的大树，遇到人生病及禽畜不顺都会到神树前念咒语，祈求保护。[③] 永平县彝族山区村寨都有神树，通常为村寨旁一棵或者一林古老的大树，部分彝族村寨崇拜木神，瓦畔村建有大木神庙，文库村建有二木神庙。[④] 弥渡县每个彝族村寨都有一棵迷士树，每年农历四月初八全村人合杀一头猪祭祀迷士树，祈求迷士树保护全村各方面顺利大吉。[⑤] 迷士树承担了村寨保护神的角色，具有崇高地位。一个村寨根据信仰需求的不同会存有多种类型的神树，弥渡县弥城镇石甲村有各种类型的神树：石佛哨以一棵多依树代表山神，正月十五祭铁柱以青钢栗树代表，一棵刺栗子树代表树王天子，代表社稷、家族的则是赤松树。[⑥] 第四，从祭祀活动中用到不同树木的枝条也可看出神树崇拜的多样性。永平彝族在祭祀古王"阿玉闭"时所用祭物都是植物枝叶及花朵："四支箭，箭头向上，用萨麻树制成。八个圆饼（用通花秆树剥出的泡心子盘成），意为西方八个假太

---

① 右上角数字为问卷中该树木被填写的次数。

② 者吉中：《漫话漫湾》，云南人民出版社 2012 年版，第 259 页。

③ 云南省编辑组：《大理州彝族社会历史调查》，民族出版社 2009 年版，第 87、43 页。

④ 永平县民族宗教事务局编：《永平县民族志》，云南民族出版社 2006 年版，第 65 页。

⑤ 弥渡县民族宗教事务局：《弥渡彝族简史》，云南民族出版社 2004 年版，第 74 页。

⑥ 云南省编辑组：《大理州彝族社会历史调查》，民族出版社 2009 年版，第 121 页。

阳。四朵树头菜。三支细麻栗树枝，一支有三杈，没杈留三片叶，每枝上安一朵映山红花，绿叶表示神灵之衣，红花为神灵头饰。最下边安四朵山茶花。"① "阿玉闭"祭祀中所涉及的树木包括萨麻树、通花秆树、树头菜树、映山红树、茶花树五种之多。景谷县彝族撒梅支系在祭龙时要用到三种植物：用盐酸树破片编龙笆，砍盐酸木果树卦1副；株栗树叶枝条若干；苦练子藤一条。② 第五，神树崇拜有一定的地域性差别，这就更加扩充了澜沧江流域彝族神树崇拜树种的多样性。兰坪彝族崇拜杉树、柳树和白杨树。俐伈人崇拜树藤、蜜花树、杜鹃树等。普渡村彝族崇拜的树木主要有松树、栗树、白花木树。

松树崇拜较为普遍。第一，松树被称为树王。彝族支系香堂人视松树为树王，这从朵溪说的《撒松毛调》提到松树是树王："开天辟地时，松树被封为树王，但是它长不过香椿树，气得弯了腰，但它仍然是树中之王，可以用来做祭物。"③ 第二，选取松树为神树，漾濞县瓦厂乡蛇马村、巍山县马鞍山乡蛇街彝族都有祭祀神树的习俗，一般选择村后高大的松树作为神树。④ 第三，彝族把松树视为具有骨肉亲情的爹娘。香堂人甚至把松树当爹娘一样对待，这从《找爹娘调》中可以看出："昨天你一倒，我们到处把你找，可怎么也找不到，我们找到大箐边，只听水响不见你；我们找到茅草林，只听牛多罗鸡叫不见你；我们找到山头茅草地，只听麂子叫却不见你；我们找到山中茅草地，只听见风声不见你。我问蔓登树格曾见到我爹娘，蔓登树回答说'我结刺一身见不到你爹娘'。问到芭蕉树，芭蕉回答说'我叶大根浅见不到你爹娘。'问到猪苏果树，它回答说'我结果不开花，见不到你爹娘。'我问到茅草丛，它回答说'我只开花不结果，见不到你爹娘。'我问到蕨蕨，它说'我根深叶旺见不到你爹娘。'我问

---

① 大理白族自治州彝学学会：《大理彝族民间民俗系列丛书之祈求于自然和祖先的庇佑——大理彝族祭祀》，中国文艺出版社2011年版，第58页。

② 张学权主编：《景谷彝族》，思茅市大地印刷厂，2006年，第23页。

③ 思茅行政公署民委：《思茅少数民族》，云南民族出版社1990年版，第311页。

④ 云南省编辑组：《大理州彝族社会历史调查》，民族出版社2009年版，第87页。

到松树，松树回答说'我飞籽成林可顶替你爹娘。'你若能顶替我爹娘，我每年过年把你栽在天井里，给你献饭叩头，让全家人都喜欢。"① 从调词中可以看出，香堂人经过多番比对，最后选择松树做爹娘树，主要原因在于松树"飞籽成林"，实质上看重了松树易于繁衍，正如同爹娘般把生命传袭。第四，重要节日在院子里栽松树为天地树。关于过年在院子里栽松树的来历，据说来自当地的村民为了躲避自己的孩子被鬼吃，从这个层面来看，过年在院子里栽松树还具有辟邪功能。砍一棵松树栽到院子里作为天地树的习俗由来已久，巍山彝族左氏土官在过二月八节时，要在衙署里栽一棵松树，在松树上挂一个嘴里插着一支青松毛的猪头和羊头，左氏家族全家老小身着新衣围着松树磕头欢跳。② 可见彝族栽松树的习俗至少在明朝就已存在，而且彝族上层在过节时也有崇拜松树的情节。巍山县庙街镇山塔村春节时要砍两棵青松栽到宅院内，大的一棵栽在院心，叫作"天地棚"，代表天地，小的一棵栽在房屋后墙处，叫"迷士树"，代表"厕神"③。漾濞彝族在除夕之夜要在门口插一棵两米多高的三叉形松树，而如果当年家中死了人则插一棵黄栗树。④ 临沧市彝族香堂支系火把节时，要上山砍1棵10厘米粗、7—8厘米长的小松树，顶端留3杈，向下1/3处又留一杈，用于贴纸钱，这棵树叫"迷四"树。把树斜靠在正房左屋山墙，墙上钉一木桩，树卡在桩上，树下杀1只公鸡，把鸡血和鸡毛粘在离树顶1/3处，此称"连生"；全鸡煮熟后又到树下敬献，叫"回熟"⑤。南涧彝族建房破土动工前要祭土地神，插三杈松枝作为土地神的象征，并且要在地面撒上青松毛，以求清吉

---

① 思茅行政公署民委：《思茅少数民族》，云南民族出版社1990年版，第311—312页。

② 云南省编辑组：《云南巍山彝族社会历史调查》，云南人民出版社1986年版，第106页。

③ 云南省编辑组：《云南巍山彝族社会历史调查》，民族出版社2009年版，第171—172页。

④ 漾濞彝族自治县民族宗教事务局：《漾濞彝族自治县民族宗教志》，云南民族出版社2005年版，第85页。

⑤ 金建、杨兆昌主编：《临沧地区民族志》，云南民族出版社2003年版，第18页。

平安。第五，建房前砍伐木材时祭祀的树木主要是松树。破土后，挑选吉日到山上祭砍树，砍树前要祭祀山神，请求山神允许砍树，伐木师傅念道："张鲁师傅到此山，杀鸡煮肉拜山王。需建高楼来伐木，请王依愿作照看。遍岭青松均极品，长短圆方张鲁选，吉日挥斧伐佳木，望保我们得安宁。"① 在整个建房仪式中，松树承担着重要角色，赋予三杈松枝、青松毛象征意义，砍伐的木材主要是松树，从建房仪式中可以看出彝族对松树的崇拜。第六，在宴席、祭祀过程中会用到松树、松枝、松毛。在办喜事时，用青松树搭青棚招待客人。彝族寿礼上常用青松祝福老人高寿："长青松有色，高寿岁无疆。"南涧彝族祭密枝时在墙上插一枝三杈青松毛加以敬献，祈求六畜平安。在宴席、祭祀过程中，通常以青松毛铺地，给人以清爽之感。松树在彝族习俗中出现频率较高，这与松树较常见及利用率高有关，因有用而生发出亲切感。

彝族崇拜黄栗树的现象较为突出，甚至认为彝族的祖先来自黄栗树："苍山黄栗树梢上，说有人种在那里。"② 在祭祀中常用黄栗树做神枝："黄栗树三枝，一枝分三杈，三枝成九杈。"③ 彝族之所以崇拜黄栗树，据说彝族的人种来自黄栗树梢："大地洪荒时，人种无处寻。熙攘的蜜蜂，帮助找人种，苍山三往返，苍山大黄栗树梢上，人种那里有。"④ 从毕摩经文中可以看出，彝族把黄栗树当作人种的来源，彝族与黄栗树的亲密关系可见一斑。

普洱市彝族崇拜的神树主要有松树、盐酸树等。在祭龙神的过程中，"毕摩用盐酸树削成若干条细棍，插在龙神树上，每家取回一小

---

① 秦莹：《"跳菜"——南涧彝族的飨宴礼仪》，云南人民出版社2010年版，第81页。
② 云南省楚雄彝族自治州人民政府编译：《彝族毕摩经典译注·祭祀经、巍山南涧彝族口碑文献》第五十五卷，云南民族出版社2009年版，第308页。
③ 云南省楚雄彝族自治州人民政府编译：《彝族毕摩经典译注·祭祀经、巍山南涧彝族口碑文献》第五十五卷，云南民族出版社2009年版，第290页。
④ 只廉清：《腊罗吉地》，云南民族出版社2011年版，第20页。

条，小心翼翼地绑在房屋中柱上，象征谷魂、牛魂被带进家门。"[1]用盐酸树枝做成的小棍成了谷魂、牛魂的象征，对于以农耕为主要生产方式的普洱彝族而言，牛是农耕中非常重要的生产工具，而谷是农耕所追求的结果，从象征对象的重要性可看出对象征物的重视。六月二十四叫魂结束后用一截盐酸树枝从中间剖开做树枝卦，这是崇拜盐酸树的表现。

彝族崇拜与经济及生活密切相关的树木，较典型的有核桃树和茶树。核桃是彝族重要的油料植物，在彝族山区普遍种植，彝族有崇拜核桃树的习俗。在漾濞流传着"阿波萝核桃树的由来"的故事，讲述一对新婚夫妇为了解救自己的九嫂，宁愿替九嫂去死，他们选择在寨子边那棵"万朵山茶"下吊死，但族长又改用火把他们烧死，他们化成了一棵结有上万个果实的核桃树，人们称其为"阿波萝核桃树"[2]。这棵核桃树实质上是善良的化身，当地彝族把对善良品质的追求和歌颂寄托在大树上，一棵树上结上万个核桃表现出彝族对核桃丰收的希冀。茶是彝族的重要饮料，彝族对茶有着深厚的感情和深刻的敬意。彝族俐侎人支系崇拜茶树，祭"茶祖"就是茶树崇拜的具体表现。传说俐侎人在逃难的过程中因采食茶叶得以生存，后来茶叶成了俐侎人生活中的必需品，正如谚语所说："早上一盅，一天威风；下午一盅，干活轻松。"俐侎人对茶树有深厚的感情，每年农历二月十五家家户户都要祭拜"茶祖"。"茶祖"又称茶树王，通常选择一棵枝繁叶茂、古老苍劲的大茶树作为"茶祖"。村民们在"朵希（巫师）"的带领下祭祀"茶祖"，"朵西"端起一碗水，围着茶树一边泼洒一边念祭词："茶神呀茶神，你救过我们祖先的命，你让我们俐侎人繁衍下来，我们感激不尽，今天我们又来给你烧香。这山是你的山，这河是你的河，你要永远地住在这里，保佑我们俐侎人家家平

---

① 云南省普洱市民族宗教事务局编：《普洱市民族志》，云南民族出版社2009年版，第82页。

② 白庚胜、李洪文：《中国民间故事全书》云南漾濞卷，知识产权出版社2005年版，第57页。

安、人安康，保佑我们俐侎人子孙兴旺。"① 从崇拜核桃树及茶树可以看出，既希望与经济生活密切相关的树木能够高产，同时又怀有深深的感恩心理，功用与感恩心理融合对相应树木具有保护效果。

2. 人生礼俗中的神树崇拜

诞生礼仪上表现出树神崇拜的内容。在生育过程中崇拜树木的主要目的在于祈求生产顺利，巍山、漾濞、南涧、凤庆、昌宁等地的彝族有祭"体巴神"的习俗，目的在于祈求孕妇母子平安，在祭仪中要用到栗树四枝、松树四枝、茅草一把、苦蒿杆一棵等，另外还有竹子做的篾琴一只、笛子一只。② 祭"体巴神"中用到多种植物，说明彝族对这些植物在保护平安生育方面寄予厚望，这些植物也就具有了神圣性。孩子出生后，把孩子的健康成长寄托在树上。常见的形式是拜寄树木为父母：当小孩出现夜啼、病痛多等情形时，彝族会采取"拜寄"（即拜认干父母）的办法，其中就有拜认自然物做干父母的情况，拜寄树木者较多，通常取名为"树生"之类。景东彝族为了保孩子安康，拜树木为义父，给孩子取名叫"龙保""龙生""树生""树安"等与树相关的名字。③ 保山市彝族把幼儿拜寄给山、石、树、水、竹、路、桥等等，婴儿的名字呈现自然韵味，如阿山、石头、大树、小水、兴路等等，祈求这些自然神能保佑孩子健康成长。④ 漾濞彝族在孩子满月时，要为孩子栽一棵树苗，以此纪念孩子茁壮成长。还有一种情况为当孩子夜啼不睡时也会祈求于树木：若出现小孩夜啼不止的现象，还会在树上用黄纸贴上祷语："天黄黄，地绿绿，我家有个小儿哭，过路君子念一遍，一觉睡到太阳出。"拜寄、满月栽树、贴夜哭贴等习俗都表现出彝族对树木的信赖和崇敬，这些树木通常被当作神树而加以保护，特别是栽树行为直接有利于树木的增加，从而

---

① 何鸟：《俐侎人的茶缘》，《茶乡》2007 年第 2 期。
② 大理白族自治州彝学学会：《从心灵开始的千年历史——大理彝族婚丧习俗》，中国文艺出版社 2011 年版，第 50 页。
③ 颜仕勇主编：《景东彝族自治县民族志》，云南民族出版社 2012 年版，第 114 页。
④ 保山市民族宗教事务局：《保山市少数民族志》，云南民族出版社 2006 年版，第 110 页。

促进了生态保护。

婚姻礼仪上表现出树神崇拜的内容。婚礼上也有与树有关的习俗，如祥云彝族婚礼上新郎要在堂屋桌子上放盛满粮食的升子，其上插青松枝。[①] 祥云彝族婚礼过程中，当新娘到男方家时，要由婶娘用青松枝洒清泉水在新娘身上，表示清吉平安。普洱市彝族在婚礼前一天，男方家要用青松枝、栗树枝、竹藤等扎成喜棚，青松、栗树、竹子等都是彝族崇拜的树木，用这些植物扎喜棚，更烘托出彝族婚礼的隆重和喜庆气息，植物在彝族婚礼上发挥了作用。婚礼上用到的植物并非随意为之，采用长青植物具有浓烈的文化意蕴，昭示着对婚姻长久的祝愿，信赖而寄以重托，折射出对所用植物的深厚感情。

丧葬礼仪上表现出树神崇拜的内容。婴儿夭亡葬于树下，如兰坪彝族在婴儿夭折后，将其尸体直立土葬于杂木树下[②]。有的将夭亡孩童的遗体挂在树上，弥渡西山一带有树葬的习俗，不满十岁的小孩夭折，就把小孩的尸体挂在树上。在丧葬仪式上也会涉及树木，如景东县彝族香堂支系在葬礼中要由"朵溪"（婚丧礼仪职业者）唱调子，唱词中涉及一些彝族崇拜的树木："马桑树做成弩柄，黄竹做成弩弓片，苦楝子藤做成弩弦，一天追麂子，两天追麂子……蒿枝开花自植死，你也自己老死了。"[③] 唱词中提及的马桑树、黄竹、苦楝子藤、蒿枝等都是彝族崇拜的植物，用蒿枝的自然荣枯象征人生命的诞生与凋亡，可以看出对待生老病死的坦然态度。俐侎人在"绕棺"仪式中，设置有不同象征意义的神树："棺场右方插带叶密花树枝四棵，其中三棵代表死人树，一棵代表孝子、主人、寨王树。左方插三棵，分别代表阴间树、总理树、阳间树。上方即沿棺头方插一棵，代表后人树……下方插一棵，为祭司的祭树……用密花树枝搭祭台，台后左

①　王丽珠：《祥云县少数民族志》，云南人民出版社1990年版，第59页。

②　兰坪白族普米族自治县志编纂委员会：《兰坪白族普米族自治县志》，云南民族出版社2003年版，第192页。

③　颜仕勇主编：《景东彝族自治县民族志》，云南民族出版社2012年版，第106页。

右各插密花树一根，左根代表布谷鸟歇脚树，右根代表拴马桩。"① 在整个"绕棺"仪式中，一共要插 11 棵树，这些树具有重要的象征意义，有代表死人、主人、后人的树，赋予这些树生命意义，另外还有布谷鸟的歇脚树，布谷鸟是俐侎人崇拜的神鸟，是不能猎捕的，可见此歇脚树具有重要地位。在"绕棺"仪式中选择树来担当象征任务，可见俐侎人对树木的重视。火葬习俗中也表现出神树崇拜的因素，如明清时期凤庆一带的白倮就存在火葬的情况："白倮……焚于山林，执旗招魂。"② 在选取火葬焚尸树方面比较讲究，漾濞县双涧乡雀山村彝族"选择一棵除柳、映山红、栎树外的大树作焚尸树"。坟墓周围有固定的神树，巍山县前新村彝族在坟墓左上方选一棵小树作为山神树，上坟时都要祭祀这棵山神树。俐侎人每个家族都有自己的墓地，墓地后有一棵叫作"号头树"的神树。通过能否插活树枝来判断墓地的风水：大理彝族选好墓地后，在墓地上插一根活树枝，如果树枝长根发芽，几年不枯死，则意味着墓地风水较好，适合安葬。③ 用树枝成活与否判断墓地吉凶，树木生命与风水关联在一起。在安葬结束后大多会在坟前栽种万年青、柏树等长青类树种，以求代代兴旺，这增添了彝族地区的树木，对促进生态具有积极意义。

3. 节日中表现出的神树崇拜

许多节日中表现出神树崇拜的现象。巍山彝族春节时要献果树，在果木、药材、花卉盆上贴"春""发"等字的红纸。④ 把美好的心愿贴在花果树木上，表达出对被贴对象的喜爱。墨江县彝族腊鲁人每年正月初二"牧羊节"时，所有男孩要聚集在象征神灵的一棵郁郁

---

① 李国文、施荣：《彝族俐侎人民俗》，云南大学出版社 2004 年版，第 130 页。
② 杨滋荣整理点校：《顺宁府（县）志五部》，天马图书有限公司 2001 年版，第 167 页。
③ 大理白族自治州彝学学会：《从心灵开始的千年历史——大理彝族婚丧习俗》，中国文艺出版社 2011 年版，第 20 页。
④ 巍山彝族回族自治县人民政府：《巍山彝族简史》，云南民族出版社 2006 年版，第 301 页。

葱葱的"羊神树"下进行野炊。① 羊在彝族生活中占据重要地位，选择"郁郁葱葱"的树做"羊神树"寄托着羊群兴旺发达的美好希冀。巍山东山彝族村村都有"密枯"树，"密枯"是人们心中的英雄，是各村宗族土主的化身，祭"密枯"在每年农历二月初八举行，先祭祀山神再祭祀"密枯"，祭山神是自然崇拜的表现之一，祭"密枯"是祖先崇拜的表现，在此自然崇拜和祖先崇拜交融。二月初八节当天，永平县北斗乡黑豆场村彝族把野外采摘的映山红花插在房门、家堂、畜厩上，祈求五谷丰登、六畜兴旺。清明节有戴花戴柳的习俗，南涧彝族中有"清明不戴花，死后变哑巴；清明不戴柳，死了变黄狗"的谚语。大理州部分彝族村寨在农历四月初八过密祀节，密祀是树神，村前村后都有密祀树，村民认为密祀树能起到挡住大风的作用，以免吹进村子并保护村子财产，可以看出密祀树具有挡风的生态功能和寨神两重身份。出于对密祀树功能的清楚认识，所以村民们都不敢砍伐密祀树，这对古树保护具有重要意义。巍山县牛街乡举雄村于每年端午节全村杀猪祭"米库树"，祈求米库神抵抗自然灾害、保护庄稼。②

火把节中有祭神树的内容。火把节祭祀山神、树神的习俗尤其浓厚，彝族打歌调《火把节》中有树木想来参加火把节的歌词："你看山上栀子树，它也想过火把节，想让老天保佑它。你看山上桃子树，它也想过火把节，想让老天保佑它。你看山上锥栗树，它也想过火把节，想让老天保佑它。竹子本来在山上，它到村里来过节，跟着大家来打歌。"③ 火把节是彝族最盛大的节日，歌词中唯独提到栀子树、桃子树、锥栗树、竹子来过火把节，对这四种植物有深厚的感情。凤庆县新华乡彝族支系香堂人在火把节砍一棵7—8米高的小松树做

① 墨江哈尼族自治县民族宗教事务局：《墨江哈尼族自治县民族志》，2007 年，第105 页。

② 云南省编辑组：《云南彝族社会历史调查》，民族出版社 2009 年版，第 146 页。

③ 巍山县彝学学会：《巍山彝族打歌山歌小调选编》，云南人民出版社 2011 年版，第61 页。

"迷四树"，安放在正房的左山墙上，把鸡血和鸡毛粘在"迷四"树干上，称"连生"，取保平安之意。① 香堂人把平安和树联系在一起，香堂人对小松树有着深深的信赖，年节时在堂屋撒满青松毛，增添了生机勃勃的气氛。

南涧彝族火把节前举行"打密枯"活动。"密枯"在彝族中是风神的意思，"祭密枯"也就是祭祀风神，"祭密枯"在彝族中通常称为"打密枯"。"打密枯"一般在火把节前一天举行，有的村寨会提前一点，如南涧县底么村"打密枯"的时间在每年农历六月二十日，没到祭祀之日，底么村及附近的村民就会带上炊具、纸钱香火，牵着一头雄壮的公牛敲锣打鼓到密枯山打密枯。祭祀开始后，人们把拴好脚的牛牵到密枯树下站着，锣鼓声中毕摩手拿法器绕密枯树转三圈，口中念念有词："今天上山打密枯，祈求密枯赐我福；从今打过密枯后，田里地头不倒谷。"② 从念词中可以看出，彝族同胞们"打密枯"意在祈求风调雨顺、粮食丰收。再如南涧拥翠乡有专门的密枯山，打密枯时周围村寨都来密枯山祭祀，离此密枯山较远的沙乐、新民、浪沧、碧溪等地村民则在村后的大密枯树下祭祀，念词同样是祈求大风不来、庄稼丰收："水冲沙压不要做给来，景东风挡着给来，包麦像牛角一样给来。"③ 在这场农耕礼俗活动中表现出对自然界中非常重要的一种因素"风"的崇拜，说明人们已经认识到风对庄稼生长的重要性，另外祭祀风神的载体是密枯山，具体的祭祀地点是在密枯树下，密枯山就成了神山，密枯树就成了神树，"打密枯"实质上是彝族风神、山神、树神崇拜的相互交融、三位一体，"密枯山"上植物茂盛，"密枯树"高大粗壮，如底么村的密枯树就有上千年，堪称树王，"打密枯"活动客观上对保护生态发挥了积极作用。

---

① 临沧地区志编纂委员会：《临沧地区志》，燕山出版社 2003 年版，第 145 页。
② 白庚胜、吴家良：《中国民间故事全书》云南南涧卷，知识产权出版社 2005 年版，第 21—40 页。
③ 邓承礼：《南涧彝族祭"密枯"和祭密枝》，《大理彝族研究资料》第二集，大理市印刷一厂 1988 年版，第 116 页。

4. 神树崇拜的缘由

树木被视为连接天地的媒介，神树崇拜中具有天神崇拜的意蕴。其一，彝族祭天神活动通常在树林中进行，巍山彝族每三年一次祭天神的祭坛一般设在松树林中。其二，以大树作为天神的象征，俚伅人在祭祀天神时，以一棵大树作为天神的象征，整个祭祀仪式围绕天神树进行。天神祭祀完毕后，要把天神送走，又要找一棵大树进行祭祀，此树叫作"天神歇脚树"。天神崇拜是人类较为普遍的自然崇拜之一，是人们对天的神圣神秘感心理活动的外在表征，俚伅人把对天神的崇拜转移在大树上，展示出大树在俚伅人心中的崇高地位。其三，彝族祭天神的仪式往往在神树下举行，可见在彝族心里，树木和天神之间是有着某种隐秘联系的。

视神树为祖先的化身，神树崇拜中体现出对祖先的感恩和怀念。其一，最常见的表现形式就是采用竹木材料做祖灵，采用最多的是杜鹃木，其他还有竹、松木、棠梨花木等等。巍山彝族祠堂供奉的死者牌位通常由三种树木做成，即白花木、树根、柏木，① 从中可体现出彝族对做牌位树木的崇拜。巍山彝族做祖灵的白花木要由毕摩占卜"松卦"决定："取一节松枝，约 2 寸长，剖其为二，大面为阳，小面为阴。占卜卦时，分别以东、西、南、北方位，将松卦掷下，其阳卦和阴卦均不取，阴阳卦则取之，按卦象指示之方向，寻找一棵白花木树。"② "松卦"中兼有松树崇拜和白花木崇拜的二重意蕴。漾濞彝族腊罗支系用棠梨木或杜鹃木做祖灵，聂苏和诺苏波则用竹根做祖灵。③ 土族人用白杜鹃木做祖灵："彝族支系土族人的家里堂屋中间亡人牌下面有一块竹篾笆，蔑笆上插着用白杜鹃木雕刻成的木人。家

---

① 云南省编辑组：《云南巍山彝族社会历史调查》，民族出版社 2009 年版，第 198 页。
② 大理白族自治州彝学学会：《从心灵开始的千年历史——大理彝族婚丧习俗》，中国文艺出版社 2011 年版，第 118 页。
③ 漾濞彝族自治县地方志编纂委员会：《漾濞彝族自治县志》，云南人民出版社 2000 年版，第 135 页。

有几位亡故老人，就有几个木人。"① 漾濞县瓦厂乡的彝族家中老人去世后也是用白花木雕成人形的祖宗灵牌供奉在堂屋香桌。南涧彝族在死者出殡前需从坟山选择一株直径约10厘米的青松树，也有选择山茶花树和栗木树的，砍回家后取约20厘米长的一段刻成象征亡灵的木人，供奉在香案上经常祭祀。永平彝族在埋葬死者的当天下午举行接亡灵仪式，阿闭（巫师）用一棵大拇指粗的白花木（杜鹃木的一种）雕刻成2—3寸的小木人，经过一系列仪式后，由阿闭把小木人供在神龛里。云龙彝族诺苏支系在父母去世后，请巫师用本家支崇拜的树木做成叫作"马都"的灵牌，供奉在火塘左侧墙上的竹篾内，五代后即行焚化，或者放置到本氏族共用的岩洞中。保山市隆阳区汶上乡、瓦马乡的彝族家中有老人去世时，会以一根长约6厘米、宽近3厘米的杜鹃木刻成人头像供奉，通过供奉杜鹃木人头像来表达对祖先的纪念。彝族支系俚侎人父母死后，用竹根或者木料做内核，木料以杜鹃木居多，外边裹上蜡，捏成人像，供在堂屋正中的供桌上，旁边插上松枝。每逢除夕，男主人要为蜡人沐浴，并且换上新的松枝。做蜡人的主材是竹根或者木料，而且要在蜡人旁边放上松枝，对先人的纪念与竹木紧密联系在一起，先人的灵魂寄托在竹木身上，供奉先人的同时供奉竹木，祖先崇拜与竹木崇拜相融合。镇康县彝族香堂支系有刻木人和竹根人做祖先亡灵的习俗，刻木人一定要用松木，因为松树是祖先的象征，所以建房时都不能用作地脚方（屋柱础）。大理州大理市和巍山县的彝族都有用竹做祖灵的习俗，都是由毕摩和孝子到山上挑选竹子，不同点是大理市彝族从竹根上取下一颗大米般大小的芽，然后用雪白的羊毛把这粒芽捆在一截约五寸长的树枝中间，巍山彝族则把竹根雕成人形并穿上衣服放在竹篾里。两地用竹做祖灵的形状虽有差别，但都是采用竹根做祖灵，祖先被认为是我们的根源，纪念祖先的意味非常明显，竹崇拜的实质是祖先崇拜。漾濞聂苏支系

---

① 白庚胜、李洪文：《中国民间故事全书》云南漾濞卷，知识产权出版社2005年版，第57页。

祖灵牌位用山竹的根部制作，并置于竹箩中，悬挂在祖堂中，诺苏支系在火葬后取带根竹一丛，在火堆上空的烟雾中绕三圈后，取一小节竹根挂于家中作为灵位。兰坪彝族砍一段"刺脑包"树做灵牌。其二，崇拜灵牌树。澜沧江中段彝族通常把灵牌放到树洞里，放灵牌的树叫作"灵牌树"，因为大量放置灵牌，灵牌树上千疮百孔，灵牌树是神圣的，人们不会随意触碰，只待它老死，南涧彝族的灵牌树通常选择村寨东边林地里的一棵大松树充当。① 灵牌树用于存放祖先灵牌，因此有的地方又称为祖公树。巍山彝族办完丧事后，就在祖公树上凿一小洞，凿洞时要尽量不伤到树皮，洞凿好后把灵牌放入其中，然后盖好树皮，并用松香等物把树皮粘回原样，以确保树皮能够重新长合。祖公树崇拜要在树上凿洞，看似对树木造成巨大伤害，但我们要看到后人凿洞时小心翼翼的心境，而且放好灵牌后还要把洞封好，另外在当地禁止任何人破坏祖公树，这些行为并不会对树木造成致命伤害，相反还保护了有神圣象征意义的祖公树。弥渡县弥祉乡的彝族也有崇拜祖公树的习俗，在祖先祠内及每家祖坟后都有祖公树。弥渡县弥城镇大甲板村以村后一棵老松树做祖公树，上边的树洞是安放木主之处。② 其三，以树木做姓氏的习俗中体现出祖先崇拜的意蕴。如临沧彝族的"金竹李"据说源于祖先在逃难时全家躲到金竹林中，"白花鲁"据说源于祖先在白花树林里避过难。③ 姓氏中含有对这些树木的感恩及对祖先的纪念。还有其他一些神树崇拜中含有祖先崇拜内容的民俗事项，如在神树下举行祭祖活动，弥渡西山的彝族村民每年农历二月初八都会到本村的神树下祭祀祖先。洗尸盆木料选取方面也体现出神树崇拜中的祖先崇拜情结，在选取洗尸盆材料方面体现出对白花木、松木的崇拜："路畔白花木，路边松树桩，成人也来砍，小孩

---

① 大理白族自治州彝学学会：《大理彝族民间民俗系列丛书之祈求自然和祖先的庇佑——大理彝族祭祀》，中国文艺出版社 2011 年版，第 121 页。
② 云南省编辑组：《大理州彝族社会历史调查》，民族出版社 2009 年版，第 121 页。
③ 金建、杨兆昌主编：《临沧地区民族志》，云南民族出版社 2003 年版，第 13 页。

也来砍；牛也来擦痒，马也来搔痒，取来做成洗尸盆。"①

以树木为猎神的象征。大理州巍山县母沙科的彝族称猎神为"耶他"，其代表是三棵树，每年春节搭"差拉底"祭猎神，祈求狩猎成功。巍山县前新村的猎神为一棵古老高大的树木，追捕麂子前和捕到麂子后都要祭祀猎神。② 魏宝山乡大凹村以山上一棵大树作为"猎神树"。南涧县无量山镇红星村以一棵枝叶繁茂的野栗子树为猎神树，捕猎当天要进行对猎神的两次祭拜，早上出猎前要拜，狩猎回来则是要杀鸡来祭拜所谓的猎神，而且没有人敢对猎神不敬，一般被人们选中的猎神树不允许取枝，不许攀爬，不许砍伐，否则猎神就会降灾于他（或他家人）身上。

还有诸多崇拜神树的缘由，如财神、龙神、城隍、古树、纪念人物、护寨等等。财神崇拜方面，大理州巍山县五印乡白池村的彝族以一棵五米多高的柏树做财神树。龙神崇拜方面，巍山县五印乡白池村委会谷把村的水井边有一丛龙神树，树丛下有用石块搭成的简易神龛，石壁内侧刻有龙形图案，此神龛是供奉龙王之所，祈求龙王以保泉水长流。龙神崇拜和树神崇拜相交融，有的地方"神树"也被称为龙树，如巍山县东山小潭子村的神树就叫作龙树。景东县太忠乡彝族在每年农历二月初八到森林中选一棵大树作为"龙神"加以祭祀③。城隍崇拜方面，巍山县白池村委会白物地村有一棵城隍树，村民认为此树代表着管人间生死及罪罚职责的城隍，当地人对此树不时祭奉，以求平安。古树崇拜方面，漾濞县蛇马村有几棵上百年的青树被奉为神树，村民逢年过节烧香祭拜神树以求保佑。纪念人物方面，巍山彝族崇拜青猫树，其得名于一位叫青猫的人种植了所有的植物，人们称青猫为树王，每年农历二月初八或者火把节前后都要祭祀青猫树。青猫是树的种植者，祭祀青猫树反映出当地彝胞对植树者的纪

---

① 云南省楚雄彝族自治州人民政府编译：《彝族毕摩经典译注·祭祀经、巍山南涧彝族口碑文献》第五十五卷，云南民族出版社 2009 年版，第 75 页。
② 云南省编辑组：《云南巍山彝族社会历史调查》，民族出版社 2009 年版，第 41 页。
③ 云南省编辑组：《云南彝族社会历史调查》，民族出版社 2009 年版，第 134 页。

念，同时透露出对植树活动的推崇。保护村寨方面，巍山的龙潭村东边近村口的大路旁一棵高大的多纤树被视为护寨树，村民们在二月八节、火把节、七月半节等重大节日都要来祭祀树神。巍山县巍宝山乡谷波罗村二月八节、七月半节的前一天都要全村集资买猪到观音庙下方的"神树"前宰杀，并祭献神树，祈求平安、六畜兴旺。

5. 神树崇拜的生态意义

神树崇拜中包含着深刻的生态伦理观念。其一，把树木视若亲人。认为已逝亲人的灵魂栖息在树上："树王菩萨神，虔诚请到了。树王树神灵，虔诚请来了。亡妈灵栖木，取到神树你这里。"① 因此要砍木质材料做祖灵，巍山县马鞍山乡彝族崇拜棠梨树和白花木，视棠梨树和白花木为父母一般："路上棠梨树，认作老母亲；路上白花木，认作老父亲。棠梨换成妈，白木换成爹，两棵祖先树，今后是双亲。"② 在父母死后，用棠梨木和白花木刻成祖灵供奉，把此两种树木当作父母的象征，其间的亲近关系非同一般。《安祖灵》唱词中有用白花树做祖灵的记载："山林里有什么树？山林里有白花树。你所疼爱的儿哟，来给养儿妈，选择白花树，给你来做祖灵牌。"③ 祖灵是已逝祖先的象征物，被选用的树木被视为祖先一般，并赋予这些树木浓烈的亲情。其二，对树木存有感恩情怀，对树木的感恩主要表现为感谢树木拯救甚至养育了彝族祖先。一方面源于神树救过祖先的命而心怀感恩，俐侎人认为树藤曾救过猎人祖先的命，老人去世后，孝子会到山里砍来树藤编制供祖神箩。传说在洪水泛滥的过程中，小孩被蜜花树挂住而没被洪水冲走，从此俐侎人把蜜花树当作救命树，因此在一些祭祀仪式中通常把蜜花树当作祭木，例如祭田公地母或者"绕棺"时都要用蜜花树搭祭台。在永平彝族中流传着《竹篾笆与山

---

① 云南省楚雄彝族自治州人民政府编译：《彝族毕摩经典译注·祭祀经、巍山南涧彝族口碑文献》第五十五卷，云南民族出版社 2009 年版，第 210 页。

② 云南省编辑组：《云南巍山彝族社会历史调查》，民族出版社 2009 年版，第 193 页。

③ 大理州民族事务委员会编：《巍山彝族回族自治县民俗志》，云南民族出版社 2012 年版，第 257 页。

花》的神话，彝族祖先遇到洪水时，用蔑笆和龙竹漂过洪水而逃过劫难。永平彝族十八岁以下不能砍龙竹，做"阿玉背"祭奠活动时，必须由老人砍一棵两叉的竹子编在篾笆上，才能做"阿玉背"，两叉竹子一叉代表老祖母，一叉代表老祖公。从十八岁以下彝族人不能砍龙竹和阿玉背祭奠活动中可以看出崇拜竹子的情结，其间具有对竹子救先祖的感恩情怀。另一方面是因为祖先食用树木嫩芽、花朵之类得以存活而心存感激，永平彝族祭祀祖先时要插一枝两叉的桃花树枝，要吃桃花粑粑，据说祖先吃了桃花粑粑才传下彝族后代。①还有就是哭丧棒中寄托着对养育之恩的纪念。巍山彝族在葬礼结束后，用不同的植物制作守孝的哭丧棒，以表达对父母的追思和感恩："若父亲死，送丧时所用的哭丧棒，只用一节长的苦竹或芦苇七把，围上有领的白绵纸即可；若母亲死，则必须砍柞桑树茎削去刺制作。柞桑树刀削时会出奶状浆汁，表示想到母亲哺乳养大自己的恩德。"② 苦竹、芦苇、柞桑树成了巍山彝族表达对父母感恩之情的象征物，父母之恩重如山，此三种植物在此具有了神圣性和崇高性。因为感恩而对被崇拜的树木有深厚感情，除了对应的宗教活动中会利用这些树木外，平时不能随意砍伐这些树木，感恩情怀转化成保护树木的自觉意识，发挥着保护生态的重要作用。

尊重树木的生命。砍树前祭山神请求同意砍树的民俗事项中隐含保护生态的理念，表达出彝族对树木生命的尊重，只有尊重自然生命，才不会对自然为所欲为。大理市彝族"凡做木活，都要供祭木神，竣工时，要送木神"③。做木活前及做木活后都要祭献木神表现出对树木的崇敬和感谢。在景东彝族的《上梁词》中，栋梁之木被称为树王："紫金梁，紫金梁，你在山中做树王，今天遇着黄道日，

---

① 永平县民间文学集成办公室编：《中国民族民间文学集成》永平县卷，德宏民族出版社1989年版，第2页。

② 大理白族自治州彝学学会：《从心灵开始的千年历史——大理彝族婚丧习俗》，中国文艺出版社2011年版，第24页。

③ 大理市史志编纂委员会：《大理市志》，中华书局1998年版，第922页。

鲁班请你做中梁，张班请你做中梁，鲁张二班来请你，请到山中你来做中梁。"① 临沧彝族上梁时也有类似的吉利话："这棵树，什么树，南山千年柏枝树。你在山中做树王，主人取你做中梁。"② 选"树王"来做房屋建筑中起关键作用的中梁，其一可看出森林的茂盛和树木的粗壮，其二可看出对建材用木的挑剔和讲究，其三可看出对所砍树木的敬重。景东彝族建房挖地基和开山伐木要祭神，建房伐木的日子通常以属猴、虎的日子最好。伐木祭神和选日子体现出对树木的尊重，是尊重自然生命的表现。

神树因其神圣性而得到保护。神树崇拜在澜沧江流域彝族中较为普遍，他们认为大树有神灵，不能乱砍。一些关于树木的禁忌有利于保护树木："家中火塘里忌烧刺奶包树和马桑树""忌砍异根恋抱的树"③。因为白花木通常被用来做祖灵，是彝族的祖公树，所以不能用白花木做柴烧："白花木烧火，祖先耳根发热。"④ 巍山彝族不准砍、爬象征山神、土地及祖宗的各种神树。⑤ "对'山神树、密枯树、水神树'和寺庙周围、水源周围、村寨中的树木，都是共同维护。相传砍了这些树会受灾得病，因而要加以保护。"⑥ 祥云彝族有"不能乱砍、乱爬象征山神的大树。"⑦ 景东彝族的龙树、山神树等都不允许攀爬、砍伐，"龙林"严禁砍伐和放牧。⑧ 景谷彝族有"禁砍龙树

---

① 颜仕勇主编：《景东彝族自治县民族志》，云南民族出版社 2012 年版，第 74 页。
② 陈开心：《彝族人家吉利话》，《云南档案》2004 年第 3 期。
③ 闵江海：《迪庆藏族自治州民族志》，深圳汇源彩色印刷有限公司 2001 年版，第 148 页。
④ 巍山县民间文学集成办公室编：《巍山民间谚语集成》，大理市印刷厂 1990 年版，第 53 页。
⑤ 巍山彝族回族自治县人民政府：《巍山彝族简史》，云南民族出版社 2006 年版，第 298 页。
⑥ 大理州民族事务委员会编：《巍山彝族回族自治县民俗志》，云南民族出版社 2012 年版，第 181 页。
⑦ 王丽珠：《祥云县少数民族志》，云南人民出版社 1990 年版，第 64 页。
⑧ 颜仕勇主编：《景东彝族自治县民族志》，云南民族出版社 2012 年版，第 114 页。

和在龙林边解大小便"的禁忌①。所有的神树都有一个共同的特征，即不允许任何人侵犯砍伐，这在人们内心深处自然形成了一道保护神树的防线，这客观上对保护名木古树发挥了重要的作用，也给我们留下了大量的古树名木，同时对环境美化也起到了积极作用。神树的不可侵犯性确实保护了一批树木，在修漫弯电站前，江村的一棵大青树及上百年树龄2米多粗的攀枝花树都被视为神树，村民一直都不敢动这两棵树，甚至修电站时也没人敢砍这两棵树，后来请外村人用炸药将其炸掉，但炸树人回家后家中水牛走失并一直未找到。② 这个案例的广泛传播说明彝族的神树信仰十分虔诚，无形中保护了古树名木，炸树人家里丢失牛与神树信仰没有必然联系，但还是有强调神树神圣不可侵犯性的痕迹。

神树崇拜确实发挥了保护树木的生态效果。对神树的选择比较讲究，通常有四个要素：高大、笔直、树龄长、枝叶茂盛。选取神树的标准保护了一些枝繁叶茂的大树，为今天留下了大量的古树名木。巍山县前新村彝族选择村子上边一棵古老高大的树木作为神树，漾濞县瓦厂乡人鹤村彝族崇拜一棵直径达10.9米、高约30米、枝叶茂盛的大青树。景谷县永平镇南谷村有一棵树龄达两三百年的大青树，这棵树是送鬼的所在，只要村民家里遇到牲畜饲养不顺或者有人长年生病等情况，都会请先生（巫师）来树下送鬼，送鬼通过扎纸人、纸轿等方式送到树下，据说将鬼送到古树下可以逢凶化吉，如今这棵大青树也因为其神圣性而无人敢轻易靠近（送鬼活动除外），甚至树附近的竹林和小树林也很少有人靠近，此树至今树冠庞大、枝繁叶茂。当地人还视红毛树为神树，每年农历五月份，要用一头羊、一只鸡祭祀，不能砍伐其周围的树木，即便是一花一草都不许动，若违禁则视为不祥。从中可以看出这棵神树因为其神圣性既保护了自身，又保护

---

① 云南省景谷傣族彝族自治县县志编纂委员会：《景谷傣族彝族自治县志》，四川辞书出版社1993年版，第676页。
② 郭家骥：《发展的反思——澜沧江流域少数民族变迁的人类学研究》，云南人民出版社2008年版，第234页。

了周围的竹林、树林不受侵害，这是神树崇拜带来的生态益处。密枯树是不容侵犯的，甚至密枯树周围的草木都不能随意割、砍，更不能在密枯树下大小便，这些禁忌保住了彝族地区大量高大的"密枯"树："许多彝族村寨都有一棵密枯大树，一般都是黄麻栗属的千年古树，其枝叶根系茂盛庞大，树冠密集可避风雨，它犹如一把巨大的绿色雨伞稳稳当当地树立在村落背后的高山平台上。"[1] 巍山大仓镇啄木郎村后山上有几棵足够三四人环抱的密枯树，村民们认为这几棵树是祖先的化身，相传彝族腊倮巴支系的祖先与外敌争战，保住了乡民的性命，他却因劳累而殒命于树下，为纪念这位传说中的英雄和先祖，啄木郎村在每年的正月十三、正月十九、二月初八、八月十五都要到古树下举行祭祀。现在南涧县很多彝族村寨后都有两棵大树，左为密枯树，右为密祀树。

（四）花神崇拜

彝族地区一年四季花朵盛开不断，彝族喜欢身边的花草，并崇拜其中一些类型。丧葬仪式上的《戴孝调》反映出一年每月较具代表性的花朵："正、二月开的山茶花，花又红又大又好看，三月间河边有白藤花……四月株栗花，五月黄瓜花，六月苦荞花，七月苞谷花，八月稻谷花，九月甜荞花，十月青菜花，冬月樱桃花，腊月江边白棉花，你去戴这些花。"[2] 从中可以看出彝族喜欢的花朵饱含浓烈的生活气息。在调查问卷主观题第 15 题"您崇拜的植物有"共填写"花"达十二种，其中包括梅花、茶花、杜鹃花等。彝族通过祭花神的活动表现出对山花的钟爱之情，云县河外、丙山、南河的彝族支系土里人在农历二月初八要举行祭花神活动。二月初八清晨，土里人带上伞、竹篮及供物上山采花，先到映山红花树下把伞打开，在伞下点香、献饭、磕头许愿后才能上树采花，有的人家还请吹芦笙的人吹跳三转后才采花，采摘映山红、山茶花、报春花等。同时还要采"叶上

---

① 大理白族自治州彝学学会：《释放在古老传承中的日子——大理彝族节庆》，中国文艺出版社 2011 年版，第 35—36 页。

② 思茅行政公署民委：《思茅少数民族》，云南民族出版社 1990 年版，第 314 页。

花"秆、栎树叶、柏枝叶、松枝、狮子草等，并备好三根康康鸡尾巴羽毛，三根刺竹筒、豪猪签。准备齐全后，请老妇用"鹌鹑草"按顺序把花整齐地缝在桃树叶上，由"阿毕"（毕摩）——钉在堂屋正面供桌上方墙上，用"叶上花"秆捅出来的芯做成三个月亮粑粑，染上红绿黄色，插上康康鸡尾羽及豪猪签，插在刺竹筒里。紧接着安"花神"仪式就开始了，"司香主"按照"阿毕"的吩咐，点燃香烛，在"花神"下依次敬献3杯香茶、白酒、清酒及献饭、肉食、豆腐、煎糯米粑粑。在献祭"花神"的过程中，"阿毕"让吹芦笙的人用大芦笙吹"扫地调""春碓调""磨面调""孩子调"。待吹跳完毕，"阿毕"边扇扇子边唱《花神经》："求你养牛四季膘，长出两支招财角；求你养羊如山驴，长出一对大扎角；求你养猪如象大，求你养猪满院跑；求你养儿考状元，求你养女会绣花，求你家人无病魔。"唱完《花神经》，大家跳花神舞，跳完舞后吃饭。① 土里人在祭花神活动中要先祭花树，祭完花树才摘花，这样的民俗细节可以看出他们的采花活动并不是为所欲为，而是对花树祭祀一番之后方可采摘，采花本是干扰生态的行为，但祭祀花树就表现出他们内心深处对花树的爱戴和敬仰。另外，在整个祭花神活动中涉及的植物不仅仅是花朵，还有诸如"叶上花"秆、栎树叶、柏枝叶、松枝、狮子草等，祭花神过程中花是主体，其他在此次神圣的活动中出现的植物也理当成了宗教之物，于是祭花神的活动不仅仅表现出对花的崇敬，更反映出土里人对花草树木的热爱。《花神经》反映出土里人祈求平安、健康、增智的美好愿望，展现出对花神的深刻信赖。祭花神活动中体现出这样一幅生态场景，花神是中心，围绕着花神体现出人们对花树及其他植物的喜爱。南涧彝族撒秧前用桃花、梨花、金缅花、撒秧花祭献田口等，通过这样的方式祈求谷种有较好的发芽率，鲜花寄托着人们对丰收的希望。傈僳泼喜欢把死者安葬在花树下，在《埋人调》中有相关的唱词："死人埋在花树下，红花百花争艳开；死人埋在花树根，

---

① 金建、杨兆昌：《临沧地区民族志》，云南民族出版社2003年版，第23页。

代代出些戴花人。"① 把死者葬在花树下，并寄予花树保佑后人的美好愿望，可以看出俅俅泼对花树的信赖和喜爱。

三 动物崇拜及其生态意义

澜沧江流域彝族动物崇拜的习俗由来已久，"衣尾"习俗表现出对动物的崇拜。九隆氏族是彝族的先民之一，有大量史料记载九隆氏族"衣尾"的习俗，如《哀牢传》和《后汉书》皆提及哀牢先民"衣皆着尾"，《华阳国志·南中志》中"永昌郡"条为"衣后着十尾"，以上史料有力佐证了哀牢国先民"衣尾"的习俗。九隆神话中"衣皆着尾"的习俗对彝族产生了较深的影响，直到现在，一些彝族服饰还具有尾饰的特征。彝族在利用动物的皮毛做衣服时，就干脆把尾巴留下，巍山、南涧、景东等地的彝族在制作羊皮衣服的时候，要特别注意尾巴的完整，如若尾巴受到损坏，羊皮衣服的美观会打折扣，甚至要遭人嘲笑。尾巴是动物的重要标志，"衣尾"习俗是动物崇拜的表现形式。其一，从族称上可以看出彝族对虎的崇拜。从问卷调查主观题第14题"您崇拜的动物有"可以看出至今彝族仍有崇拜动物的情况，具体表现如下：狗^{102}、牛^{62}、虎^{53}、猫^{40}、兔^{37}、猪^{36}、羊^{32}、鸡^{26}、马^{22}、鸟^{21}、狮子^{21}、豹^{15}、鹰^{12}、猴子^{10}、蛇^9、狼^7、大象^7、蜜蜂^{2}②，从问卷调查的情况可以看出，人们普遍喜欢生活中常见的狗、牛、兔、猪、羊等，如今在澜沧江流域已消失的虎在问卷中出现53次，这印证了彝族以虎为图腾的习俗，狗、牛的次数超过虎，特别是狗的次数将近虎的两倍，说明动物崇拜心理中包含着较强的实用性。

虎是彝族普遍崇拜的动物，大部分彝族支系都把虎视为图腾。彝族自称"老虎之后"，认为虎是自己的祖先："地虎是我祖，天龙是我祖，天地生万物，都是我祖源。"③ 从中可以看出把虎视为祖先，并当作祖

① 思茅行政公署民委：《思茅少数民族》，云南民族出版社1990年版，第297页。
② 右上标的数字为村民们在问卷中填写的次数。
③ 巍山县彝学学会：《巍山彝族打歌山歌小调选编》，云南人民出版社2011年版，第55页。

源之一。再如云龙县彝族支系罗武人认为自己的祖先是一只白虎。认为天地万物都是虎变来的，祥云彝族贝玛经《造天地》中说："俄罗布造天地，天地造好了，空空荡荡不成景，俄罗布变成虎，舍身献给天和地，左眼做太阳，右眼做太阴，眉毛来闪光，鼻子发雷声，耳朵来扯闪，嘴巴刮大风，虎牙作星星，虎油作云彩，虎肉作土地，虎尾作地脉，虎毛变草木，虎骨变山脉，虎气变雾气，虎心变地心，肚子作大海，血水作海水，大肠作大江，小肠作小河，虎筋变道路，汗垢变人类。"[①] 其一，从族称上可以看出彝族对虎的崇拜。彝族自称"罗"，"罗"是"虎"的意思，"罗罗泼""腊俸泼"的含义为"虎族"。又如永平境内的大部分彝族男性自称"罗罗颇"，女性则自称"罗罗摩"，老虎也称为"罗罗"，公虎称为"罗颇"，母虎称为"罗摩"，族称与虎相同，性别也相对应。其二，舞蹈方面表现出对虎的崇拜。巍山彝族有"跳猫猫"的习俗，"跳猫猫"是虎舞的俗称，跳舞过程中，人们不断呼喊："罗哩（虎啊）……罗哩（虎啊）"。其三，地名中表现出对虎的崇拜。一些彝族聚居区有以虎命名的地名，如弥渡、巍山、南涧、景东所处的哀牢山意为"大虎山"，巍山县的"勒白尼"意为"有神虎的地方"，镇沅县原称"恩乐"，有"老虎"的含义，镇沅的"纳罗"山意为"黑虎岗"，南涧县灵宝山上的"阿鲁腊大殿"即"龙虎大殿"、公郎镇的土主庙又称猫猫庙（老虎庙）。其四，十二属相中把虎排在首位。《彝歌十二属》把虎排在首位："正月花香手中闻，多多拜唱属虎人；虎在深山打盘坐，口口想吃黑心人。"[②] 其五，历法中把虎月排在最前。景谷彝族以十种动物的名称来记历法："即一月虎、二月水獭、三月鳄鱼、四月蟒蛇、五月穿山甲、六月麂子、七月岩羊、八月猿、九月豹子、十月四脚蛇。"[③] 景东彝族的早期太阳历与景谷几

---

① 王丽珠：《祥云县少数民族志》，云南人民出版社1990年版，第72页。

② 南涧县民间文学集成办公室：《南涧民间文学集成》，云南民族出版社1987年版，第241页。

③ 景谷傣族彝族自治县民族宗教事务局编：《景谷傣族彝族自治县民族志》，2010年，第126页。

乎一样："依次以虎、水獭、鳄、蟒、穿山甲、麂子、岩羊、猿、豹、蜥蜴等作月名，同时用于纪日和纪年，循环使用。"① 用以记历法的十种动物全是野生动物，表现出对野生动物的喜爱，把虎排在最前边，体现出彝族虎崇拜的文化。

动物崇拜中表现出一定的实用性，彝族中普遍存在不准伤害布谷鸟、燕子、喜鹊、叫天子（云雀）、青蛙等有益动物。如布谷鸟能给彝族带来春耕的消息，因此布谷鸟是澜沧江流域彝族崇拜的鸟类之一。弥渡县牛街彝族乡马鞍村委会二宜可坝村每年农历二月初七祭祀"鹁鸪神"，当地人称布谷鸟为鹁鸪，祭鹁鸪仪式在神树下举行，通过祭鹁鸪祈求全村风调雨顺、幸福安康，"鹁鸪神"在此具有寨神之职，而且以三棵大树象征"鹁鸪神"，鸟神、寨神、树神在此交集。巍山彝族甚至认为布谷鸟飞来的方向昭示着下雨的方向："布谷鸟从西来，雨水从西来；布谷鸟从东来，雨水从东来。"以布谷鸟鸣叫的动作来预测粮食丰收的种类："布谷鸟冲碓谷丰收，布谷鸟磨面杂粮丰收。"② 普洱市彝族把布谷鸟当作神灵安排到人间来指导播种的，于是祭龙神时毕摩要模仿布谷鸟鸣叫。总之，崇拜布谷鸟与彝族的农耕文化联系在一起。对鸟类的崇拜还表现在超度亡灵的过程中："像喜鹊一样，像鸟雀一般，回头到家来。"③ 欢迎亡灵像喜鹊、鸟雀一般回家，喜爱鸟类的程度与尊重亡灵的程度对等。动物崇拜中表现出强烈的道德伦理秩序，彝族支系阿列人有"天上乌鸦大，地上母舅大"的说法，乌鸦被普遍认为是不吉祥的动物，然而乌鸦有"反哺"之说，因此成为彝族敬重的鸟类，以此类推，彝族认为母舅应受到敬重。彝族还崇拜家养动物，他们普遍崇拜狗，认为狗带来了粮食，甚至认为一切飞禽走兽都有灵魂，倮倮泼每年除夕之夜都要手持斋饭在

---

① 景东彝族自治县民族宗教事务局：《景东彝族简史》，云南民族出版社 2011 年版，第 234 页。

② 巍山县民间文学集成办公室编：《巍山民间谚语集成》，大理市印刷厂 1990 年版，第 73 页。

③ 云南省楚雄彝族自治州人民政府编译：《彝族毕摩经典译注·祭祀经、巍山南涧彝族口碑文献》第五十五卷，云南民族出版社 2009 年版，第 49 页。

禽畜厩旁给家禽家畜叫魂。① 给动物叫魂是尊重动物生命的表现。

与动物崇拜相关的禁忌对动物保护具有实质意义。迪庆彝族忌"熊、狗、猴、猫等，不食其肉，也不能将其肉拿进屋"②，这对动物保护较为有利。兰坪彝族崇拜喜鹊、乌鸦、布谷鸟、大雁、虎、龙、豹等多种动物，这些动物不能猎取，更不能食其肉。在兰坪彝族男孩的帽饰上也体现出动物崇拜："帽顶钉有獐牙、狗牙、鹰爪、虎豹爪或蒜等饰物。"③ 巍山彝族把每月的初三、十四、二十五作为禁打猎日，不准任何人上山打猎，这对动物的成长和繁衍比较有利，体现出彝族在打猎的同时也有保护野生动物的意识。另外还把猎物的角、下巴骨、爪子、肋骨供于猎神堂，虽然捕猎动物食肉寝皮，但还是把动物的一些骨殖供奉起来，体现出猎杀与崇拜动物的矛盾心理。南涧县无量山乡秀水塘村的鲁姓彝族以猴子为图腾，他们认为自己最早的祖先是三只猴子。④ 普洱市彝族因姓氏不同，各族忌食用的动物亦各不相同："白姓人不吃野鸭肉，龙姓人忌吃水牛肉，普姓人不吃蛙肉，凡是'香堂'支系普遍不吃狗肉等。"⑤ 忌吃的动物实属彝族某一姓氏所崇拜的动物，这样的忌讳对于保护当地物种具有重要意义。景东彝族崇拜野生的飞禽走兽，猎人家中设置有猎神堂，供猎获动物的头骨、肋骨等。⑥ 动物崇拜及相关的禁忌客观上保护了动物的生存和繁衍，对于生态保护具有突出意义。

对动物的深厚感情有利于保护动物。墨江县彝族香堂支系丧礼上杀牲时巫师唱《杀牲调》："山林中有三只天鹅，树洞里有三窝细腰

---

① 思茅行政公署民委：《思茅少数民族》，云南民族出版社 1990 年版，第 260、293 页。

② 闵江海：《迪庆藏族自治州民族志》，深圳汇源彩色印刷有限公司 2001 年版，第 148 页。

③ 兰坪白族普米族自治县志编纂委员会：《兰坪白族普米族自治县志》，云南民族出版社 2003 年版，第 195—196 页。

④ 云南省编辑组：《大理州彝族社会历史调查》，民族出版社 2009 年版，第 90 页。

⑤ 云南省普洱市民族宗教事务局编：《普洱市民族志》，云南民族出版社 2009 年版，第 80 页。

⑥ 颜仕勇主编：《景东彝族自治县民族志》，云南民族出版社 2012 年版，第 114 页。

蜂，树脚有三只标鼠，草中有三只蚂蚱，草根有三只蟋蟀，山头有三只虎，山中有三只麂子，山丫有三只兔，山坡上有三只迷多罗鸡，沟旁有三只蟹，河中有三条鱼，这些都是后人给您的，请您拿着去。"①《杀牲调》中一共出现十一种生物，囊括了飞禽、走兽、昆虫、鱼等多种类型的动物，体现出当地动物种类较多，这也是香堂人注重保护生态的结果，对死者生活状态的希冀往往能映照其生前的生活状态，希望诸多动物陪伴死者，映照出死者生前对动物的热爱。《杀牲调》是丧礼上的习俗，说明香堂人对动物的热爱和崇拜并非个案，而是普遍现象，在香堂人中已形成一种保护生态的公共意识，这更加有利于保护野生动物及生态环境。想象借得动物的肢体以增强自己的功能："獐子那里讨硬蹄，麂子那里要硬蹄，变做獐子模样去……去借麂子的硬蹄，死去的妈妈，变做麂儿的模样……讨得蜜蜂的翅膀，变成蜜蜂的模样……借得蒿蜂的翅膀，变成蒿蜂的模样。"獐子、麂子善于跳跃、翻山越岭，蜜蜂、蒿蜂善于飞翔，借獐子、麂子的蹄子和蜜蜂、蒿蜂的翅膀都是希望能加快行走的速度，从中可以看出彝族对行走快速动物的喜爱。感谢母恩时用鸟禽做比照："好像那乌鸦，反哺报母恩；好像禽和鸟，母鸟喂雏水。"②

第二节　文学及艺术中热爱自然的情感表达

一　文学领域中热爱自然的情感

（一）神话传说中流露出对自然的热爱之情

创世神话中体现出对自然的认知和热爱。彝族中有许多人类来源于葫芦的传说，《创世歌》讲述了人类来自葫芦："天上人无种，地上人无种，人种没找处，人种无处找，锯开金葫芦，两扇葫芦瓢，左

---

① 墨江哈尼族自治县民族宗教事务局：《墨江哈尼族自治县民族志》，2007 年，第115 页。

② 云南省楚雄彝族自治州人民政府编译：《彝族毕摩经典译注·祭祀经、巍山南涧彝族口碑文献》第五十五卷，云南民族出版社 2009 年版，第 236、130 页。

边的是男，右边的是女……人种哪里来？葫芦生出来!"① 人类来自葫芦的传说体现出人与自然的相融性。《葫芦种》神话讲述了人类的来历和葫芦的来历，在整个故事中，涉及诸多动物，如狐狸、蜜蜂、老鹰、老鼠。② 从叙事中可以看出，这些动物彰显出人性的光辉，在找葫芦和破开葫芦的过程中发挥了重要作用，动物是大自然中非常重要的一部分，动物的人性化表现出人们对动物的热爱。

直接以山川风物、动植物为叙事对象。巍山类似的传说故事很多：《五印山八景》《魏宝山八景》《石缸山》《五台山》《鸡鸣山》《笔架山》《乌龟山》《观音山》《双龙洞》《藏金洞和坽圩山》《发油箐》《天地树》《鲁班与众木神》《来顺除蟒》《人心不足蛇吞象》《仙草》《好白花》《箐鸡和乌鸦》《一对山鸡》《天绵羊》。③ 南涧有：《公郎石箭和鬼魔石》《南涧土林的来历》《定边土林》《鸡冠山》《断腰山》《半坡岩洞》《灵宝山》《太极顶》《凤凰山》《莲花山》《白云小团山》《旧村仙人洞》《岔江的来历》《喜鹊的报答》《斩蛇记》《石公鸡与砚碗水》《太阳和月亮》《谷种和天狗》《松烂根和棕剥皮》《牛无上牙狗吃屎》《黄牛的上牙》《狗为什么和人在一起》《公治长识鸟语》《满螺》《青蛙骑手》《三妹与蛇郎》《箐鸡与乌鸦》《瓦雀和燕子》《二鲁雀》《狐狸和小鸟》《公鸡啼鸣的由来》《小白蛇》《猴子送葬》《小孩和猴子》《毛驴和老虎》《山茶花为什么不在家里开》《应山大神》《龙马》《竹影明月》等④。保山彝族中流传着大量与动物相关的传说：《山神和猎神》《龙马驹》《铁灵鸟和乌鸦》《狗上天取粮种》《牛为什么帮人耕田》《虎乳养婴儿》⑤，传说中涉

---

① 巍山县彝学学会：《巍山彝族打歌山歌小调选编》，云南人民出版社 2011 年版，第 53—54 页。

② 白庚胜、吴家良：《中国民间故事全书》云南南涧卷，知识产权出版社 2005 年版，第 3 页。

③ 白庚胜、王丽珠：《中国民间故事全书》，知识产权出版社 2005 年版，第 14—37 页。

④ 白庚胜、吴家良：《中国民间故事全书》云南南涧卷，知识产权出版社 2005 年版，第 97—101 页。

⑤ 闵承龙：《保山地区彝族民间文艺概览》，《民间艺术研究》1995 年第 2 期。

及的动物既有家养的又有野生的，表现出彝族与动物的亲近感。景东彝族中流传着大量关于名山的传说，如《背娃娃山》《金鼎山》《哑巴山和通鼻子山》《无量山上大龙潭的传说》等①。景谷彝族中流传着大量关于动植物的寓言故事，如《玉米只结苞谷的传说》《玉米的传说》《老鹰抓小鸡的传说》《猪和狗》《狗恨猫的传说》《青蛙战胜老虎》《鹿茸的传说》《小牛和老虎比赛》等。②

叙事情节中体现出对大自然的认知及热爱。漾濞彝族中流传着"三代人"的传说，即《蚂蚁瞎眼代人》《蚂蚱直眼代人》《蟋蟀横眼代人》，蚂蚁、蚂蚱、蟋蟀体型较小，然而彝族却认为祖先与此三种昆虫有关，从侧面体现出彝族对昆虫的热爱。在《蟋蟀横眼代人》中有一段充满传奇色彩而又富有生态气息的话语：两兄妹把葫芦子和南瓜子按燕子吩咐的情况种下后，"两颗葫芦子和三颗南瓜子都发芽了，也慢慢长大了，四处牵藤发叶开花，每棵葫芦和南瓜上都结了一个果。秋天，果实成熟了，葫芦黄生生的，有水缸那么大，南瓜红彤彤的，有囤箩那么大……兄妹两个拿刀子把屋子右边的那个大葫芦剖开，里面藏着十个女娃娃；他俩又把屋子左边的大葫芦剖开，里面藏着十个男娃娃……兄妹俩把十个女娃娃和十个男娃娃都抱回家养起来。他俩（两兄妹）接着把屋前那个大南瓜切开了，里面藏着一些牲口，有牛有羊有鸡有猪有马有狗有猫，欢欢地叫着跑下地。这些牲口在南瓜里很小，出来后见风就长，长着长着就长大了，兄妹俩把它们都饲养了起来。两兄妹又把屋后那个大南瓜切开，里面藏着一些花果种子，有桃、李、梅、梨等等，还有月季、海棠、玫瑰、牡丹等等，他俩把这些花果种子都种在四周。然后兄妹俩又把后山洼子里那个大南瓜切开了，里面藏着一些土野兽和雀鸟，他俩都把它们放生了，这些野兽鸟雀出来后也是见风就长，老虎跑上山去，豹子蹿上山去，麂子马鹿奔上山去，老熊走上

---

①　颜仕勇主编：《景东彝族自治县民族志》，云南民族出版社2012年版，第73页。

②　景谷傣族彝族自治县民族宗教事务局编：《景谷傣族彝族自治县民族志》，2010年，第125页。

山去，猴子爬上树去，兔子钻进草丛里，蛇爬进岩洞里，野鸡飞到密林中去，箐鸡飞到深箐里，喜鹊飞到树上去，老鹰飞到高空中，老鼠钻进地洞里，穿山甲去拱蚂蚁堆去了，豪猪去箐坡上拱地石榴吃去了，麻雀飞到房头上做窝去了，啄木鸟飞到树洞旁啄吃树虫去了，秧鸡飞到谷田里做窝去了，猫头鹰飞到树荫里躲起来了，乌鸦飞到树尖上做窝去了。"① 这是一段葫芦生人和南瓜生动植物的传说，葫芦、南瓜都是大自然的普通物种，分别孕育了人类和动植物，展现出漾濞彝族对葫芦和南瓜的崇拜。对播撒植物种子及动物生长习性的描绘都恰如其分，彝族对动植物的生长习性十分了解，尤其是关于描绘动物的语句可谓是一幅生态的动人画卷。

（二）山歌民谣中蕴含的自然情愫

民歌中有大量动植物及自然物的名称，其间充盈着自然的韵味。从动物、植物、自然物三个层面对《彝族情歌》《彝族民歌散句》进行统计，具体情况见表2—1：

表2—1　　　　　　　民歌中的动植物、自然物情况表

歌名	动物	植物	自然物
彝族情歌	牲口、牛、野鸡、羊毛、蜜蜂（出现三次）、青蛙、白头翁	柴、树、芭蕉树、同盆栽花、死树开花、泡茶、笼竹、树叶分枝、豌豆花、蚕豆花、竹子、三月麦子、采花、橄榄叶子、花红、青草、花心	山、石头、下雨、岩子、冷水、山崩地裂、太阳、泥巴、隔山、隔河、打水吃、干沟、波浪、净水、纸火
彝族民歌散句	母鸡、老鹰、小鹞鹰、箐鸡、蜜蜂、蚂蚁、水牛、虾子、蜜蜂、金鸡、鲤鱼	梭椤树、弯腰树、树疙瘩、一棵竹、一丛花、花落地、花正开、一蓬藤、藤花、梧桐树、寄生草、鸳鸯树、槐荫树、秧、多依树、采花、花香、春草	天上、地下、月、雾露、雨点、江桥、隔河、星星、月亮、月牙、七星、海水、深山箐大田、泥浆、野火、烧山、吃水

资料来源：南涧县民间文学集成办公室：《南涧民间文学集成》，云南民族出版社1987年版。

---

① 白庚胜、李洪文：《中国民间故事全书》云南漾濞卷，知识产权出版社2005年版，第3—13、20—21页。

《彝族情歌》共 104 句，其中 37 句涉及动植物及自然物名称；《彝族民歌散句》共 66 句，其中 44 句涉及动植物及自然物名称。两首民歌充满浓郁的自然情怀，表达出南涧彝族对自然的深厚感情。

以动植物为依托表达甜蜜的感情。把姑娘比喻成梭椤树，把小伙子比喻成月亮，用花朵比喻姑娘的美貌："阿妹生成一朵花，三州四县来说她。"① 用鸟的美丽来衬托姑娘的美貌："林中百灵成双对，路上孔雀凤凰尾，哪个没有姐漂亮。"② 把心爱的人比作山茶花："梅花不喜欢，桂花不喜欢，就喜欢你这朵山茶花。"③ 自由恋爱要像爱惜花木一样勤浇水："自由恋爱花木，有心要移植一株，移栽就去浇水吧。"④ 用动物来比附人的婚配："野鸡有野鸡的配偶，斑鸠有斑鸠的对象。"⑤ 又如隆阳区芒宽乡空广村流传较广的彝族山歌《十二尺白布》中也有许多自然情节："你变作鲤鱼钻水去，我变作江边打鱼人。你变棵花树园中去，我变作细花蜜蜂采花蜜。"⑥ 用"鲤鱼钻水""花树园中去""蜜蜂采花"等动态的自然现象表达出青年男女的浓情蜜意。通过植物表达姻缘的结合："山上桃花开，山上梨花开，各占一座山，分山不分心，桃花二十枝，梨花二十枝，香花放一起，国王来成全。"⑦ 采用桃花和梨花的相聚来表达婚姻的结合，其间充满悠长的生态情趣。借用藤缠树表达长相厮守、缠绵悱恻的愿望："哥是山中松柏树，妹是青藤把树箍，树长一尺箍一圈，

---

① 南涧县民间文学集成办公室：《南涧民间文学集成》，云南民族出版社 1987 年版，第 172 页。

② 巍山县彝学学会：《巍山彝族打歌山歌小调选编》，云南人民出版社 2011 年版，第 60 页。

③ 云南省编辑组：《大理州彝族社会历史调查》，民族出版社 2009 年版，第 74 页。

④ 杨茂虞、杨世昌编译：《彝族打歌调》，云南民族出版社 2002 年版，第 380 页。

⑤ 巍山县民间文学集成办公室编：《巍山民间谚语集成》，大理市印刷厂 1990 年版，第 59 页。

⑥ 保山市民族宗教事务局：《保山市少数民族志》，云南民族出版社 2006 年版，第 125 页。

⑦ 巍山县彝学学会：《巍山彝族打歌山歌小调选编》，云南人民出版社 2011 年版，第 55 页。

树不老死藤不枯。"① 用花香的传播表达距离产生美的感情状态，"山头开花山脚香，桥下有水桥面凉，好情不必常相逢，久别重逢花更香"。

一些民歌表现出彝族对动植物特征的深刻认知。流行于南涧、永平等地的《十二花名》以问答的方式指出一年十二个月花开的情况，歌词内容如下②：

> 不消盘来么不消问，正月开的是梅花。二月开的是什么花？二月开的是杏花。三月开的是什么花？三月开的是桃花。四月开的是什么花？四月开的是牡丹花。五月开的是什么花？五月开的是石榴花。六月开的是什么花？六月开的是火把花。七月开的是什么花？七月开的是栀子花。八月开的是什么花？八月开的是桂花。九月开的是什么花？九月开的是菊花。十月开的是什么花？十月开的是月季花。冬月腊月开的是什么花？冬月腊月无花采，红花落地雪花飘。

唱词以问答的形式罗列了一年每个月份较具典型性的花朵，依次为梅花、杏花、桃花、牡丹花、石榴花、火把花、栀子花、桂花、菊花、月季花、雪花（冬腊月飘雪的物候现象）。从歌谣中可以看出彝族对花开花落、气候变化较为关注并且有一定气候知识的积累。《猜花调》以猜谜的形式向人们展示了金凤花、水仙花、芍药花、豌豆花、豆角花、架豆花、鸡爪花、牡丹花、龙爪花、朝阳花、莲根花、慈姑花等花朵的形象。③《十二属相》则表现出对动物特征的详细认知：

---

① 杨福清：《百听不厌的象明彝族情歌》，《今日民族》2003 年第 10 期。
② 永平县彝学学会编：《永平彝族村》，2016 年，第 14—15 页。
③ 南涧县民间文学集成办公室：《南涧民间文学集成》，云南民族出版社 1987 年版，第 234—236 页。

什么啃破含香木，露出红娘么绣花鞋？子鼠啃破含香木，露出红娘绣花鞋。什么架起负担绳，万里江山拽过来？犁牛架起负担绳，万里江山拽过来。什么胆大高山过，什么胆小钻刺窝？老虎胆大高山过，野鸡胆小钻刺窝。什么不吃窝边草，撒出圆圆荔枝来？兔儿不吃窝边草，撒出圆圆荔枝来。什么画在屋瓦外，形造三点七分催花雨？小龙画在屋瓦外，形造三点七分催花雨。什么弯弯拦路睡，什么节气它出来？巳蛇弯弯拦路睡，立夏节气它出来。什么罩得双鞍帐，踢出云南闹市街？小马罩得双鞍帐，踢出云南闹市街。什么赶在高山地，日落寅时赶回来？羊子赶在高山地，日落寅时赶回来。什么爬在青干树，什么果木摘下来？猴子爬在青干树，晚年果木摘下来。什么吃着五谷子，九道天门叫得开？公鸡吃着五谷子，九道天门叫得开。什么吃着天边月，敲锣打鼓么救回来？小狗吃着天边月，敲锣打鼓么救回来。什么吃得草头食，大刀砍来么小秤称？小猪吃得草头食，大刀砍来么小秤称。①

《十二属相》中描绘动物的语言十分精炼，但因为能够抓住动物的典型特征，包括食物、功用、形状、活动空间等，把动物的形象刻画得入木三分，之所以能达到这么高的叙述效果，主要在于歌者对动物特征的深入掌握和深刻认知。

（三）山歌小调中含有对自然的认知

对自然现象有深刻的认识。春天草芽新发："野火烧山找旧路，春草发芽找旧根。"林中树木错落生长："十个指头有长短，山中树木有高低。""好花不用勤浇水，春风刮到自然开"道出了春暖花开的道理，"好花开在深山箐"说明少受人类打扰的深山更有利于花朵的生长和绽放，"梧桐树上寄生草"表现出对寄生植物的关注②。观

---

① 永平县彝学学会编：《永平彝族村》，2016 年，第 14—15 页。

② 南涧县民间文学集成办公室：《南涧民间文学集成》，云南民族出版社 1987 年版，第 172—177 页。

测天象判断雨晴，"早上天边红，早饭就下雨；晚上天边红，三月不下雨"①，表明彝族对天象有较为敏感细致的洞察力，通过观察天象而预测晴雨，进而方便了生产生活。"天上星多月不亮"②体现出对天象的了解。打歌词中体现出彝族对鱼类生存习性的了解："河里白皮鱼，跟着水上游；沟渠里小鱼，游在溪流边。"歌词中展现出一条简单的生物链："黄栗树上鹦鹉歇，鹦鹉吃了黄栗果，不会叫呢也得叫。"③黄栗树提供给鹦鹉栖息之所，鹦鹉吃黄栗果，一条简单的生物链展现出生动多姿的生态画面。情歌对唱中往往采用花朵来形容女性："一爱小妹好人才，强似高山百花开。"④

二 艺术领域中热爱自然的情感

（一）受生态环境影响的艺术形式

民歌的产生以当地优美的生态环境为原动力，《小河淌水》堪称典例，这首歌曲发源于弥渡县西山彝族聚居区，这里森林覆盖率高，有九条小河沿山流淌，如桂花阱、瓦哲阱、蒙化阱、多古阱、北沟阱等，正是这里的如黛青山、涓涓溪流、清风明月触动了歌曲收集整理者尹宜公先生的灵感，才整理出如此清亮动听的旋律，优美的歌曲印证了美丽的自然环境。民歌打上自然环境的烙印，如巍山县黑惠江两岸的彝族民歌多以山、江水、木筏为内容。

（二）取材于自然的竹木乐器

制作乐器的材料多取于自然，简单到摘一片树叶就可吹奏出动听的音乐，选老嫩适中的为最佳，吹奏方式为双手拇指、食指分别捏住树叶的两端，树叶中间上半紧贴于上下唇之间，吹气使叶片振动发声。芦笙、笛子、小闷笛、口弦、响篾等以竹制成，三弦以木为主材

---

① 王丽珠：《祥云县少数民族志》，云南人民出版社 1990 年版，第 67 页。

② 南涧县民间文学集成办公室：《南涧民间文学集成》，云南民族出版社 1987 年版，第 172 页。

③ 巍山县彝学学会：《巍山彝族打歌山歌小调选编》，云南人民出版社 2011 年版，第 58、62 页。

④ 颜仕勇主编：《景东彝族自治县民族志》，云南民族出版社 2012 年版，第 76 页。

做成："制作时羊皮蒙面，木瓜树做筒，桦木树做杆，牛角或牛筋木树削尖，一头挖空，套入食指弹奏。"①

（三）取材于动物习性的舞蹈

澜沧江流域彝族打歌过程中有一些模仿禽类动作的舞步，如小鸡啄米、斑鸠喝水、孔雀摆尾、绵羊后退、苍蝇搓脚、黄鼠狼掏蜂窝等，只有长期观察动物的姿态、习性，才能模仿出动物姿态的舞步，舞步模仿中体现出彝族与动物和谐相处的场景。云龙县彝族支系罗武人的舞蹈动作大多模拟鸟兽和生产劳作，如"鸡刨食""猴子遮太阳""洗麻线""掏蜂窝"等。② 彝族以虎为图腾，南涧、永平的彝族舞蹈"跳虎"中有大量模仿老虎习性的动作："老虎出山、老虎开门、老虎找食、老虎找伴、老虎搓脚、老虎勾脚、老虎穿花、老虎摆尾、老虎亲嘴、老虎性交、老虎孵蛋、老虎搭桥、老虎开路、老虎盖房等"③，巍山彝族打歌动作中有模仿老虎动作的猫猫舞。这些富有人类生活特征的舞蹈步伐说明彝族对老虎习性有较为仔细的观察，另外这些舞蹈动作又体现出人类的部分生活状况，在舞蹈动作中，人与虎交融为一体。保山彝族中也有大量模仿动物习性的动作，如昌宁的"麂子伸腰""斑鸠歇树""满转满翻"，隆阳的"拐子转""二起腿""巴掌转""蛮转""蛇蜕皮""斑鸠吃水两面翻"，施甸的"黄鼠狼瞄蜂"，龙陵的"窝者"等。④ 南涧彝族跳菜有"苍蝇搓脚""喜鹊蹲窝"等动作。俐侎人喜欢打歌唱调，而唱词及舞蹈动作往往取材于大自然，如串花歌、水雀歌、老母猪吃食、鸽子捡食、黄鼠狼掏蜂窝、箐鸡摆尾、狗抖虼蚤等。正是出于对动植物的热爱，才会出现大量以花鸟为题材的唱词，才会出现模拟动物形态的一些舞蹈动作。普洱市彝族模仿动物的舞蹈动作有白鱼翻身、公鸡领母鸡、老牛拖稻

---

① 景东彝族自治县民族宗教事务局：《景东彝族简史》，云南民族出版社 2011 年版，第 244 页。

② 云南省编辑组：《大理州彝族社会历史调查》，民族出版社 2009 年版，第 67 页。

③ 大理白族自治州彝学学会：《大理彝族民间民俗系列丛书之祈求于自然和祖先的庇佑——大理彝族祭祀》，中国文艺出版社 2011 年版，第 15 页。

④ 闵承龙：《保山地区彝族民间文艺概览》，《民间艺术研究》1995 年第 2 期。

草、老虎抱仔、黄鼠狼偷蜂蜜等。① 南谷村有一些模仿动物的舞蹈，如跳羊头舞、猴子扯磨、马似踢、羊厮打等，模仿动物动作体现出对动物生活习性的了解及对动物的细致观察，从中折射出人们对动物的热爱及人与动物的和谐相处。景东彝族模仿动物的舞蹈动作有"马似踢""孔雀摆尾""猴子扯磨"等。

（四）以动植物为主体的艺术造型

在剪纸、绘画、雕刻艺术造型上，主要以山水、动植物图案等作为素材，20世纪50年代以前迪庆彝族统治阶层的房屋雕刻有人物、鸟兽、花草等图案。在剪纸艺术方面，以日月星辰、动物图案居多，兰坪县营盘镇彝族的剪纸图案有太阳、月亮、星星、马、牛、猪等。绘画艺术方面有大量以动植物为题材的图案，毕摩绘画中也有大量动物图案，如神蟒、猫、狗、蛇、蛙、鱼、鸟、鼠以及其他爬虫类动物。② 迪庆彝族的毕摩绘画中有许多特别的日、月、树木、花草、鸟、鸡、兽、虫等图形，③ 其间充满自然情韵。毕摩绘画中的日月星辰、动植物图案同时反映了人与自然和谐相处的生态局面。巍山彝族的绘画、剪纸、刺绣图案以天体、动植物图案为主："多为日、月、寿星、桃花、梅花、桂花、荷花、灯笼花、喇叭花、菊花、牡丹、芍药、石榴、玫瑰、串枝莲、葡萄等花草树木及喜鹊、燕子、孔雀、鸳鸯、虎、鼠、龙、狮、马鹿等飞禽走兽。有龙凤吉祥、丹凤朝阳、蜡梅报春、公鸡报晓、鸳鸯戏水等。"④ 民居雕刻图案更是以动植物为主要素材，如祥禽瑞兽、凤穿牡丹、鱼戏莲花、四季花卉等。普洱市彝族雕刻图案有"人像、龙、麒麟、狮子、鹿、麂子、虎、豹、鱼、鸟、

① 云南省普洱市民族宗教事务局编：《普洱市民族志》，云南民族出版社2009年版，第71页。

② 王四代、颜霁琪：《论彝族毕摩绘画的艺术形式》，《云南民族大学学报》（哲学社会科学版）2009年第4期。

③ 毛建忠：《火映龙虎：迪庆彝族文化初探》，云南民族出版社2011年版，第135页。

④ 大理州民族事务委员会编：《巍山彝族回族自治县民俗志》，云南民族出版社2012年版，第282页。

山水、花草等"①。景东彝族的雕刻图案主要有"人像、龙、虎、鱼、鸟、山、水、花草等"②。其间既有虚拟的祥瑞动物，又有飞禽走兽河鱼等野生动物，更有山水花草等自然物景，展现出浓烈的自然生态气息。南谷村的祭房雕有日、月、马、鸟等造型；在装饰图案方面，以日月星辰、山水云石、动植物等作为主要题材，较常见的图案有日月纹、星纹、云彩纹、山脉纹、水波纹、波浪纹、石阶纹、虎、鹰、龙、马、鹿、蛙、凤凰、荷花、山茶等，用自己喜欢的图案作为装饰，也体现了彝族对这些图案实体的喜爱，从中体现出彝族热爱自然的审美心理。

---

① 云南省普洱市民族宗教事务局编：《普洱市民族志》，云南民族出版社 2009 年版，第 71 页。

② 颜仕勇主编：《景东彝族自治县民族志》，云南民族出版社 2012 年版，第 82 页。

第三章

澜沧江流域彝族保护生态
平衡的制度规约

　　明清以来，澜沧江流域彝族聚居区在生态破坏日益明显的情况下，通过把乡规民约刻在石碑上的形式以达成保护生态的共识及强化保护生态的意识。澜沧江流域彝族聚居区有一些护林碑刻，这是彝族祖先爱护森林、热爱生态的明证，其间饱含保护森林的紧迫感、对林木重要性的认识、保护森林的法制意识等丰富的生态文化内涵。这些碑刻无论过去还是现世都具有珍贵的生态价值，特别是在生态保护的文献价值、生态保护的智慧、公共生态意识、对制定生态保护乡规民约的借鉴价值等方面尤显突出。一些禁忌对破坏生态具有约束作用，经过长时间流传，具有保护生态作用的惯性得以内化和强化，可视为具有保护生态意义的良好传统。1950 年以后，澜沧江流域彝族聚居区各级政府分别制定保护生态的相关制度，在保护生态的实践中具有一定积极意义。

第一节　明以降护林碑刻对生态的保护

一　类型多样的护林碑刻

　　明清时期，特别是清代以来，随着澜沧江流域人口数量的增加，澜沧江流域的开发力度加大，生态也因此遭到一定程度的破坏。这一时期澜沧江流域彝族聚居区居民保护生态的意识更显突出，大量护林碑刻的出现就是生态意识加强的重要表现。经过查阅文献资料，共收集到 18 份澜沧江流域彝族聚居区与林木相关的碑刻资料，碑刻的简要情况见表 3—1：

表 3—1　　　　　澜沧江流域彝族聚居区护林碑刻情况表

序号	碑名	立碑者	立碑时间	地点	资料来源
1	《文庙花木记》	蒙化（今巍山）进士雷应龙	明嘉靖年间（约 1524 年左右）	已失	李荣高：《云南林业文化碑刻》，德宏民族出版社 2005 年版，第 45 页
2	《甸尾山照碑》	卖山场者	明万历十年（1582）	大理州宾川县古底乡甸尾村	张树芳、赵润琴、田怀清：《大理丛书·金石篇》，云南民族出版社 2010 年版，第 857 页
3	《加买铺护林碑记》	合铺村民	康熙五十四年（1715）	大理州弥渡县新街镇龙翔村	张树芳、赵润琴、田怀清：《大理丛书·金石篇》，云南民族出版社 2010 年版，第 1636 页
4	《接龙寺观音庙碑记》	村民罗万才	清嘉庆二十五年（1820）	大理州巍山县魏宝山乡龙潭村	云南省编辑组：《云南巍山彝族社会历史调查》，云南人民出版社 1986 年版，第 158—159 页
5	《种树碑记》	永昌（今保山）知府陈廷焴	道光五年（1825）	已失	徐鸿芹：《隆阳碑铭石刻》，云南美术出版社 2005 年版，第 337 页
6	《永垂不朽碑》	官府	道光八年（1828）	已失	李荣高：《云南林业文化碑刻》，德宏民族出版社 2005 年版，第 307 页
7	《永定乡规民约碑》	全村村民	道光十一年（1831）	临沧市凤庆县鲁史镇古平村	李荣高：《云南林业文化碑刻》，德宏民族出版社 2005 年版，第 317 页
8	《长新乡乡规民约碑》	各村绅老	道光十七年（1837）	大理州云龙县长新乡	张树芳、赵润琴、田怀清：《大理丛书·金石篇》，云南民族出版社 2010 年版，第 1341 页
9	《者后乡石岩村封山碑》	石岩合村众姓	清道光二十一年（1842）	普洱市景东县者后乡路东村	李荣高：《云南林业文化碑刻》，德宏民族出版社 2005 年版，第 356—357 页
10	《来凤蹼合村告白护林碑》	来凤蹼合村众姓	道光二十七年（1847）	大理州宾川县拉乌乡来凤蹼板房村	张树芳、赵润琴、田怀清：《大理丛书·金石篇》，云南民族出版社 2010 年版，第 1382 页

续表

序号	碑名	立碑者	立碑时间	地点	资料来源
11	《永远护山碑记》	村民	清咸丰元年(1851)	大理州大理市吊草村	云南省编辑组:《大理州彝族社会历史调查》,民族出版社 2009 年版,第 93 页
12	《植树碑》	合村四民	清咸丰六年(1856)	普洱市镇沅县文化馆	黄珺:《云南乡规民约大观》上,云南美术出版社 2010 年版,第 127 页
13	《封山禁牧碑》	官府	清光绪十一年(1885)	大理州巍山县南诏镇自由村	云南省编辑组:《云南巍山彝族社会历史调查》,云南人民出版社 1986 年版,第 139 页
14	《东山彝族乡恩多摩乍村护林碑》	合村村民	清光绪十八年(1892)	大理州祥云县东山彝族乡恩多摩乍村	李荣高:《云南林业文化碑刻》,德宏民族出版社 2005 年版,第 438 页
15	《封山告示碑》	九里东界各村经事(有威望者)	清光绪二十九年(1903)	大理州弥渡县弥城镇红星村	张树芳、赵润琴、田怀清:《大理丛书·金石篇》,云南民族出版社 2010 年版,第 1626 页
16	《云州涌宝"十规"》	乡村绅耆保甲人等	清光绪三十年(1904)	临沧市云县涌宝乡忙亥村公所亮谷村	临沧行署林业局:《临沧地区林业志》,云南民族出版社 2003 年版,第 372 页
17	《永卓水松牧养利序》	合村村民	光绪三十二年(1906)	大理州大理市下关吊草村地母神庙	张树芳、赵润琴、田怀清:《大理丛书·金石篇》,云南民族出版社 2010 年版,第 1643 页
18	《弥祉八士村告示碑》	合村村民	民国 2 年(1913)	大理州弥渡县弥祉乡八士村	李荣高:《云南林业文化碑刻》,德宏民族出版社 2005 年版,第 515 页

从碑文的内容看:《文庙花木记》《接龙寺观音庙碑记》展示了教育、宗教场所种植树木的情况;《甸尾山照碑》具有买卖山林的契约性质;《加买铺护林碑记》《种树碑记》《永垂不朽碑》《者后乡石岩村封山碑》《来凤蹊合村告白护林碑》《永远护山碑记》《植树碑》《封山禁牧碑》《东山彝族乡恩多摩乍村护林碑》《封山告示碑》《永卓水松牧养利序》《弥祉八士村告示碑》是典型的保护森林的碑刻;《永定乡规民约碑》《长新乡乡规民约碑》《云州涌宝"十规"》属于

乡规民约碑，其间有保护森林的内容。从立碑者看，个人立碑 2 块，官府立碑 2 块，村民立碑 14 块；从立碑的时间看，明朝 2 块，清朝 15 块，民国 1 块；从立碑地域看，大理州 12 块，保山市 1 块，普洱市 3 块，临沧市 2 块。

二　护林碑刻的生态文化内涵

18 块碑刻文献中，除《文庙花木记》外，其他 17 块碑刻都有直接保护森林的内容，且有其相对固定的模式，即森林遭到砍伐→带来生态恶果→保护森林的具体措施。纯粹的护林碑刻达 12 块之多，18 块碑刻中都饱含深刻的生态文化内涵。

（一）保护森林的紧迫感

树立护林碑刻的原因主要是森林遭到破坏，其直接目的在于保护森林，森林在生态系统中处于重要位置，保护森林是保护生态的重要途径之一。澜沧江流域护林碑刻中反映出保护森林的主要原因是森林遭受严重破坏，保护森林势在必行，体现出当地彝族对森林破坏具有较强的敏感性和保护森林的紧迫感。《者后乡石岩村封山碑》明确指出立碑是因为"奈人心多涣，旦旦伐之萌芽殆尽"。森林遭到严重砍伐，甚至小树都在乱砍滥伐之列。《植树碑》道明立碑是为了防止森林被砍光："山中养木成为竖造之用，切忌有不法之徒，盗伐一空。"[1]《永远护山碑记》中体现出一种强烈的生态危机意识："今有远近之人，不时盗砍，若不严守保护，恐砍伐一空。"[2] 乱砍滥伐的事情时有发生，人们担心森林会被砍伐一空而保护森林，这正是保护森林的心理根源所在。《封山告示碑》中封山的原因是弥渡东西山一带的松树被大量砍做建材，几乎成为濯濯童山："自地方肃清，而一切神祠衙署，城乡民房，刹观庙宇，尽另行起盖，竟将东西两山松树之成才者，选成殆尽。比年来，间又有可做房料者，又被附近乡樵旦

---

[1]　黄珺：《云南乡规民约大观》上，云南美术出版社 2010 年版，第 124、127 页。
[2]　云南省编辑组：《大理州彝族社会历史调查》，民族出版社 2009 年版，第 93 页。

夜砍伐，以致濯濯不堪。"可见松树主要被砍做建盖神祠衙署、刹观庙宇、民房等，公私用材均砍伐山上树木，使得山林破坏严重。《甸尾山照碑》是卖山场的存照，碑文上明确了所卖山场的四至，卖山场的原因是"盗贼甚多，无人看守"①。

（二）对林木的重要性有深刻认识

1. 关乎生计

森林具有较强的涵养水源功能，对农业灌溉有重要作用；树木可以做建材之用，在建房依赖木材的古代愈发凸显出树木的重大功用；卖木材可获得经济收入，森林成为山区居民的经济来源之一。灌溉之需、建材之用、木材收入等都属于生计问题的重要组成部分，有 5 块碑刻中涉及森林对生计重要性的内容。《永远护山碑记》中反映出彝族对森林重要性的认识："君依山林则所重者，林木也。上有国家钱粮出其中，下而民生衣食出其中，且为军需炭户，则军需炭勔亦出其中，所关诚大也。"②碑文从国计民生的高度阐述了森林的重要意义，直言森林事关国计民生。《植树碑》认为林木关乎民众的生计："为建设种树，以全民生息。"③《弥祉八士村告示碑》点明毁林带来的直接后果："水汽因此渐小，栽插倍觉艰难。"④《来凤蹊合村告白护林碑》提到护林的目的在于偿还修建水沟的债务："合村计议，只好将来凤蹊所属山场树木陆地，一并护持，陆续充公填债。"用森林还债，证明村民们已经深刻认识到森林的经济价值。《封山告示碑》具体封山措施为："已后祈赐严禁，凡川中牧樵上山，只准砍伐杂木树，不准砍伐果木、松树及盗修松枝。借故砍树，即山主亦不准因无用而砍伐己山松树，只准砍伐杂木树。"⑤ 从中可以看出保护的重点是松树，

---

① 张树芳、赵润琴、田怀清：《大理丛书·金石篇》，云南民族出版社 2010 年版，第 1626 页。

② 云南省编辑组：《大理州彝族社会历史调查》，民族出版社 2009 年版，第 93 页。

③ 黄琨：《云南乡规民约大观》上，云南美术出版社 2010 年版，第 127 页。

④ 李荣高：《云南林业文化碑刻》，德宏民族出版社 2005 年版，第 517 页。

⑤ 张树芳、赵润琴、田怀清：《大理丛书·金石篇》，云南民族出版社 2010 年版，第 1382、1626 页。

主要看重松树的建材价值。

2. 美化环境

林木具有较强的美化环境效果，《文庙花木记》记录了在教育场所大量种植花木的状况，《接龙寺观音庙碑记》反映出重视宗教场所的绿化美化。明朝嘉靖年间，司训王振之受蒙化（今巍山）彝族土知府左祯委托，在文庙内组织工匠栽种桂、槐、松、冬青、石榴、黄杨、竹、刺柏、杏等花木共计170余株。[①] 文庙的花木是左氏土官命人种植，可以看出彝族统治阶层十分重视生态环境的美化，而且为现存的巍山文庙留下了大量的古柏。寺庙选址特别讲求生态环境的幽雅："万才年迈古稀，念此有崇山峻岭，茂林修竹，又有清流激湍映带左右。于是墙其基址，壮其观瞻。于嘉庆十七年建接龙寺六间，观音庙四合。"当时罗万才之所以选择在此建寺，主要是看重山岭起伏、竹木茂盛、溪流清澈的自然环境，可以看出彝族在佛教信仰方面对优美环境的追求。寺庙建好后，又"培植树木，自备香火"[②]。寺庙所在地林木本已葱郁灵秀，而建寺者还要另加"培植树木"，可谓是绿上添绿，可见万氏对寺庙绿化的重视。

3. 涵养水源

碑刻中有一些关于森林涵养水源的字句，如《者后乡石岩村封山碑》说道："先年，众议蓄树滋水，禁火封山，不数载而林木森然，荟蔚可观。"可以看出景东县者后一带在立此碑之前就已认识到树木涵养水源的重要作用，曾采取过"禁火封山"的措施，并且取得了显著的生态效益。而且特别注重水源林保护及水井的清洁卫生："每遇出水箐边，左右离箐二丈，不准砍树种地，污秽水源致于众究。"[③]《永垂不朽碑》中表明护林的重要目的之一在于涵养水源："蓄养不得自相践踏，以期树木茂盛，水源资旺。"《东山彝族乡恩多摩乍村

---

① 李荣高：《云南林业文化碑刻》，德宏民族出版社2005年版，第47—51页。

② 云南省编辑组：《云南巍山彝族社会历史调查》，云南人民出版社1986年版，第158页。

③ 李荣高：《云南林业文化碑刻》，德宏民族出版社2005年版，第356—357页。

护林碑》阐述了树木与水源、民生的重要关联："木乃风水所关，水乃所系，有活泉以灌溉田亩，则国课有着，民生所赖。"认识到森林对涵养水源的重要性，而水源对农业生产具有重要意义，森林关乎国家赋税、百姓生计。对龙潭附近的树木加以保护："其龙潭一路树木，沟上留二丈之地，沟下留一丈之地，勿得乱自砍伐。"保护龙潭周围的树木，其一利于涵养水源，其二利于水源卫生。《弥祉八士村告示碑》较为详细地描绘了森林对灌溉的重要意义："弥祉太极山老树参天，泉水四处，左有雾果箐，右有仓房箐，中有烧香箐，其水泽灌溉全密，其余注溢弥渡，千家万户性命，千万亩良田其利溥矣。"正因有"老树参天"，才会"泉水四出"，弥祉及弥渡的田亩都深受灌溉之益，千家万户受其福祉。继而提出"籍资灌溉而重森林"，再一次强调森林对蓄养水源的重要性，并且专门划定了水源林保护的范围："凡太极顶山下，雾果箐至烧香箐、仓房箐一带地方不得乱砍滚火。大沟上下之树不得滥砍。"①

4. 保持水土

森林具有明显的水土保持功能，这一点在部分碑刻中也有体现。《种树碑记》是典型的倡导种树以保持水土的碑刻，陈廷熺深刻认识到树木对水土保持的重要性："先是，山多材木，根盘土固，得以为谷、为岸，籍资捍卫。"种树的原因在于："今则斧斤之余，山之木濯濯然矣。"山上的树木遭到大量砍伐，造成水土流失严重。《种树碑记》的目的重在防止水土流失："日翼松之成林，以固斯堤，堤坚则河流清利而无沙碛之患。"②正所谓治水的根本在于治山，地方官能重视造林对保持水土的重要性，这于部分彝族居住的保山而言实属幸事，能够对生态保护发挥重要作用。

（三）保护森林的法制意识

碑刻体现了森林遭到破坏时，人们采取法制措施保护森林的情

---

① 李荣高：《云南林业文化碑刻》，德宏民族出版社2005年版，第439、516—517页。

② 徐鸿芹：《隆阳碑铭石刻》，云南美术出版社2005年版，第337页。

结，主要有四大类型的惩治措施，即罚款、报官、报官兼罚款、肉刑。《接龙寺观音庙碑记》碑文末尾警告后人不得砍伐树木："俾后之人，历代流传，香火不可虚，树木不可砍。设有践踏寺院，妄伐山林者，鸣官罚银入公。"① 不可砍树及砍树者要交由官方处罚体现出护林之切切深情，反映出当时人们利用法律武器保护树林的观念。《者后乡石岩村封山碑》明确了封山育林的界限："上至红土坡头尖山后横路，右至王家坟横路下大箐边；左至结果箐头。"私有山林也在保护之列："至于各家先皆私山，久蓄树林，更不得擅行剪伐，违者照乡规罚银充公。"透露出该村保护森林决心之坚定，折射出强烈的生态法制意识。并根据毁林程度进行罚款："禁纵火焚山，犯者罚银三十三两；凡有公事，一传即至，违抗者罚银三两；禁砍伐树木，伐枝者，罚银三钱三分；伐木身者，罚银三两；禁毁树种地，违者罚银三十三两；有在公山砍榨把者，每把罚银三两三钱。"② 文中对"纵火焚山，砍伐树木，毁树种地，砍榨把"等毁林行径都有明确的罚银数量，总体上看，罚银的力度很大，对于纵火焚山、毁树种地等严重行为罚银量更大，可体现出保护森林的用力之深。《来凤蹊合村告白护林碑》提出了明确的管理措施："所有来往客商，以及养畜人等，不得妄加践踏新沟，轻贱地火，纵放牲畜，砍伐树木。若有不遵以上数条，一经查出，罚银十两，米五石充公。"通过"禁火""禁牧""禁伐""罚款"等诸多措施保护森林，禁罚结合、四管齐下，可见护林措施较为严密。《封山告示碑》阐明违禁者要追究责任："自此示禁之后，再有川中野樵，上山伐松树，盗修松枝者，准乡约火头山主管事老民，将人畜刀斧，连所砍之树及柴，送官究治。"送官府追究责任可以看出对盗伐树木者的惩治十分严厉。《加买铺护林碑记》也有对违反者将送官处罚的句子："倘有无知狂徒违□乱□不□保护者，拿获禀请州主，从公罚处治。"《甸尾山照碑》记载了山

---

① 云南省编辑组：《云南巍山彝族社会历史调查》，云南人民出版社1986年版，第158—159页。

② 李荣高：《云南林业文化碑刻》，德宏民族出版社2005年版，第356—357页。

场买卖的情况，说明当时人们对森林的重要性已经有深入的认识，并懂得用法律武器保护山场财产："自实杜卖之后，户族人等不得异言争竞，如有此情，将杜契理论。"①《永垂不朽碑》分层次给予毁林者经济处罚："若有兵民人等混行，纵火盗伐不遵禁，该民等于山场拿获盗伐柯树者，罚银十两充公；纵火焚烧者，查柯数若干加倍充罚。"对盗砍、焚烧树木者均要受到经济处罚，而对"纵火焚烧者"的处罚更重，可见能够根据毁林情况的轻重给予处罚。"倘敢不遵，该民等指名禀究，以凭按律惩治。"破坏森林者将受到法律的惩处，能够通过法律保护森林。《永定乡规民约碑》规定："村内犯有放盗田园谷麦者，与砍木砍柴者，如果查实，报明头目公议，罚银五两入公。如有山中焚火烧坏柴山者，罚银五两入公。"对破坏山林者罚银五两，惩罚的标准过于笼统，没有根据破坏森林情节的程度给予相应的惩罚标准。"重则挖眼，轻则罚银。""挖眼"的惩罚措施十分残酷，缺乏人性，但从"各宜禀遵，以正风化"②可以看出当时破坏森林的情况已极为严重，出此狠招更能起到震慑效果。《云州涌宝"十规"》中有三条涉及保护森林，分别是"六规不可放火烧山，八规不可妄动草木，九规不可耗园摩圃"③，告诫村民不得放火烧山、随意割草砍树、破坏园林，这对森林保护是十分有利的。《弥祉八士村告示碑》对于破坏森林、水塘者，要给予处罚："乱砍滥挖者，即由该村董、百长、五十长等集众议罚，以示惩儆。"④

三 护林碑刻的生态价值

（一）生态保护的文献价值

从碑刻记载中可以看到清代澜沧江流域彝族聚居区破坏森林的情

---

① 张树芳、赵润琴、田怀清：《大理丛书·金石篇》，云南民族出版社 2010 年版，第1382、1626、1636、857 页。

② 李荣高：《云南林业文化碑刻》，德宏民族出版社 2005 年版，第 308、318 页。

③ 临沧行署林业局：《临沧地区林业志》，云南民族出版社 2003 年版，第 372 页。

④ 李荣高：《云南林业文化碑刻》，德宏民族出版社 2005 年版，第 517—518 页。

况较为严重，正因如此，才竖立碑刻保护森林，这对后人了解古代澜沧江流域彝族聚居区森林变迁及生态变迁状况都具有较高的文献价值。另外从碑文中我们还可以看到当时人们保护森林的措施，这对后世保护森林具有重要的借鉴价值。更难能可贵的是碑文中透露出的保护生态的意识，这在出现生态危机、进行生态文明建设的当下更显得弥足珍贵。

（二）深邃的生态智慧

澜沧江流域彝族聚居区护林碑刻中蕴含着丰富而又深刻的保护生态的智慧，这些生态理念无论是在当时还是现世都具有重要的保护生态环境的价值。《接龙寺观音庙碑记》虽意在反映修建观音庙的历史，但从寺庙选址、培植树木、保护山林等方面透露出建寺者对林木的重视，展示出崇佛者热爱树木的生态观念。《者后乡石岩村封山碑》强调"不惟利在一时，且及百世矣"① 反映出要为子孙后代着想的可持续发展理念。《封山告示碑》表明封山的目的在于保护幼树："然其间尚有待养成材者，亦属不少，如蒙福星给示保护，不数年后可期成材，于公私大有裨益。"保护幼树具有可持续发展理念。提倡多种树："查地方材木，亟应栽护惜，广为种植，严禁樵木砍伐。"提倡爱护树木："所有地方木植，务须妥为护蓄。"《加买铺护林碑记》体现出分区利用森林的智慧："勿论大小官员经过来往并处送公文，逢夜点火执照，合铺绅老公论遗留火把山一领……勿论有何公文处送砍伐此山之树点火执照，除此项之外无论何人不许乱搅此火把山之松株。"② 专门划定一片山林作为官员处送公文火把照明之用，做到专林专用，挪用者将受到惩处，对保护森林具有重要意义。《种树碑记》根据土壤情况选择树种，"余乃相其土，宜遍种松秧"。选择适合其土质的松秧栽种，其间透露出科学种树的智慧。对栽苗后的管护寄予希望："所望后之贤大夫，随时按察而剔厘之，勿使蒭伐，以

---

① 黄珺：《云南乡规民约大观》上，云南美术出版社 2010 年版，第 124 页。
② 张树芳、赵润琴、田怀清：《大理丛书·金石篇》，云南民族出版社 2010 年版，第 1626、1636 页。

垂永久。"① 表现出政府官员对栽种树木的重视，政府对生态的重视其影响面更宽，对于部分彝族居住的保山实为幸事。《长新乡乡规民约碑》最后一条强调 "松树不得砍伐"②，告诫村民要保护松树。

（三）可贵的公共生态意识

护林碑刻中有大量倡导村民集体保护森林的内容，这有利于培养大家的公共生态意识。《者后乡石岩村封山碑》："兹□合志同心，异臻美俗照旧封畜，重加严禁，尤期众志成城，勿蹈前辙。"③ "合志同心" "众志成城" 等词语极富号召力，意在唤起大家保护森林的集体意识，也是对公共生态道德的呼唤，说明当时的人们已经意识到保护森林需要集体的参与。《永远护山碑记》中表明更难能可贵的是当地村民捐款保护山林："故捐资生息以为守山之用，则其利公而溥其风正而醇也。"④ 护林的目的在于大家都能得利，而且还要培育一种很好的风气。《者后乡石岩村封山碑》尤其注重保护森林的公众意识，希望乡民同心同德保护森林、罚银于不参与扑灭森林火灾及公山砍柞把者都体现出要树立保护森林的公众意识。《加买铺护林碑记》劝诫村民要按照约定保护火把山："人人遵照保护。"⑤ 保护生态是有利于大众及长远利益的事情，依靠个人的力量是有限的，需要集体行为和集体意识才能保护好当下及长远的生态，护林碑刻中体现出浓厚的保护森林的公共意识，这对生态保护而言是一笔十分宝贵的财富。

正因为有了强烈的公共生态意识，碑刻所在地区形成了保护生态的优良传统，如今这些区域的森林覆盖率较高，生态环境总体较好，得益于护林碑刻潜移默化形成的公共生态意识。巍山文庙至今古柏森森，可谓是当年彝族左氏土官提倡种植花木的一番造化；镇

---

① 徐鸿芹：《隆阳碑铭石刻》，云南美术出版社 2005 年版，第 337 页。
② 张树芳、赵润琴、田怀清：《大理丛书·金石篇》，云南民族出版社 2010 年版，第 1342 页。
③ 黄珇：《云南乡规民约大观》上，云南美术出版社 2010 年版，第 124 页。
④ 云南省编辑组：《大理州彝族社会历史调查》，民族出版社 2009 年版，第 93 页。
⑤ 张树芳、赵润琴、田怀清：《大理丛书·金石篇》，云南民族出版社 2010 年版，第 1636 页。

沅彝族哈尼族拉祜族自治县的森林覆盖率高达66.7%，可见《永垂不朽碑》《植树碑》的护林遗风依然存在；景东彝族自治县的森林覆盖率达66.82%，《者后乡石岩村封山碑》所在的文井镇森林覆盖率达69%；《来凤蹊合村告白护林碑》的所在地宾川县拉乌彝族乡森林覆盖率高达92%，曾获云南省"'十一五'森林云南建设先进集体"的光荣称号；大理市下关镇的吊草村拥有《永远护山碑记》和《永卓水松牧养利序》两块护林碑刻，至今该村的森林覆盖率达88%，护林碑刻孕育出的公共生态意识依然发挥着保护生态的作用；《封山禁牧碑》所在的巍山彝族回族自治县南诏镇森林覆盖率达65%；《东山彝族乡恩多摩乍村护林碑》所在的祥云县东山彝族乡森林覆盖率高达85.44%；《弥祉八士村告示碑》所在的弥渡县弥祉乡森林覆盖率高达72.8%。"十年树木，百年树人"，较高的森林覆盖率并非一日之功，这是当地彝族世代传承的公共生态意识的功劳，正因为这些彝族聚居区的人们热爱森林、重视生态，才会积极地保护森林、保护生态环境。护林碑刻所培育出的公共生态意识无论在当时还是现世都发挥了保护生态的效果，公共生态意识是需要更有必要代代相传的生态美德。缺乏公共生态意识，生态保护将举步维艰，在推行生态文明建设战略的当下，应该充分挖掘少数民族中保护生态的公共意识，大力开展公共生态教育，摒弃唯利是图、急功近利的发展误区，把保护生态作为发展的底线和孵化器，走可持续发展道路，真正走出一条人类与自然和谐发展的路径。

（四）对制定生态保护乡规民约的借鉴价值

1. **公众认可的民主性**

乡规民约是指对全体村民都有约束力的规约，约束的最终目的是要全体村民共同遵守，关键在于村民要对乡规民约有一定的认可度，亦即乡规民约要有较强的民主性，否则纯粹强制性的制度在民间很难执行。这18块护林碑刻中有12块是全体村民或者村里有威望者共同勒立，部分碑刻中还有立碑前对碑文内容的共同商议及处罚过程中的秉公办理的字句，所有这些使碑刻闪烁着民主性的光辉。立碑前对规约内容进行商议，《封山告示碑》由地方经事（有威望的人）"公议立石"，《加买铺护林碑记》由"合铺绅老公论"① 而定，《植树碑》"是以合村四民请凭约目公议"② 而定的条款。碑刻中的条款是村民们共同商议而定，即村民对保护森林的规定已达成共识，有着强烈的心理认同，致使村民们具有遵守规约的自觉意识。在处罚破坏森林者方面，也会采取共同商议的措施，如《永定乡规民约碑》"报明头目公议"，《东山彝族乡恩多摩乍村护林碑》规定"若有私自偷砍者，公凭重罪"，《弥祉八土村告示碑》提出"集众议罚"③，从以上几点可以看出对破坏森林者的惩罚是公开的、民主的，只有在处罚上做到公开、公正、合理，才能保证乡规民约的权威性和可操作性。乡规民约中有两个关键字，即"规"和"约"，"规"具有一定的强制性，但更重要的是引导性，要引导村民在可为和不可为中做出明智的抉择；"约"更注重约定性，也就是村民们对碑文内容的认可度，实质上就是民主性。立碑前的"公议"是把握了制定乡规民约民主性的入口关，惩处环节的"公议"是控制了乡规民约民主性的执行关，只有牢牢抓住这两个重要环节，才能确保乡规民约的民主性，也才能更好地发挥乡规民约的作用。

2. 广而告知的提示性

知法、懂法是预防违法的基础，护林碑刻通常竖立在公众较容易看到的地方，以便让村民更加熟悉碑文的内容，有的碑文内容直接体现出碑刻的公众性："凡我同乡，尤望一德一心，父戒其子，兄勉其弟，雍雍睦睦以礼乎，家喻户晓也。"要使全体村民都知晓碑文的内容。"加布种子蓄养成林，水源各项，一切攸关，开明罚

---

① 张树芳、赵润琴、田怀清：《大理丛书·金石篇》，云南民族出版社 2010 年版，第 1626、1636 页。

② 黄珺：《云南乡规民约大观》上，云南美术出版社 2010 年版，第 127 页。

③ 李荣高：《云南林业文化碑刻》，德宏民族出版社 2005 年版，第 318、439、518、357、395—396 页。

款，用序碑勒。"保护树木的条款以立碑的形式公诸于众。《来凤蹊合村告白护林碑》勒有："勿谓言之不早也。"① 村民们知晓规约的内容，才会在心灵深处形成一道警戒线，自觉不自觉地履行保护森林的使命。

3. 照顾生计的民生性

森林除了具有强大的生态功能外，还具有较强的民生功能，"靠山吃山"的彝族在生计上对森林的依赖性极大，衣食住行都与森林密切相关，因此在制定乡规民约时，既要强化保护森林，又要关照村民与森林相关的生计问题。《植树碑》重在植树造林，但也允许成林后有秩序地进山砍柴："成林后或竖造茂薪，公议入山，勿得任意，历年清白，不必混糊开端。"② 碑文对纵火焚树、垦地毁林、盗伐树木等行为都有明确的惩治措施，在保护林木的同时还考虑到与林木相关的民生，成林后要用木材和薪柴时需"公议"通过后方可采伐，此碑文更具合理性，护林的同时考虑到用林，用林而不能毁林，体现出人与森林和谐相处的生态观念。《永卓水松牧养利序》对在山林中放牧做了合理化的限制："兼有论居深山者，以树木为重，以牧养为专，自树木一律不准以连皮砍抬还家，牧养马诸物，自收获后准放十日。其余猎物之类，通年永不准滥放。"③ 对居住深山者的砍树和放牧行为都有明确限制，这既有利于山民们利用森林，又有利于保护森林，这符合"中度干扰假说"。但有的碑刻过于强化对森林的保护而忽视了民生问题，如"伐枝者，罚银三钱三分……有在公山砍榨把者，每把罚银三两三钱"④。碑文严字当头，体现了当时石崖村民保护森林的急切心理，但过于绝对化，只是单方面强化对森林的保护而不允许利用森林，在古代人们对森林依赖程度较高的背景下这诸多禁令势必

---

① 张树芳、赵润琴、田怀清：《大理丛书·金石篇》，云南民族出版社 2010 年版，第1382 页。

② 黄珺：《云南乡规民约大观》上，云南美术出版社 2010 年版，第 127 页。

③ 张树芳、赵润琴、田怀清：《大理丛书·金石篇》，云南民族出版社 2010 年版，第1643 页。

④ 李荣高：《云南林业文化碑刻》，德宏民族出版社 2005 年版，第 357 页。

影响当时人们的正常生活，而村民们总得生存，弄不好物极必反，这样容易影响执行效果。

第二节　1950 年以来乡规民约对生态的保护

一　传统习惯法及禁忌有利于生态保护

澜沧江流域彝族聚居区存在一些保护生态的传统习惯法和禁忌，习惯法主要表现在公林私林都受到保护及界定砍伐树种范围等，禁忌主要体现在信仰习俗中（第二章有详细论述）。景东县大街乡 1949 年以前境内的森林除学校、寺庙所属树林公有外，都属私人占有，部分望族有族山。出于个人利益的考虑，私山占有者会主动保护山林，其他人不敢随意破坏和砍伐私山，这更加有利于保护森林。古代彝族地区还规定一些树木不能砍伐，如景东县大街乡禁伐大松树、杉木、椿木、神树、米树、车树、山合树等，[①] 这些树木都是当地常见树种，这实际是一种很好的保护森林的方式。

禁忌有不可逾越性，能够起到规约的作用，并且具有普遍的认同性和传承性，于是能够起到与习惯法类似的作用。一些禁忌对生态保护发挥着重要作用，如漾濞彝族有"不在井泉旁大小便、洗衣服、宰牲和扔污物"的禁忌，对保持水源清洁具有重要意义。景谷彝族"妇女不得在河里洗衣服和洗娃娃尿布之类的脏物，洗衣水也不能泼到河里"，这些禁忌有利于保持河水的卫生，"平时洗脸洗脚要尽量节约用水，为死后才得'早超生'"[②]，则告诫人们不能浪费水资源。普遍存在的不能乱砍神树神林的禁忌对保护树木及森林发挥了重要作用。南涧县无量山镇红星村农历初一和十五不捕猎，因为当地在这两天有不杀生的说法，这样的禁忌对野生动物能起到一定保护作用。存

---

① 中共景东彝族自治县大街乡委员会：《景东彝族自治县大街乡人民政府·大街乡志》，2003 年，第 54 页。

② 景谷傣族彝族自治县民族宗教事务局编：《景谷傣族彝族自治县民族志》，2010 年，第 120 页。

在禁忌和规约双重保护生态的现象，巍山县土主所在的林地称为"咪西林"，树林神圣不可侵犯，村里规定："谁家的人砍了咪西树，要被罚杀一只羊招待全村人吃，更严厉的处罚方法是全村人都到这家去吃，直至把这家人吃得精光。"这样的规定显得不近人情，但其严厉性足以对村民产生震慑，神林的神圣性和规约的严厉性相结合，对森林起到保护作用。

这些习惯法及禁忌在保护生态方面发挥了重要作用，至今因受各方面因素的影响，其保护生态的作用有所削弱，但其间的生态意识仍然化育一方人民，依然具有保护生态的重要作用。

二　保护生态的地方法规

彝族聚居区自治条例中有保护生态的内容。《云南省漾濞彝族自治县自治条例》第二十七条是保护森林资源的专条，一方面强化森林保护："严禁乱采滥伐和毁林开垦。严防森林火灾，依法保护珍稀野生动植物，禁止非法猎捕和采集。"另一方面又允许利用森林："自治县的自治机关鼓励和发展非公有制林业，建设用材林、薪炭林等商品林基地，林木自主采伐。在房前屋后、自留地、自留山、非基本农田的承包地、承种植的林木，谁种谁有，林木所有者可以自主采伐。"① 这种既强调保护森林又兼顾利用森林的法规尊重现实，能对森林保护发挥积极作用。《云南省南涧彝族自治县自治条例》第十八条就是专门关于生态保护的："自治县的林业生产实行以营林为基础，普遍护林，大力造林，采育结合，永续利用的方针，采取有效措施发展各种经济林、果树林、用材林、薪炭林和竹林，大力种树种草，绿化荒山，有计划地封山育林，加强水土保持，防治水土流失，维护生态平衡。"② 该条例总体上倡导植树造林、保护森林、维护生态平衡，

---

① 漾濞彝族自治县民族宗教事务局：《漾濞彝族自治县民族宗教志》，云南民族出版社 2005 年版，第 271—272 页。

② 南涧彝族自治县民族事务委员会编：《南涧彝族自治县民族志》，云南民族出版社 1995 年版，第 207—208 页。

既有措施又饱含生态思想，"永续利用"展现出深刻的生态思想。1995 年 7 月 21 日云南省第八届人民代表大会常务委员会第十四次会议批准的《云南省景东彝族自治县水利工程建设和管理条例》中第十六条、第十七条都体现出对水环境的保护，第十六条规定："严禁在河道、水库、塘坝、渠道和饮用水源区域内抛死禽畜、倾倒垃圾废料、放牧以及其他危害水质的活动。"该条规定禁止抛死禽畜、倾倒垃圾废料、放牧等方面明确了对水质的保护，能够直击污染水源的关键因素，具有较强的针对性。第十七条规定："严禁在水库、塘坝、小型以上渠道内炸鱼、毒鱼、电鱼、放运柴、草、木等活动。严禁在水库、塘坝、渠道、水源林保护范围内进行围垦、滥伐林木、打井、爆破、取土、取石、取沙、采矿、建房和乱开水口等活动。"[①] 该规定从保护鱼类及水体周围的环境等方面做出规定，对保护水环境做出较细致的约束。

澜沧江流域彝族聚居区的地方政府十分重视保护森林，有的县份制定了专门保护森林的条文。景东县于 1964 年发布了一份《景东县人民委员会关于保护森林的布告》，主要发布了六条保护森林的措施："严防山林火灾；严禁毁林开荒，破坏森林；禁止乱砍滥伐和一切破坏、浪费森林的行为；禁止买卖青山、严禁搞木材投机倒把；切实保护幼林成长；护林有功者奖，毁林者罚。"[②]《布告》从严防火灾、严禁毁林开荒、禁止乱伐森林、禁止私营木材、保护幼林、奖惩六个方面开展保护森林工作，其间出现诸多禁止及惩罚的言辞，可看出《布告》带有浓厚的法律性质。

三 保护生态的村规民约

（一）保护森林是村规民约中生态保护的重中之重

澜沧江流域彝族聚居区的村规民约中几乎都有保护森林的内容，

---

① 景东彝族自治县水利水电局：《水利法规汇编》，1999 年，第 73 页。
② 景东彝族自治县志编纂委员会编：《景东彝族自治县志》，四川辞书出版社 1994 年版，第 591 页。

有的所占比重较大。巍山东山彝族地区有保护树木的《村规民约》：
"若有人盗伐了一棵树，就要按树木的价值罚宰一头猪或一只羊，请
村中人吃一顿饭，吃饭时边吃边议，先讲森林的好处，讲盗伐树木行
为的坏处，再讲罚有应得，直至让偷伐树木者低头认错为止。1974
年后，这种惩处措施改为每偷伐一棵树，以树价的十倍罚款。"① 罚
请吃饭以及后来转变为罚款具有惩戒意义，讲森林的好处与破坏森林
的坏处实质上就是开展活生生的生态教育课，这种惩罚与教育相结合
的乡规民约，让盗伐者遭受经济损失，并从内心深处认识到盗伐树木
的恶劣行为，而且这种惩戒及教育对他人也能起到警示及启迪作用。
巍山县啄木郎村有保护森林的村规民约，若发现偷盗树木的情况，将
受到严惩。据村民介绍，啄木郎村的林地已划归各户，每人大概有
5—6 亩山林，林中的树木不能随意砍伐，若因建房等方面的需求，
要办理相关手续才能砍伐。村中山林统一由 8 个护林员看管，村民每
年给每位护林员大约 1000 公斤的玉米作为酬金。在这样严格的管理
体制下，啄木郎村的树木得到了较好的保护。

大理市下关镇大麦地村 1997 年《村规民约》第七条是造林、护
林、防火工作管理的规定，具体如下：

1. 为了发展我村林业，在山、靠山、养山、吃山的原则，农
户每户只准养大牲畜 2 头，杜绝养羊。绵羊，超出规定的养户，
村公所有权折卖超出畜只，由主人负责工费，其余资金归还
主人。

2. 荒山造林，绿化荒山，美化家乡，凡在我村有劳动能力的
公民，每户每年造林或更新改造 1—2 亩，不按规范化进行或不
实施的农户，村、社有权收回其土地。

3. 义务植树人人有责，凡是村民有劳动能力的人每年植树造

---

① 大理州民族事务委员会编：《巍山彝族回族自治县民俗志》，云南民族出版社 2012
年版，第 190 页。

林 3 万—5 万棵，如不完成者，折币拾元。

4. 盗伐、毁林，根部直径 10 厘米以下的每棵罚 10—20 元，直径在 10 厘米以上的每棵按市场价的 2—5 倍罚款，责令其在限期内栽活 5 倍的树；对毁林开荒者，责令退耕还林，按毁一补五的办法在限期内栽活并处 2—5 倍罚款，情节严重者，依法处理。

5. 国家集体和个人建设需要经批准占用国家或集体个人的林地，用地单位应向林木所有者和经营者补偿损失并申请采伐许可证，否则以滥伐林木论处。

6. 严禁砍伐沙松、飞松、华山松、漆树、水冬瓜、白杨树，必须砍伐时，须经有关部门批准后方能按指定地点、数量进行砍伐。

7. 封山育林区禁止放牧、割草、铲草皮挖药材，违者，由村、社给予一次性罚款 10—50 元并赔偿损失。

8. 严禁带火种入山，严禁在封山区、林区用火，发现一次罚 10—50 元，如有火灾，根据情节严重，依法制裁。

9. 在我村区域内一旦发生火灾，村民有扑火能力的劳动力，必须参加扑火，听从护林人员和有关领导的指挥，如发现火灾或通知到本人，无故不参加者罚 50—100 元，殴打、阻碍护林人员执行公务或打击报复者，由有关部门给予责任者罚 50—200 元，造成伤害的赔偿一切损失，并追究法律责任。

10. 凡是偷摘松包的每包罚 2 元，偷摘水果、干果，每个罚 1 元。①

这部分通过多种措施来鼓励造林和保护森林，"在山、靠山、养山、吃山"的原则道出了彝族与森林的共生关系，2、3 两点通过带有惩罚性的措施督促村民植树造林，1、4、5、6、7、8、9、10 都是

---

① 大理市彝学学会编：《大理彝族文化》，云南省大理州文化局准许印刷，1997 年，第 82 页。

保护森林的措施，从限制放牧、严惩盗伐、不得滥用林地、用木材需审批、封山育林、防止森林火灾、惩治偷树木果实等多个方面强化保护森林。

临沧市云县后箐乡营盘村 2016 年《村规民约》也有针对森林保护的条款：

第十三条：不偷拿国家、集体、他人财物，不在公路、水域航道上设置障碍，不损毁移动指示标志、不损毁机耕道路、排灌渠道、耕作机械等集体公共设施，不乱砍滥伐树木，严格用火制度，严禁山林火灾，不按用火制度造成山林火灾者，依法依规严格查处。

第十八条：严禁乱砍滥伐森林和经济林木，违者，经教育仍不听者，按下列标准赔偿损失和处以违约金：偷砍果树，按当年产值的 3 倍赔偿，偷砍核桃树，直径一市尺以下的，每砍一棵赔偿损失 100—500 元，直径在一市尺以上的，每砍一棵赔偿损失 500—1000 元，并负责栽培成活 5 棵；不准在经济林地上放牧，首次违反者批评教育，再次违反者，每次违约金 50—200 元；乱砍和损坏一棵茶树赔偿 20—50 元，并负责栽培成活 5 棵；偷砍一棵坚果树赔偿 50—200 元；偷砍一棵竹子（含竹笋），赔偿 10—30 元；偷砍一棵咖啡赔偿 20—50 元，偷砍一棵芭蕉树赔偿 20—50 元。偷砍成材林木，以树桩直径算，每寸直径赔偿 10 元，偷砍幼树每棵赔偿 10—50 元，严禁砍抠活树明子；砍一棵风景树处违约金 100—300 元，砍一棵古树处违约金 500—1000 元。①

该《村规民约》主要包括护林防火、保护经济林、保护用材林、保护风景林四个方面，违规者将会受到严厉处罚。难能可贵的是砍伐幼树、风景树、古树的惩罚要比盗伐成材木的严重得多，说明营盘村

---

① 资料由临沧市云县后箐乡营盘村民委员会提供。

对森林的可持续发展、风景树及古树的生态价值有深刻认知。私有林的存在对保护森林较为有利,私有林在临沧较为典型。营盘村每家每户都有私有林,面积每户 20 亩左右,私有林的树木主要做薪柴之用,自家都不舍得砍,若抓到盗砍者则要处以树木价格两倍的罚金。私有林权属明晰,很好地激励了农户保护森林的积极性。

临沧市凤庆县雪山镇立马村 1996 年《村规民约》中有大量涉及保护森林的内容:

> 第十一条　有下列侵犯公私财物的行为,尚不够治安处罚条例处罚的,予以下列条款处罚。
>
> (三)偷盗粮食和经济作物的分类处罚。苞谷每包 1 元;泡核桃每个 0.5 元;鲜茶叶每公斤 2.0 元;桐籽每个 0.1 元;南瓜每个 3.0 元;青瓜每个 0.5 元;竹笋每芽 1 元;其他菜果每公斤 2.0 元的违约金。
>
> 第二十三条　为了加速山村经济发展,大办绿色企业,凡在规划区内的常耕旱地、宜林荒山需要改种,农户都要积极支持参与发展,对无能力发展的农户实行转让和土地入股,对阻挠发展的一律用村社两级一次性收归集体另作安排,对有煽动危害行为的处以 20—60 元违约金处罚。①

从涉及的经济作物种类可看出,当地有核桃、茶叶、油桐、竹子等多种经济林木。处罚内容较细,操作起来有一定难度。村中鼓励发展绿色经济,危害绿色经济发展的行为将会受到处罚。

第十五条是具体保护森林的内容:

> 第十五条　保护森林,人人有责。进行人工造林、植树造林、封山育林是每个公民应尽的义务,是造福子孙后代的绿色工

---

① 黄珺:《云南乡规民约大观》下,云南美术出版社 2010 年版,第 595、599 页。

程，必须积极参加，不得抵抗。

1. 严禁纵火烧山，因失火烧山在 5 亩以下的处以 50—150 元违约金，5 亩以上的按每亩烧林面积处以 30—50 元违约金。同时保证已烧林复林。

2. 严禁毁林开荒，违者处以 50—100 元违约金处罚，并对当事人强行退耕还林。

3. 严禁在育林区包括经济林粮食作物内纵放牲畜，违者除赔偿损失，处以 10—30 元的违约金。

4. 对砍伐木材少批多砍，不批就砍的，每立方米处以 50—100 元违约金，对偷盗乱砍幼树烧砖瓦者处以 100—200 元的违约金，情节严重者依法追究刑事责任。①

这条保护森林的内容较为具体，首先总体上概括了森林的益处，进行动员教育，接下来从纵火烧山、毁林开荒、牲畜践踏、用木审批四个方面明确了破坏森林的惩罚力度。

第十六条　珍惜保护土地、保护森林资源是造福子孙的大事，是每个公民应尽的义务，从九六年起凡须烧砖瓦必须申请占地性质、燃料来源、砖瓦数量，实事求是报村公所审批后方可动工，并征收每千瓦 4.0 元、每千砖 6.0 元，每支窑子 20.0 元的土地森林资源管理费，对不经批准、乱砍，申报不实的征收每千砖 60.0 元、每千瓦 30.0 元的土地森林资源管理费，并处以 30—80 元的违约金。②

烧砖瓦必然破坏土地及森林资源，通过收费或者处以罚金的形式能对烧砖瓦起到一定控制作用，体现出保护自然资源及支持生计兼顾

---

① 黄珺：《云南乡规民约大观》下，云南美术出版社 2010 年版，第 596—597 页。
② 黄珺：《云南乡规民约大观》下，云南美术出版社 2010 年版，第 597 页。

的生存逻辑,处以补种树木的规定有利于森林恢复。

临沧市凤庆县勐佑乡新林村1988年《村规民约》也有保护森林的内容:

> 第六条 爱林护林,植树造林,发展林业生产,严禁乱砍滥伐,偷砍盗伐。未经审批砍树(包括国家、集体、个人树木),每寸赔偿损失费2元。
>
> 第八条 在茶地内乱放牲畜者一次罚款15—20元。不准偷采他人茶叶、偷砍他人茶树,砍一棵茶树罚款20元,偷采茶叶每斤鲜叶罚款2元。[1]

与其他《村规民约》中保护森林的内容相比,此《村规民约》中保护森林的内容略显简洁,其重点明确,主要体现在注重用林审批和保护经济林两个方面。

还有专门保护森林的村规民约,如凤庆县某村《护林公约》[2] 有以下几个特点:"加强组织领导,大队由3—5人组成山林管理委员会或护林防火领导组"体现出较强的组织性;带有一定的指导性及防备性:"生产队必须在林区用火的报大队审批,应选择风小天气,开好防火线,备足人力、工具,具有相应的防范措施。"在毁林开荒、刀耕火种方面做出惩治及赔偿认定:"严禁毁林开荒、刀耕火种,毁林开荒1亩罚款10—30元,集体毁林开荒追究指挥人的责任,砍树1棵,栽赔3棵,退耕还林,由护林员验收合格。"栽赔树木及退耕还林有"验收合格"的程序,这样注重实施效果的管理规定具有重要意义;注重审批手续:"严禁乱砍滥伐,集体和个人需要伐木者,必须严格执行审批手续,服从国家限额采伐计划。"在获批的条件下可以用林,规约中体现出不能滥伐林木的管理性及兼顾村民用林的实用

---

① 黄琲:《云南乡规民约大观》下,云南美术出版社2010年版,第591页。
② 黄琲:《云南乡规民约大观》下,云南美术出版社2010年版,第588—589页。

性，这样的规约更具有可操作性；砍柴讲求"砍弯留直"，其间包含因木施用的原则；砍伐木材销售比自用的惩罚严重："批准砍伐本队集体林的，要向本队交树价，属生产队砍伐出售的，应交纳育林基金，批准自用而又出卖一部分的，以育林基金为基数罚款1倍，未经批准砍伐自用者，罚款2倍，出售者罚款3倍，收回非法所砍木材（柴）并赔偿损失。"注重生态林保护："砍伐水源林、陡坡林的加倍罚款。"水源林、陡坡林直接关乎生态安全，水源林关系到水资源供给，陡坡林具有防水土流失、山体滑坡的重要意义；注重保护幼林："乱打竹笋每人罚款3元""随意在新造林地和封山育林地内放牲畜的，每头牛赔款1.5元，放羊者每人罚款5元"；对放火烧山的处理比较合理，讲求谁放火谁负责的原则："严禁放火烧山，不慎失火者应立即扑灭，同时报告上级。放火者应负责打火人员工资，每人每天按1—2元计算。损失面积每亩按5元、10元、30元处理，并栽赔全部林木，情节严重者按《森林法》严加处理。"鼓励民众参与护林："护林有功者奖罚款和赔款金额的40%—50%，社员抓着乱砍滥伐者奖励60%，揭发举报破坏森林的人员奖20%。队与队之间的赔偿统一由茶叶初制所扣到生产队。"护林的奖励有利于发动群众堵截砍伐森林的行为，扩大了护林者的范围，在众人的监督防范下降低了乱砍滥伐的发生概率。

澜沧江流域彝族聚居区进一步开展退耕还林工作，有的制定了《实施方案》，如《云县后箐彝族乡人民政府关于2017年度新一轮退耕还林实施方案》，主要内容如下：

二、确定退耕范围

依据第二次全国土地调查和年度变更调查成果和上级文件要求，严格限定我乡的退耕范围：未有实施任何项目并符合退耕条件的陡坡耕地优先纳入新一轮退耕还林范围；建档立卡贫困户在坡耕地上2008年后种植的核桃和2012年后种植的澳洲坚果，没有享受过项目资金补助且符合项目实施条件的，经林业技术员核实后，酌情纳入我乡新一轮退耕还林范围；对涉及 11 个村、1502 户建档立卡贫困户，除第一轮退耕还林退耕地以外，已实施过其他造林项目，但造林成效不明显、产业布局不合理的陡坡耕地，25 度以上空白坡耕地，泥石流和滑坡等地质灾害频发的15—25 度坡耕地，酌情纳入我乡新一轮退耕还林范围。

根据上级文件要求，我乡确定九种地块不纳入：老茶园和新近种茶园不纳入；原为承包农地并属于"核桃＋茶叶"地块，但茶树长势比核桃好或核桃种植棵数不足规定标准的地块不纳入；已办理《林权证》的咖啡地块不纳入；原承包为水田地块不纳入；有桉树或其他非文件要求退耕种树的地块不纳入；因管理跟不上已撂荒的地块不纳入，草山、岩子和无法实施造林的地块不纳入；已有《林权证》的地块不纳入；已实施过退耕还林项目的地块不纳入；有权属争议的地块原则上不纳入。

三、合理规划退耕树种

退耕树种严格规定为核桃和坚果。核桃每亩标准不低于 10 株，澳洲坚果每亩标准 22 株。未按规定树种种植、未按规格标准种植和尚未种植的规划地块均视为空白地块。

四、完善政策补助

新一轮退耕还林每亩补助 1500 元，其中：直接补助到户1200 元，种苗造林费 300 元由县级统筹安排，经检查验收合格后兑现资金：第一年 500 元/亩，第三年 300 元/亩，第五年 400元/亩。

五、项目管理

我乡新一轮退耕还林项目，采取农户自愿、政府引导、应退则退、实行统一规划、分期实施的原则。第一期：按规格标准和规定树种已实施且通过验收的规划地块；第二期：已按规格标准和规定树种已种植但未进行管护且未通过验收及空白尚未实施的地块（必须按要求实施并通过验收）。项目实施管理上实行责任制和合同制并行，质量控制和监督上实行四公示（面积公示、造

林公示、验收公示、兑现公示）和三验收（县级自检自查、省级
验收、国家核查）。①

近几年来，核桃、澳洲坚果、茶叶、咖啡是后箐彝族乡力推的产
业。从退耕还林实施方案中可以看出，退耕还林支持力度较大，主要
采取农户自愿的原则，由乡政府领头组织开展退耕还林工作，退耕还
林的范围及树种明确，并且给予资金补助。退耕还林的实施效果较
好，后箐村和营盘村的大多数坡地上都栽种了核桃、澳洲坚果、茶叶
等经济林木，营盘村现共有核桃 81700 株、茶 1190 亩、澳洲坚果 600
亩、咖啡 314 亩②。坡耕地水土流失严重，以经济林木代替农作物能
发挥保护生态环境、增加农民收入的双重功效，政府主导和农民愿景
相结合的新型生态文化在生态文明建设中产生了实际效果。

在开展新一轮退耕还林过程中，比较注重落实，从《退耕纪律温
馨提示》中可略知其纪律的严肃性：

1. 指界期间严禁喝酒，如有违反取消当天指界资格并且不得
进入室内。

2. 指界期间严禁在室内吸烟、大声喧哗、接打电话（手机
要求开到静音或震动模式）。

3. 指界期间严禁顶撞、侮辱和言语攻击技术人员、小组负责
人和其他工作人员。

4. 指界期间严禁弄虚作假、违反要求和原则，必须按上级要
求如实指界，严格执行"九不纳入"要求。③

从中可以看出基层政府意识到界线对土地管理及开展工作的重要
性，对退耕还林指界工作做出了严明的纪律要求。

---

① 资料由临沧市云县后箐乡营盘村民委员会提供。
② 资料由临沧市云县后箐乡营盘村民委员会提供。
③ 资料由临沧市云县后箐乡后箐村民委员会提供。

（二）注重保护耕地的规约

澜沧江流域彝族聚居区的部分村规民约中有保护耕地的内容，临沧市云县后箐乡营盘村《村规民约》：

第一条　全体村民均有保护耕地的义务。村内任何组织和个人使用土地都应服从村的统一规划和调整，不得侵占，买卖或者以其他形式非法转让土地。

第二条　村民建房必须服从本村规划，并按照规定程序申报，在领取《建房许可证》后，按批准的地点和面积施工建房。

第三条　严禁荒废耕地，对荒废耕地者，除责令限期复耕种外，报乡人民政府依法收取抛荒费。

第十六条　农户所承包的田地，任何人都不得强行抢占、霸种，也不得移埂挪界。经教育不听者，除令其归还外，每霸占、挪占一平方米处违约金50—200元。[①]

从中可以看出，规约主要涉及村民保护耕地的义务、建房用地的审批、严禁抛荒、田地界线四个方面的内容，其中明确了村民对土地的权限和界线，有利于调动村民耕种的积极性，界线明确后不易发生土地纠纷。抛荒耕地的范围不明确，应根据土地状况而确定抛荒耕地的性质，并且要考虑时间因素。离居住地较近的肥沃土地如果达一年以上可定性为抛荒，离家较远耕种不方便的土地本应进行定期休耕，这样既能发挥保护生态的作用，又能使土地有一定的收成，因此休耕不应定性为抛荒，反而应该鼓励休耕。

临沧市凤庆县雪山镇立马村1996年《村规民约》中有严禁毁林开荒及明确土地界线的规定：

第十三条　严禁侵占国家集体土地、山林，严禁毁林开荒。

---

① 资料由临沧市云县后箐乡营盘村民委员会提供。

集体承包到户的土地、山林、经济林木，农户有管理权、经营权、使用权，所有权属集体所有，对无能力耕种的应主动交还集体，由集体进行承包，承包土地的界线一律以责任制到户时划定的为准，任何农户不得侵占，违者处以 50—100 元违约金。[①]

（三）注重保护水源的规约

一些村规民约对保护水源卫生具有重要意义："大理市凤仪镇后山彝族村的村规民约规定：禁止在泉源、水井里洗脸、洗手、洗脚、洗衣物等；禁止在溪流里抛丢脏物（指死猪、死狗、死鸡等）；禁止在水里大小便；要保护好一切水资源。"[②] 四条禁令全是关于不能污染水源的，可以看出当地村民对用水卫生的重视。

总体上看，保护水源的规约主要体现在水源管理方面。大理市下关镇大麦地村 1997 年《村规民约》第六条是水源管理方面的条款，具体如下：[③]

1. 人畜饮水，按村公所自来水管理执行。

2. 在农忙季节，管好、用好水源，保障按质按量完成任务；管水人员要 24 小时保证流水畅通，坚持一把锄头灌水。群众意见较大的扣发报酬，非管人员挖水，一次罚 20 元至 50 元。

3. 严禁在水沟两旁放牧，要保护水沟，保持水源清洁。违者每条、匹罚 5 元至 10 元。

4. 爱护水电设施，保障用户用电、用水。

对保护水沟、确保水流畅通、水源清洁做出明确规定，"一把锄

---

① 黄珺：《云南乡规民约大观》下，云南美术出版社 2010 年版，第 595—596 页。

② 大理白族自治州彝学学会：《大理彝族民间民俗系列丛书之祈求于自然和祖先的庇佑——大理彝族祭祀》，中国文艺出版社 2011 年版，第 143 页。

③ 大理市彝学学会编：《大理彝族文化》，云南省大理州文化局准许印刷，1997 年，第 81 页。

头灌水"的方式能确保农忙用水秩序，同时提高了用水效率。

临沧市凤庆县雪山镇立马村 1996 年《村规民约》的第十四条是专门针对水资源管理的：

> 第十四条 参加农田水利建设是每个公民应尽的义务，必须积极参加不得避匿，对破坏农业基础设施的按照《农业法》和《水利法》的有关规定给予教育，同时按下列条款进行处罚，情节严重的交司法机关严肃处理。
>
> （1）每年沟渠修复整改，农户必须在村所统一安排下积极参加修复，并承担应负担的工款任务，违者给予工资 1—3 倍的处罚。
>
> （2）任何人不得侵占沟渠设施，因侵占沟渠影响他人生产生活的除责令整改修复外，处以 50—100 元违约金。
>
> （3）因自然灾害造成的沟渠塌方需要重新整改占用土地的，所涉及的农户必须给予大力支持，不得阻挠，如因局部影响集体利益损失的由当事人负责赔偿并处以 30—60 元违约金。
>
> （4）对破坏水利设施造成损失和伤害的予以 20—50 元违约金。
>
> （5）任何公民都必须严格执行轮班制度用水，在不是本社本产水班期间擅自乱放水一次给予 10—40 元违约金处罚，因抢水打架斗殴造成伤害，轻者处以 20—50 元违约金处罚，重者交司法机关查处。①

此条款是专门针对水利做出的规定，主要包括沟渠修理及水利分配两个方面，具有维护水利设施及水资源利用的意义。

水利设施是正常用水的重要保障，临沧市凤庆县勐佑乡新林村1988 年《村规民约》第九条对保护水利设施做出了规定：

---

① 黄珺：《云南乡规民约大观》下，云南美术出版社 2010 年版，第 596 页。

第九条　如有损坏沟渠、坝头、水塘，视其情节、态度罚款 10—50 元。①

（四）注重环境美化的规约

乡村美是人居环境的重要内容，澜沧江流域彝族聚居区的部分村规民约中有注重环境美化的内容。大理市下关镇大麦地村 1997 年《村规民约》第五条从家禽家畜管理、防止瘟疫传播、环境卫生、绿化美化村庄等方面做出严格规定，具体如下：②

1. 家禽、家畜只准关养，不准放养（猪、鸡、鸭、鹅）。如牲畜进入封山幼林区，损害幼林、庄稼的，（村委会）有权将牲畜屠宰。

2. 严禁购进瘟猪、病鸡，违者罚 20 元至 50 元，严防猪、鸡瘟病传播。死禽、畜尸体要远离村寨，深埋处理。

3. 有计划地整修村庄道路，从严治理脏乱差，把村边路旁影响卫生、妨碍交通的泥潭臭水清理干净，村庄每年检查两次卫生工作；在检查中发现影响人民身体健康的批评教育，屡教不改的罚 50—100 元。

4. 讲究卫生，美化环境，院内种植果树和花草，房前屋后，家家户户，搞好绿化，治理水沟，整修道路，使庭院内保持清洁卫生，房前屋后果树成林，水沟流畅，道路无阻。

---

① 黄珝：《云南乡规民约大观》下，云南美术出版社 2010 年版，第 591 页。
② 大理市彝学学会编：《大理彝族文化》，云南省大理州文化局准许印刷，1997 年，第 81 页。

第四章

澜沧江流域彝族传统生态
文化的思想及价值

澜沧江流域彝族在具体生产生活实践中，秉承利用与保护自然并重的生态理念，探索出趋利避害的生态取向，在利用森林过程中注重保护森林，在利用与保护自然资源之间坚守适度原则。利用与保护并重的生态理念既维系了长期的生存活动，又促使生态环境能够良性运转，进而持续为彝族的生存提供条件。在适应与利用自然的过程中形成了敬重自然的生态伦理思想，主要包括对自然环境在人类生存中重要性的认知、感恩自然的情怀、敬重生命的处世态度、遵循自然规律、可持续发展思想五个方面。概而言之，澜沧江流域彝族传统生态文化中凝聚着人与自然和谐共生的思想，其核心在于人与森林和谐共生。在生态危机困扰人类的当下，彝族利用与保护自然并重的生态理念和敬重自然的生态伦理思想中所蕴含的生态价值愈显重要，应该汲取彝族传统生态文化中的生态思想，为生态教育、生态环境保护、生态文明建设提供借鉴。

第一节　利用与保护自然并重的生态理念

一　趋利避害的生态取向

生态环境对人类的影响是双向的，既有有利的一面，也有对人类造成危害的一面，澜沧江流域彝族对生态环境的两面性有清楚认识，既能认识到环境的重要性并充分利用，又能意识到环境的危害性而加以防范，归结起来体现出彝族趋利避害的生态智慧。针对夏季多雨的气候，建房时考虑防水防潮，建很长很高的房檐以利于排水，打厚实的地基以利于防潮，房后有既长且深的阴沟以利于排水。

传统习俗中蕴含着防病虫害、瘟疫的思想，一些活动中表现出规避病虫害、瘟疫的方法。为了避免毒虫毒蛇侵害，漾濞彝族立夏会在房屋周围撒一圈灶灰。火把节有用火把灭虫害的含义。普洱市彝族认为火把节"撒火把"能起到驱赶蚊子、苍蝇的作用，撒火把表达着人们驱除魔邪、赶走瘟疫的求吉心理。撒火把的诵词中也能体现出撒火把有除害虫之意："三撒火把除害虫，虫灭苗盛。"彝族总结出一些防范动物侵害的常识，这从谚语中可以看出，如："哇哇叫的青蛙不会伤人，不出声的蛇要谨防来咬。"[①] 道出要防蛇咬但不用防青蛙侵害的野外生存经验。火把节燃烧火把代表着彝族消灭害虫、祛除瘟疫的心愿，其间蕴含生态和谐的理念。镇康彝族五月十三要"送瘟神"，选好猪并挂以彩纸，用大刀将猪砍死献瘟神，以茅草索横拉在村子各通道路上，把用盐酸树做的马、矛等兵器模型挂在索上。[②] 永平彝族每年农历五月十八过挡路节，挡路节含有彝族防控瘟疫的心理："挡路又称挡道或拦路，意即挡住侵害农畜的瘟神，让它们不要侵害猪、牛、羊、马等家畜，以求家畜兴旺平安。"[③] 送瘟神、挡路节、火把节都处于瘟疫病虫害流行的酷暑时节，杀猪献瘟神有祈求瘟疫不要降临、传播之意，用挂满兵器模型的绳索横拉在村寨通道上意在阻挡瘟疫进村，挡路对控制瘟疫传播本身具有一定效果，火把能够烧死一些病菌和害虫。每年农历二月初八南涧县公郎镇盖瓦洒村的彝族都会举行祭"哑神"的活动，祈求"哑神"能够抵御自然灾害，祈求风调雨顺，给人们带来平安，故事中反映出人们对自然灾害的恐

---

① 巍山县民间文学集成办公室编：《巍山民间谚语集成》，大理市印刷厂1990年版，第6页。

② 镇康县民族事务委员会：《镇康县民族志》，云南民族出版社1994年版，第53页。

③ 大理白族自治州彝学学会：《大理彝族民间民俗系列丛书之祈求于自然和祖先的庇佑——大理彝族祭祀》，中国文艺出版社2011年版，第132页。

惧和无助心理。五月端午在门上挂菖蒲据说有驱鬼的效果，把水麻桑树插在门的两边，以辟邪和防瘴气。彝族的一些节日具有消除瘟疫、祛除害虫的功能，同时也表现出彝族消瘟除害的生态意识和良好愿望。

就地取材防止或祛除病虫害。自治农药防治病虫害，20 世纪 60 年代后期，景东县大街乡彝族用野葛根、大将军、核桃叶、金刚钻、老烟叶捣烂泡水 1—2 天后喷洒到庄稼上防治黏虫①。这种农药全部采用植物根茎叶做成，属于生物性农药，能够避免化学药品造成的生态污染。通过草烟来防止蚊虫、蚂蟥、毒蛇的侵扰："中老年男女普遍都抽本地种植的草烟，烟味极为浓烈，雨季在生产劳动中吸烟有驱逐蚊虫的效果，在野外喝生水时草烟可防止蚂蟥入口鼻。野外过夜，吸草烟可防毒蛇的袭击，烟焦油可入药。"② 吸草烟的习俗对于保护人体免受毒蛇害虫的侵害具有重要作用。

干净清洁的水有利于身体健康，彝族十分注重水的卫生。澜沧江流域彝族还特别注重水源卫生，如巍山彝族在"龙潭"上盖房子保护水源，到龙潭取水要用固定的容器，不能直接在"龙潭"里洗菜、洗衣物等，更不能让洗东西的脏水淌进龙潭。③ 彝族支系蒙化人十分注重河流水质："妇女们不得在河里洗衣服和洗娃娃屎布之类的脏物，洗衣水不得泼进河里。"普洱市彝族支系倮倮泼在正月初二祭龙时青年男子要修水沟、淘涤水井。这样的一些做法对于保持水源的洁净十分有利，给身体健康增加了一道防线。选取好的水质也是讲求用水卫生的表现，沙石涧流水质最好，这从《撒松毛调》的调词"沙石涧流着三种水，你可拿来洗松叶"可以看出④。巍山县马鞍山乡彝族

---

① 中共景东彝族自治县大街乡委员会：《景东彝族自治县大街乡人民政府·大街乡志》，2003 年，第 48 页。

② 云南省普洱市民族宗教事务局编：《普洱市民族志》，云南民族出版社 2009 年版，第 74 页。

③ 云南省编辑组：《云南巍山彝族社会历史调查》，民族出版社 2009 年版，第 200 页。

④ 思茅行政公署民委：《思茅少数民族》，云南民族出版社 1990 年版，第 258、292、311 页。

《忆魂经》中有一段话体现出对干净水的追求："门前有水井，娃娃洗过澡，井水不干净；山箐有流水，老母猪滚过，箐水不干净；漾濞江江水，细鳞鱼玩过，江水不干净；苍山顶积雪，雀鸟未玩过，野兽未喝过，雪水最干净，背来积雪水，为你洗净身。"① 选取洗尸水的唱词中表现出对水质状况的清醒认识和选用。

二　生计方式的多样性及生态保护

（一）错位利用资源以减轻自然环境的压力

耕作中含有错位利用土地资源的思想。土地分类中包含着错位利用思想，根据土地离家距离的远近及肥沃程度把土地分为火烧地、轮歇地、园子地（持续耕种地）三种类型，植被在弃耕、轮歇耕种中得以恢复，土壤肥力在这个过程中得到恢复，短期弃耕、轮歇耕种促使土地循环利用，植被与农耕交替运行，使土地资源得到可持续利用。每一地块中都有三种以上的农作物，豆类、玉米、瓜类、向日葵等混合耕种，有的庄稼地中有核桃树、茶树等经济林木，田埂、地埂上有稀疏的树木。作物品种矮、中、高合理搭配，地中、地边、地埂充分利用，一块土地中种有多种农作物品种，实现了对土地空间及土质需求的充分利用，缓解了优质耕地紧缺的状况。

流动放牧避免了牲畜对同一片草场的过度啃食和践踏，流动放牧给草场提供了恢复时间。放牧畜种表现出多样化特征，常见的有牛、羊、猪等牲畜。放牧畜种的多样性能起到保护生态的作用，因为牲畜采食对象的差异，多种牲畜混合放养有利于错位利用牧场资源。彝族牛羊混合放牧对保护牧场资源是有利的，羊主要采食灌木叶，牛大多采食地面的青草。羊身体灵巧，可驻足于陡坡采食，而牛则主要在平地或缓坡地带采食。错位采食分散了牲畜对牧场的压力，从而保障了牧场资源的持续利用。

木材利用中含有错位利用树种的思想。利用木材特别讲求根据功

---

① 云南省编辑组：《云南巍山彝族社会历史调查》，民族出版社2009年版，第187页。

能需求采用适当的木材，用作木材的树种十分广泛，这是对当地森林树种多样性的充分利用，既不会因集中采用单一树种做木料而导致某种树木品种消失，又有利于保持森林树种的多样性，进而促进森林生态系统的平衡。适当及上好的材质能使房屋、器物等使用年限更为长久，错位利用木材延长了使用年限而有利于保护森林。

狩猎中含有错位利用动物资源的思想。狩猎的对象包括多种兽类、禽类。捕获猎物的多样性可避免因集中猎捕某一种或几种动物而导致部分动物的灭绝，猎捕对象的错位对于保护动物物种多样性具有重要意义，进而能够促进森林生态系统平衡。

采集中含有错位利用植物资源的思想。采集活动分布在不同时段，春天主要采摘植物的花、芽、嫩叶，夏天及秋初到山林里捡拾菌子，秋天主要采摘野果，冬天挖取块根。采集空间也具有明显的错落感，分布于地下、地面表层、较矮的灌木、稍高的树木等。采集种类则涉及多种科属的植物。时间上的错位为采集对象提供了恢复时间，空间、种类上的错位分散了采集对象，较好维护了采集对象的多样性和生物多样性。在森林状况较好、采集技术得当、采集作为农业补充、排除过多商业获利的情况下，采集不会对森林造成破坏，采集中含有维护植物种类平衡的思想，适当采集是人类充分利用森林资源的有效途径。

（二）混合生计以促进生态平衡

澜沧江流域彝族传统生计方式具有明显的多样性特征，生计来源由农业、畜牧业、林业、狩猎、采集等多种形式混合而成，这与山地生态类型的多样性及森林资源的丰富性相适应，多种生计方式分解了因生存需求对脆弱山地环境造成的压力，从而起到促进生态平衡的作用。

各生计方式之间形成密切的互补关系。畜牧业为农业提供畜力，另外还为农业发展提供肥料，具有促进粮食增产的意义。农业有利于促进畜牧业的发展，农业中的秸秆、粮食为畜牧业发展提供饲料。农田闲置时转化为间歇式牧场，庄稼收割后的田地用于放牧，作物掩蔽下的嫩草及遗落的粮食为牲口提供优质饲料，离住房较远的土地长时间处于抛荒状态，抛荒时期做牧场使用。耕牧结合的生产模式使土地资源得到充分利用，其结果就是粮畜双收。森林除了能够提供木材、薪柴、果品外，还对农业、畜牧业的顺利进行有积极影响，而且直接决定着狩猎、采集的存在与发展。山地生态环境中起决定性作用的要素是森林生态系统，混合生计方式与森林密切相关，甚至还直接从森林中摄取资源，如果处理不好人的生存与森林保护的关系，势必造成生态环境的严重破坏。怎样才能协调好人的生存与森林延续之间的关系，这是较为棘手而又必须破解的问题。混合生计方式能够协调人的生存与森林延续之间的关系，畜牧、林业、狩猎、采集等生计方式的存在避免了过度依赖农业，降低了农业垦荒对森林的破坏。生计方式的多样性客观上推动了对森林资源的适度利用，有效规避了单一生计方式造成对森林资源过度摄取和利用而带来的生态后果，最终达到促进生态平衡的良好生态效益。

三　生态与生计并重的人居向度

山地森林环境在给山民提供大量生存资料的同时又具有一定脆弱性，而村寨选址关系到生存活动的正常运行，在过于依赖自然资源的传统社会，一个村寨及其周边地带通常构成索取生存资料的地理单元，一定地域范围的生态资源所能承载的人口生存诉求是有限的。彝族村寨选址不仅考虑与自然环境的适应，更重要的是谋求生存需求，村寨选址讲求四个关键要素，即靠山、近水、向阳、有林，四个要素都能满足是最理想的人居环境，靠山和有林实际上可归并为对森林要素的诉求。"有林"是必备要素，因为森林在彝族生产生活中具有决定性作用，放牧、采集、狩猎、肥料、水源、服饰、建材等与森林密切相关，森林的涵养水源功能又为"近水"提供了条件，彝族的村寨选址在生态因素方面的考究为其生存提供了重要构件。居住不仅仅是安身的问题，还必须提供生存所需要的条件，生态因素对于生存的重要性激发了彝族保护生态环境的意识，森林提供给彝族丰富的生存资料和美丽的生态环境，因此彝族保护森林的意识尤为突出，具体表现在用林过程中的可持续思想、神山神林神树的信仰体系、护林碑刻及乡规民约中保护森林的内容等多个方面。分散居住的方式确保了一定区域内的生态环境不会遭到严重破坏及生态自我修复功能的正常运行。人类在村寨选址方面都会考虑生存因素，然而不一定都注重生态要素，彝族在村寨选址中表现出生态考究和生存诉求的二元同构，即生态与生存的耦合，为了使生态因素能被可持续利用，彝族总结出大量保护生态的智慧，于是促使人居环境中孕育出人与自然和谐共生的理念和现实图景，使彝族村寨"林、水、阳"的生态意象更加持久和凸显。俗话说"一方水土养一方人"，是指地域环境对人类生存方式具有决定性影响，但如果仅单方面强调水土对人的养育，终究会落得"一方水土"环境恶化、"一方人"生存难以为继的恶果，而彝族的生态理念中既有"一方水土养一方人"，又有"一方人养一方水土"，村寨选址对生态因素的考究即"一方水土养一方人"的理性思考，而保护森林、分散居住等有利于生态环境的实践正是"一方人养一方水土"的正面回应，人与自然和谐共生的理念在生态考究与生存诉求中得以呈现。

人类与生态共存是有条件的，一定区域的生态资源确实能满足相应数量人口的生存需求，这对人口数量和生计方式都有对应的要求，倘若人口数量剧增，超过生态资源能承受的界限，就容易造成生态破坏，另外与生态环境不相适应的生计方式也必将对生态环境造成严重破坏，彝族农牧兼营并辅之以狩猎、采集生计方式是与生态环境相适应的，不会对生态系统的重要因素——森林造成严重破坏。然而，当过度强化生存诉求时，人类与生态共存的关系将被打破，森林植被减少带来一系列生态灾害，如干旱、泥石流、山体滑坡、风灾等。在过于强化经济利益的情况下，当生存诉求演变为经济诉求时，就会出现大量破坏生态环境的行为，伐售木材、矿冶对森林的破坏较为突出。茂密的森林能够满足当地彝族民众诸如建房、薪柴、生产工具、生活用具等正常的生活生产需求，但当木材变为商品并大量出售时，就必将对森林造成严重破坏；矿冶对森林造成的破坏主要表现在采矿和冶炼方面，采矿过程中矿洞的开挖及泥土堆置等都会破坏森林，冶炼需要大量薪柴。因此，与生态共存只有在人类选择自然、适应自然、取之有度、保护自然的生态思想下才能够实现。生态文化的核心问题也正是要探讨与生态共存，单方面强调生态而忽视人的生存不能构成生态文化，缺少人的活动，文化命题不能成立，只鼓吹人的生存而不考虑生态环境的承受能力又陷入了"人类中心主义"，生态文化讲求生态与生存并重，具体路径是生态—生存—生态—生存，意即生态环境决定生存方式、生存方式适应生态环境的实践有利于生态的平衡、平衡的生态又能为生存的延续提供条件，这是一个循环的路径，而维持循环持续的决定性因素在于生态平衡，平衡的关键在于取之有度：其精旨在于人类选择自然、适应自然、取之有度、保护自然四个向度的生态思维，简言之，人在面对自然时既不是无能为力又不能为所欲为。彝族村寨选址及其生存实践体现了四个向度，村寨选址与选择自然相对应，传统的生计方式与适应自然、取之有度相适应，保护森林、分散居住是保护自然的具体表现。

四 用林与护林兼济

保护森林的程度与森林的物质性利用程度呈正相关。人们对村寨周围森林的重要性有充分认识："房后大森林，一棵可顶十棵价，不必带着刀斧去。"正因为房后森林重要，所以才要更加注重保护，而不能施以斧斤。"房后的大森林里，山羊绵羊都在那里，枯叶新芽都遭殃。""山羊绵羊都在那里"透露出过度放牧的现象，"枯叶新叶都遭殃"是过度放牧的恶果。"半坡的人惦记后山森林"同样道出了彝族对村后森林的重视①。弥渡县弥城镇彝族对森林资源的重要性有深刻认识，形成了爱护森林的意识，对森林除了修枝打杈做薪柴外，从

---

① 杨茂虞、杨世昌编译：《彝族打歌调》，云南民族出版社 2002 年版，第 193、194、502 页。

不大片砍伐，对村寨周围的绿化、保持水土、防止滑坡都起到了重要作用。

森林的重要性成为彝族保护森林的原动力。彝族利用森林、森林为彝族提供大量生活资料及美丽的自然环境："彝族依山而居，依靠生产资源而生，深知山产的重要，爱山护山成了普遍的共识，山地谁开、谁有，收获归谁，村前寨后都有茂密的森林，平日解决薪柴。建房造屋或出售商品林木，都是各家各户，在自己的山产上种出来的产物，成材了砍伐，然后又在原地再种再伐。"① 彝族能够从森林中获取土产资源、薪柴、木材等，正因为认识到森林的重要性，才会自觉爱山护山、种林用林，这样才使得森林循环往复，致使森林资源保存较好。"靠山吃山，吃山养山"②，道出了利用森林过程中更要保护森林的理念，"吃山"表达出对森林的利用，"养山"表明对森林的保护，正是彝族在利用森林的时候懂得保护森林，才使世代依靠的森林资源得以为继。彝族还认识到森林给人们带来绿荫："通往冥王的路上，据说有一棵翻叶发叶树，翻叶发叶树底下，风吹不到处，没有日光晒，说有这种地。请把我奶奶，送到风不吹，没有烈日晒，牵到那里去。"③ 把奶奶的灵魂牵到树底下避免烈日的暴晒，反映出生者对"翻叶发叶树"有遮阴功效的认知。

彝族具有保护森林的坚定决心。彝族中有很多保护森林的壮举，1943 年，弥渡县石佛哨村村民张学富为了阻止国民党五十三军砍伐森林，在与士兵搏斗中拉响手榴弹与国民党兵同归于尽。④ 为了保护森林甚至付出生命的代价，保护森林的热情可歌可泣。据永平县龙街

---

① 大理市彝学会编：《文化大理，彝家风采》，中国文艺出版社 2007 年版，第 35—36 页。

② 南涧县民间文学集成办公室：《南涧民间文学集成》，云南民族出版社 1987 年版，第 267 页。

③ 云南省楚雄彝族自治州人民政府编译：《彝族毕摩经典译注·祭祀经、巍山南涧彝族口碑文献》第五十五卷，云南民族出版社 2009 年版，第 30 页。

④ 盛代昌：《弥渡石甲彝族村大事记》，《大理彝族研究资料》第二集，大理市印刷一厂 1988 年版，第 120 页。

镇普渡村的何女士讲述，普渡村周围森林茂密、树木粗壮，20 世纪90 年代其他村寨的村民来普渡地界砍伐树木，受到普渡彝族村民的坚决制止，彝族村民保护森林的勇气和热情可见一斑，至今普渡村周围的森林状况依然较好。

保护森林的传统根深蒂固。彝族土司注重保护森林，大理州巍山县庙街镇云鹤村委会祖房箐村 2012 年拥有林地总面积 3747 亩，占村总面积 4335 亩的 86.4%[1]，说明古代作为左氏彝族土官祖坟所在地的祖房箐村森林覆盖率很高。20 世纪 50 年代末，澜沧江流域部分彝族地区的森林遭到严重破坏，云县后箐乡玉碗水村村民为了冶炼铜矿，大量砍伐村子附近山上的原始森林，直径 1 米左右的各种栗树、松树、水冬瓜树、椿树、香樟等树木都遭到严重砍伐。[2] 这些 1 米左右的粗壮树木要经过上百年甚至数百年才能长成，可以反映出这里的村民在很长一段时期特别注重保护生态环境，而且保护生态的理念世代承袭、积淀深厚，这就形成了内涵丰富的传统生态文化，正是当地彝族的传统生态文化捍卫着树木的茁壮成长。然而在"大炼钢铁"时期，大树被视为炼铜的重要能源，传统生态文化受到剧烈冲击。至今玉碗水村有林地面积 15370 亩，占全村总面积 19635 亩的78.3%。[3] 高森林覆盖率说明原始森林虽一度遭到严重破坏，但彝族村民内心的传统生态文化理念并没有因此消失，大量森林的恢复是村民传统生态文化发挥作用的结果，这个案例说明传统生态文化是具有连续性、底蕴深厚的文化形式。

形成在雨季植树造林的优良传统。澜沧江流域彝族把端午节当作植树的最佳时节，民间流传"端午棒头栽下去都能活"的谚语，此说法虽然夸张，但端午植树成活率高在当地是不争的事实，到了端午

---

① http：//www. ynszxc. gov. cn/villagePage/vreport. aspx？departmentid = 37281.

② 赵俊臣：《特困民族乡奔小康——云南省云县后箐乡的个案》，中国书籍出版社2004 年版，第 11 页。

③ 云南数字乡村网：http：//ynszxc. gov. cn/szxc/villagePage/vreport. aspx？departmentid =14 3037。

节，澜沧江流域进入雨季，土壤潮湿保证了树苗的成活率，这是澜沧江流域彝族总结出来并不断传承的植树经验，表现在行动上就是每年端午时节几乎家家户户都会植树。端午节可谓是澜沧江流域彝族的植树节，这一优良传统对于生态保护发挥了重要作用。漾濞彝族端午节这天都要植树，因此又叫植树节。① 当地至今仍保持农历五六月份栽树的优秀传统，这个时节栽树不用浇水，栽好后任其生长。

五 有机协调利用与保护自然资源的关系

澜沧江流域彝族利用自然资源以供生存，但同时又注重生态环境保护。彝族居住的山区生态环境保护较好，这与彝族良好的生态意识及保护生态的智慧有密切关系，从彝族地区能吃树花野生蔬菜可看出当地优质的生态环境，因为树胡子要在无污染的环境中才能存活。澜沧江流域彝族懂得大量利用自然资源来方便生活，云龙县彝族支系罗武人采用刻木、结绳方法记事，采用播撒种子、烧荒的火堆来计算面积。罗武人把木头、绳索、种子、火堆变成了记事、测量面积的重要工具，可以看出罗武人善于利用自然资源的智慧。"好明子只要一根"道出了用松脂多的柴火引火效果更佳。利用沟渠、竹木笕槽引水饮用："至民国年间，山区住户普遍用竹、木笕槽或小沟小渠引水饮用，'清泉山中出，厨中水自流'。"② 水和竹木都是重要的自然资源，这说明彝族能够因势利导充分利用自然资源给自己带来便利。如何处理好利用与保护自然资源的关系是一个看似矛盾又互相促进的命题，在森林资源利用方面，如果能适度利用森林，能促进森林的演替，但砍伐过度又会造成森林难以恢复及大量物种消失，对区域生态系统造成严重影响，反之能够很好地保护森林是持续利用森林资源的前提。彝族对自然资源的利用，最典型的表现在动植物方面，对于保护与利用动植

---

① 漾濞彝族自治县地方志编纂委员会：《漾濞彝族自治县志》，云南人民出版社2000年版，第136页。

② 景东彝族自治县志编纂委员会：《景东彝族自治县志》，四川辞书出版社1994年版，第208页。

物资源有着理性认识，这从调查问卷第 15 题"您认为人与动植物的关系是怎样的?"的统计结果可以看出，选"很友好""既要保护又要开发利用动植物""只是利用动植物"的分别占 26.0%、71.1%、2.9%，选"既要保护又要开发利用动植物"的占 2/3，可见彝族对协调好利用与保护动植物资源之间对立统一的关系有着清醒认识，这也正是彝族千百年来正确处理人与自然关系的缩影。

利用资源过程中对生态环境具有重要保护意义的在于保护森林。森林不仅是维护陆地生态系统平衡的轴心，更能给山民提供大量生活、经济来源，彝族深刻认识到森林的重要性而加以保护。大理市彝族在利用森林和保护森林方面形成一套用林与护林的生态体系："大理市乡村彝族多数居住在高寒山区，保护好森林生态是发展畜牧业、山地农业、确保资源永续利用的根本前提……历史上，定西岭地区彝族就以森林、木材为主要的经济生活来源。有了森林、良好的生态，就有了取之不竭的草山、草场、野花、野果、野菜、山货、山禽。山民的生存靠山，发展也靠山，靠山吃山养山成了植根于乡村彝族心底历久不衰的共识……解放前吊草村的生活主要靠贩卖木材、柴炭维持。解放后很长一段时间，凤仪镇、市郊乡的彝族日常用度也全靠砍卖烧柴来添补。为有效地保护森林木材资源、环境生态，规范户与户、村与村、族与族之间的林权，大理市乡村彝族制定过无数与森林、山场有关的村规民约。从清初至民国，每个村、每个社的此类村规民约冉冉不息。"① 这段话活化出大理市彝族居于山林、依靠山林、保护山林的人与森林和谐共生的生态图景。林木的实用性是彝族植树造林的重要驱动，在当代越发明显："进入 20 世纪 90 年代后，市场上松脂价格好，松林资源好的地方采松脂成了一个重要的经济收入来源。种树有很好的经济价值，有条件的地方农户种植了不少优质林木。"② 树木的经济

---

① 大理市彝学学会编:《大理彝族文化》，云南省大理州文化局准许印刷，1997 年，第 74—75 页。

② 云南省普洱市民族宗教事务局编:《普洱市民族志》，云南民族出版社 2009 年版，第 68 页。

价值成了农户种树的直接驱动因素。在制定森林保护法规时，有必要考虑村民与森林相关的生计问题，只有在两者间找到契合点，保护森林的法规才能得到农民的拥护，这样也才更具有可操作性。

利用资源中的节约意识促进了生态环境的保护。漾濞县雀山村彝族火葬焚尸后把骨灰撒在焚尸的地面上，第二年要在焚尸的地面上耕种庄稼，以求吉利，不能抛荒。① 这样的丧葬方式比之于土葬更有利于节约土地，具有较强的生态意义。彝族居住的山区旱季缺水，因此节约用水显得极为重要，蒙化人怕死后喝不完生前用水而晚超生的习俗有利于节约水资源："人们平时洗脸洗脚用的水也尽量节减，认为人老死后，先要把自己终生所用的洗脸洗脚水喝完后，才得重新超生为人。为了死后早超生，所以，人们就不愿多用水。"② 节约用水的意识以迷信形式表现出来，但在科学不发达而且崇尚鬼神的时期，这样的迷信能制约人们浪费水资源，客观上能够起到节约用水的作用。

第二节　敬重自然的生态伦理思想

一　认识到自然环境是人类生存的重要条件

自然环境的和谐互补、森林、水都是人类生存的重要条件。大地是万物生长的重要条件，《彝族创世史》中提到"茫茫大地上，遍布众生物"③，大地上分布着各种生物说明彝族认识到自然界万物相生及生物多样性的重要意义。在彝族的一些典籍中，体现出彝族对大自然的和谐审美意识："大地造成了平原，大地并不美观。地面要有盆地，地面要有高山；既要有雨露滋润，又要有阳光送暖；这样才能种粮食，人类才能生存发展。"④ 自然环境具有和谐互补之美，这构成

---

① 席德高、左江：《雀山村彝族火葬礼仪》，《大理彝族研究资料》第六集，大理市印刷一厂1994年版，第205页。

② 思茅行政公署民委：《思茅少数民族》，云南民族出版社1990年版，第273页。

③ 罗希吾戈、普学旺译注：《彝族创世史———阿赫希尼摩》，云南民族出版社1990年版，第15页。

④ 郭思九、陶学良整理：《查姆》，云南人民出版社1981年版，第11页。

了人类生存的必备条件。人与森林是一个互相关联的生态整体，人借助森林生态系统的良性运转而获得较好的生存条件，《彝汉教育经典》对此有具体阐释："山林中的野兽，虽然不积肥，却能供人食，可食勿滥捕，狩而应有限。山上长的树，箐中成的林，亦不可滥伐。有树才有水，无树水源枯。世上有万物，人缺水不行，畜缺水不行，虫缺水不行，五谷缺了水，还不如野草。"① 这段话教育人们不能滥捕猎物，不能滥砍森林，并认识到树木涵养水源的重要作用，话语中饱含着朴实的生态思想和以森林为核心的生态系统，在这个生态系统中森林处于重要地位，森林能够为居住于山区的彝族在农耕生产中起到固土、蓄水、积肥的作用。森林茂密的地方雨量更为充沛："暮春薄雾漫山野，龙潭老林雾笼罩，没有一日不下雨。"② 水是决定人类生存的又一重要条件，《永卓水松牧养利序》对水利的重要性有深刻的认识："以水利非但有益于一家，而有益于一邑。"③ 认为水利对家庭、对乡里都十分有利。

通过观察动物而获得引导生产生活的信息，反映出彝族以自然为师的生存智慧。巍山县马鞍山乡彝族《忆魂经》中有一段话体现出人与动物的和谐关系："天路认不得，扎自（一种黑毛的鸟）认得路，你要问扎自。地路认不得，阿诺（蚂蚁）认得路，你要问阿诺。水路认不得，阿色（野鸡）认得路，你要问阿色。柴路认不得，大拉（啄木鸟）认得路，你要问大拉。时间认不得，勒蚱（一种会叫的虫）管时间，你去问勒蚱。撒秧认不得，鹧鸪管季节，你去问鹧鸪。种荞认不得，鹧鸪扎实叫，你就种荞子。种麦时间到，勒扎大声叫，你就种麦子。阴路认不得，小猪认得路，请小猪带路。阴路认不得，公鸡认得路，请公鸡带路。阴路认不得，毛羊认得路，请毛羊带路。"经文中共涉及黑毛鸟、蚂蚁、野鸡、啄木鸟、虫、鹧鸪、小猪、公鸡、毛羊九种动

---

① 云南省社科院楚雄彝族文化研究所：《彝汉教育经典》1992 年第 10 辑。
② 杨茂虞、杨世昌编译：《彝族打歌调》，云南民族出版社 2002 年版，第 501 页。
③ 张树芳、赵润琴、田怀清：《大理丛书·金石篇》，云南民族出版社 2010 年版，第 1643 页。

物，包括昆虫、野生鸟类、家禽、家畜等，告诉亡灵问路途、问时间、种庄稼等都要问相应的动物，丧葬仪式往往是活人的心理或者生活体现，反映出人们通过观察动物来解决生产生活上某些困难，这是人们充分利用自然的表现，"问路""带路""问时间"等心理期冀体现出对动物的亲切感，反映出人与动物的友好关系。在表达众亲戚前来吊唁的热闹场景时，采用鸟类飞来的情景形容："请来众亲戚，请来众乡邻，吊丧的亲友，像阿扎（喜鹊）飞来，像阿尼（雀鸟）拥来。"① 把亲友前来吊丧比喻成像雀鸟一样飞来，可以看得出人与鸟的亲近关系。"不知砍柴处，鸳鸟（啄木鸟）它知道，去问鸳鸟去……不知端水处，雄雉知泉源，询问雄雉去。"② 砍柴问啄木鸟、端水问雄雉展现出人向自然学习的场景，表现出彝族以自然为师、与自然和谐相处的生态伦理。

因为自然环境是生存的重要条件，对破坏生态、污染环境的行为持反对态度。从调查问卷第 9 题"您认为自然灾害的发生与生态破坏有关系吗"、第 10 题"如果有一家污染严重的企业要到村子里投资建厂，您同意吗"可以看出至今澜沧江流域彝族对生态重要性仍然有深刻认识。第 9 题中选"有很大关系""有一定关系"的分别为 57.5%、40.3%，两项相加高达 97.8%，可见他们认为破坏生态对人类具有严重危害；第 10 题中选"不同意"的占 68.7%，说明绝大多数人对重污染企业是深恶痛绝的，更反映出彝族对良好生态环境的追求。

对自然环境重要性的认识还体现在保护自然环境方面，澜沧江流域彝族的生活习俗中含有公共生态意识，如不在河里洗脏衣服，禁止伐龙林、砍龙树、挖井泉等禁忌都体现出当地村民的公共生态意识。甚至在公共生态意识方面还有实际行动，如景谷县永平镇彝族香堂人每年农历四月十四过"背箩节"，这一天主要的活动是搞清洁卫生，各家清扫屋舍庭院，然后全寨人共同把寨里的垃圾扫除，用背箩把垃圾背

---

① 云南省编辑组：《云南巍山彝族社会历史调查》，民族出版社 2009 年版，第 188 页。
② 云南省楚雄彝族自治州人民政府编译：《彝族毕摩经典译注·祭祀经、巍山南涧彝族口碑文献》第五十五卷，云南民族出版社 2009 年版，第 120 页。

到寨外的河边倒掉。尽管集体打扫公共卫生的活动只有一天，但其中还是能够彰显出公共生态意识，同时也能激发人们的公共生态意识。

二 遵循自然规律

遵循自然规律的前提是认识自然规律，澜沧江流域彝族打歌调中唱道："不开花不会发展，愈开花就愈发展。"[1] 唱词中反映出彝族认识到开花对植物繁衍的重要性。树要根深才长得好："树怕根子浅，人怕多心人。"从云龙县的《字莲金墓志铭》中体现出对树木有根、水有源重要性的认识："盖闻木之本，水有源也。根之深者叶必茂。"《施国总墓志铭》中载："从来根深者叶茂，源远者流长。"[2]"根深叶茂、源远流长"采用了自然规律现象来比附家族繁衍不息，反映出对树木生长规律及水源规律的正确认识。彝族谚语中透露出对物候规律的深刻把握："正月正，大霜满田埂；二月八，冻死老黄鸭；三月三，冻害老婆娘；五月五，晒死皮老鼠；六月六，淋得哭；七月七，菇子出满地；八月八，干树根子会发芽；九月九，苍蝇炸破肚；十月中，树叶红彤彤；冬前冬后，冻破石盐臼；腊月二十五，梅花开满树。"用非常形象的语言展示出十二个月最具代表性的物候现象，能反映出彝族地区春夏秋冬的季节变化情况。巍山彝族总结出一套通过观察雾来预测天气状况的谚语："雾露顺山跑，大雨晴不了；雾露下坝，有雨不下""雾露雾山头，冻死老黄牛；雾露雾江，遍地是霜""雾露雾山中、必有大风""雾露散得快，天气要想怪；雾露散得皮（慢），上路莫着急"[3]。

以五行和谐运转为婚配的依据，遵循血亲不通婚的原则。以金、木、水、火、土相配相生为婚配合八字的依据："戊申乙酉大驿土，庚戌辛未差钏金。壬子癸丑桑折木，甲寅乙卯大溪水。丙辰丁巳沙中

---

[1] 杨茂虞、杨世昌编译：《彝族打歌调》，云南民族出版社2002年版，第45页。

[2] 云南省编辑组：《大理州彝族社会历史调查》，民族出版社2009年版，第60页。

[3] 巍山县民间文学集成办公室编：《巍山民间谚语集成》，大理市印刷厂1990年版，第65、71页。

土，戊午己未天上火。庚申辛酉石榴木，壬戌癸亥大海水。"①《六十花甲合八字歌》把自然界的各种元素相生相克应用到婚配上，体现出巍山彝族对自然界各元素相生相克道理的深刻认识，婚姻犹如自然界各元素的相生，只有遵循相生相克的规律，夫妻才能和谐相处。换言之，只有遵循自然规律，人们才能获得幸福生活。遵循血亲不能通婚的原则，最突出的表现是同姓不婚，巍山县部分彝族民众甚至在五代以内的父方平行旁系亲属之间严禁通婚②，说明澜沧江流域彝族对近亲通婚的危害有清醒认识。

视生老病死为人生的正常规律。对生离死别持坦然态度："人死好像花落地，拆离好像重托生。"③ 生老病死乃生命运转的正常规律，墨江彝族把老人的离世看作像睡觉般自然："死了你不要悲伤，也不要哭泣，就像睡觉一样眼睛闭着耳朵听，好好听了睡着去。"④

对自然规律的认识体现出较强的实用性，这在对金木水火土的认识方面表现尤为明显："金，是指农具，如锄头、犁头、镰刀等，无不是金属制成的；木，指铁农具上的木柄，也是不可缺少的；水，是日常生活所用的水及灌溉田、地的水；火，是不可缺少的，要烤火及煮饭才能生活；土，对农民来说更是宝贵，一切粮食蔬菜皆由土地中长出来。"⑤ 彝族对金木水火土的认识源于生活，对金木水火土的功用有清楚的认知。

三 感恩自然的情怀

彝族在利用自然生态的同时，对自然生态还存有感恩之心，原始

---

① 云南省编辑组：《大理州彝族社会历史调查》，民族出版社 2009 年版，第 55 页。

② 刘宏涛：《不熄的火塘——彝族腊罗巴支系的亲属制度》，云南人民出版社 2009 年版，第 26 页。

③ 南涧县民间文学集成办公室：《南涧民间文学集成》，云南民族出版社 1987 年版，第 171 页。

④ 墨江哈尼族自治县民族宗教事务局：《墨江哈尼族自治县民族志》，2007 年，第 115 页。

⑤ 云南省编辑组：《云南彝族社会历史调查》，民族出版社 2009 年版，第 147 页。

宗教信仰方面显得尤为突出。土地是粮食生产的重要条件，粮食是维持生命的根本，俐侏人祭祀田公地母，表达对土地的深切感恩，称呼土地为父母是俐侏人对土地感恩之心的升华。俐侏人祭龙祈晴、求雨，表现出对臆想中主宰晴雨的龙的感情。俐侏人的衣食住行和大山息息相关，他们崇拜山神、林神、树神，实质是三位一体的山神崇拜，山神是中心，因为林、树都是山的组成部分，树神崇拜是山神、林神、树神崇拜的交汇点，因为此三者崇拜最后都以祭祀大树作为表达方式，山神、林神、树神崇拜昭示着俐侏人是大山的子孙，也彰显出俐侏人对大山的炙热情义。俐侏人还对一些崇拜的树木有感恩情怀，据说茶树和蜜花树都是俐侏人的救命树，俐侏人祭"茶祖"和崇拜"蜜花树"都流露出感恩心理。巍山彝族在祭祖时要在大殿门两侧插一枝黄栗树枝、一枝苦蒿枝、一枝竹枝，当地毕摩罗开亮解释了原因："彝族最早的先祖被蜜蜂在苍山黄栗树上找到，后麻雀拽竹把先祖引领下树，先祖下树后用苦蒿医治创伤。"[1] 从解释中可以看出彝族与动植物的友好关系，甚至认为蜜蜂、麻雀、黄栗树、竹子、苦蒿是救命恩人。布谷鸟给俐侏人带来播种消息，他们视布谷鸟为神鸟，其间透露出俐侏人对布谷鸟的感恩之意。

视土地及崇拜的树木为母亲。土地滋养了万物，于是把土地当作母亲一般。发现于巍山彝族"阿闭"（毕摩）罗兴家里的《无上虚空地母养生保命真经》展现出对土地的敬仰："天下五岳仙山境，山林树木母长成，庶民百姓不离母，五谷六米母长成，七十二样不离母，万物草木母长成，人活在世吃用母，死后还在母怀中……世上万物不离母，万物还是老母生。"[2] 经文中表现出万物由土地所生，人类的吃穿用度都靠土地，彝族把土地称为母亲，对土地的敬重之情溢于言表，地养人、人尊地，展现出彝族对人与土地共生关系的深刻认识。森林对于彝族的生存具有重要意义，彝族对森林有着深厚感情，与树

---

① 只廉清：《腊罗吉地》，云南民族出版社 2011 年版，第 17 页。
② 云南省编辑组：《云南巍山彝族社会历史调查》，民族出版社 2009 年版，第 205—206 页。

木间有着浓厚的骨肉亲情，把树木称作妈妈："把棠梨树喊作妈，把白花木认作妈。"话语中凝聚着彝族对树木的深厚感情和崇高敬意。甚至认为人去世后将回归到树根之下："在那树根下的人，哪一个是你妈妈？"① 彝族的生存依靠森林，有人去世归于树根的意念，到树根下寻找去世的妈妈表现出彝族与树木的生死相依关系。

四　敬重生命的处世态度

澜沧江流域彝族认为人与动植物都是自然界中平等的一员，与自然和谐相处才能实现人的生存和发展，对动植物生命持有敬重之情。彝族中普遍流传着"孕妇不摘果子"的禁忌，大理市的彝族中有"受孕后夫妇都不能爬树、摘果"的禁忌。"孕妇不摘果子"的禁忌体现出彝族认识到果树的果实犹如孕妇的孩子，采摘果实就像是毁掉自己的胎儿一样，里边蕴含着爱护幼果的生态伦理观念。"妻子怀孕丈夫忌打蛇，否则将会在孩子鼻梁上留下印记"的禁忌对蛇具有一定的保护作用。关爱弱小动物，这从巍山彝族的一些禁忌中可以看出："不能看见老鹰抓野鸡""不能看见豹子吃麂子""不能看见蛇吞青蛙"②。春天忌捕猎物，《劝善经》告诫人们春天不要随意捕杀动物："春日燎猎，胡乱杀龟打蛇也是罪，死了会殃及子孙。"③ 春天是动物繁殖的季节，春天不随意捕杀动物有利于动物的繁衍，从中体现出爱护动物的情怀。

树木在彝族地区是常见常用的资源，彝族对树木生命怀有崇高敬意。彝族老人教育年轻人树是有生命的，不能随便乱砍，即便要砍也不能全部砍光，如果砍一丛树要留主干，这样才会长出小树来，否则

---

① 云南省楚雄彝族自治州人民政府编译：《彝族毕摩经典译注·祭祀经、巍山南涧彝族口碑文献》第五十五卷，云南民族出版社 2009 年版，第 210、490 页。
② 云南省编辑组：《云南巍山彝族社会历史调查》，民族出版社 2009 年版，第 210 页。
③ 马学良等：《彝文〈劝善经〉译注·序注》，中央民族学院出版社 1986 年版，第 387 页。

树丛会死光，人会因此犯下罪过。① 老人劝诫的话语中具有两个方面的生态价值：尊重树木生命及可持续发展思想。迪庆州彝族竖立房中大柱子时要祭祀山神、树神，并且要按照树木生长方向树柱，这体现出对树木生命的尊重，即便树木被砍伐利用了，也要像活树一样挺拔站立。彝族对植物遭受破坏有一种怜悯情怀："风吹花树连根拔，气着多少戴花人。"② 然而对花的怜悯之情源自于花的美饰功效，彝族的用花与护花的矛盾心理在审美中交融。

五　可持续发展的生态伦理思想

尽管"可持续发展"在 1992 年人类环境会议上才被提出，但早在这之前，澜沧江流域彝族的传统文化中就蕴含"可持续发展"理念，这正是千百年来促使彝族地区资源用而不绝的重要原因。怎样才能做到可持续发展，李亦园在关于延续的解释中给出了较为理性的回答："所谓延续的意思是认清跟自然资源、跟其他的人、跟整个宇宙是连为一体，因此，应该维持共同和谐、均衡的关系。"③ 彝族在利用资源的过程中，正是秉承维持同自然共同和谐、均衡关系的理念，这才致使可再生的动植物资源用而不绝。彝族在采集菌类、药材时，流传着这样的古训："采多留少，采大留小，保证年年采，年年发，年年采，年年有。"④ 其间蕴含着深刻的可持续发展的思想。"靠山吃山，吃山养山""留得青山在，不怕没柴烧"中包含可持续发展理念，"前人种树，后人乘凉"⑤ 表现出彝族的代际可持续发展理念。注重保护幼林的行为中蕴含可持续发展思想，打歌词中体现出彝族保

---

① 大理白族自治州彝学学会：《大理彝族民间民俗系列丛书之祈求于自然和祖先的庇佑——大理彝族祭祀》，中国文艺出版社 2011 年版，第 141 页。

② 南涧县民间文学集成办公室：《南涧民间文学集成》，云南民族出版社 1987 年版，第 174 页。

③ 李亦园：《生态环境、文化理念与人类永续发展》，《广西民族学院学报》（哲学社会科学版）2004 年第 4 期。

④ 邹雅卉、左停：《云南社区森林的乡土知识及传承——临沧地区云县后箐乡勤山小流域案例研究》，《林业与社会》2004 年第 12 期。

⑤ 王丽珠：《祥云县少数民族志》，云南人民出版社 1990 年版，第 68 页。

护幼树林的品格："长着长角的老山羊，幼树林中去放，摧残嫩叶成长。"① 到幼林中放牧会对幼林造成破坏，说明彝族有保护幼林的生态意识，这对林业长足发展具有明显的促进作用。

确保动物的繁衍生息。彝族深知春天是动物繁殖、昆虫产卵的季节，《劝善经》中有规劝人们不要在春天狩猎、烧山的话语："春天到，野兽怀胎，飞禽下蛋，昆虫蝼蚁则产卵了。我们猎野兽、射飞禽，放火捕兽，烧山烧谷，昆虫蝼蚁成千上万的烧，不应该了。"② 话语中透露着彝族对野生动物的关爱，春天不狩猎、不烧山的忠告表现出彝族对生态规律有深刻的认知，其间包含可持续发展思想。

一些传统习俗有利于可持续发展。一些重要民俗活动中植树以作纪念："巍山县一些彝族地区，结婚时新郎新娘必须共种一升松子……南涧县也曾明文规定，建房或结婚，都必须种一定量的树。"这样的习俗对于森林的保持能发挥积极作用。巍山彝族深知种树对自身的益处，东山彝族地区新婚夫妇要共同种一升松子，称为"子孙树"；大三家、大羊凹、啄木郎、熊家营、新村等村寨，每生一个孩子父母必须种两亩华山松百日苗，称为种"娃娃树"。树木随着孩子的成长而成材，两亩树成为孩子一生的收入来源，到老年还要留3—5棵大树，称为"老人树"③。把种树通过习俗的方式相对固定下来，体现出种树的积极意识，而且种树的数量不少，把树和人的成长交织在一起，树除了带来直接的经济收益外，其生态效益也不容小觑。选派女孩放牧并希望母羊多产崽的心理实际上是可持续思想的表现。澜沧江流域彝族打到猎物有均分的习俗，这既保留了原始社会平均分配的遗风，同时又体现出分享公共资源的意识，共享猎物有利于野生动物的可持续发展，因为猎物大家都有份，不会造成为了得到猎物而人人捕猎的状况。

---

① 杨茂虞、杨世昌编译：《彝族打歌调》，云南民族出版社2002年版，第80—81页。
② 马学良等：《彝文〈劝善经〉译注·序注》，中央民族学院出版社1986年版，第387页。
③ 大理州民族事务委员会编：《巍山彝族回族自治县民俗志》，云南民族出版社2012年版，第190页。

第三节 传统生态文化思想的实用价值

一 有利于生态教育

生态教育的根本在于人对自然要有明确的认识，并且要在认识自然的基础上付诸行动，保护生态环境的自觉性进一步增强，保护生态环境的效果进一步彰显。澜沧江流域彝族能辩证看待人与自然的关系，能正确处理好人与森林的关系，在面对大自然时既不是无能为力，也不是肆意掠取，而是既充分利用自然资源为自我的生存带来便利和支撑，又不过度开发，在利用与开发中遵循适度原则，甚至在此基础上还有崇拜自然的行为，这里的崇拜可理解为对自然的敬重和深厚感情。另外对于砍伐树木、破坏生态的行为，又有一些乡规民约、传统禁忌对其进行约束。由是观之，澜沧江流域彝族传统生态文化中闪烁着适度开发利用、敬重自然、保护自然的生态智慧。生态教育说白了就是要使人们具有绿色消费、可持续发展、保护环境等一系列有利于生态保护的理念，澜沧江流域彝族的生态观念经过代际传承，已经扎根于很多彝胞的内心深处，生态教育就是要让人们从思想上对自然有深刻的认识，继而在行动上担负起自觉保护生态的责任，做一个彻头彻尾的生态公民。

为生态环境保护及人类生存的协同共进提供了可供借鉴的例证。澜沧江流域彝族的生态文化中具有可持续发展的生态理念，有一条这样的主线：较好的山地森林环境能给人们带来益处，在利益的驱动下人们又必须保护好山地森林环境，这实质上就是可持续发展观念的具体表现。澜沧江流域彝族充分利用自然，也懂得较好的山地森林环境能给他们带来较大的利益：有较直接的经济利益，以出售松茸、松子、核桃等山货获得金钱上的回报；也带来很多间接的经济效益，建材、燃料、放牧等。如巍山县大仓镇啄木郎村民有这样一段反映可持续发展的话语，当问及森林给他们带来的好处时称："可以到山上砍柴、伐木。特别是夏天到来的时候，满山绿色，相当漂亮。啄木郎村很少有山体滑坡现象，树多的地方就更没有山体滑坡。还有保证水源，2010 年干旱这里的井水都没干涸。以后还要多栽一些树。"村民质朴的话语中表现出对可持续发展的认识和理解，充分体现出"只有尊重自然、保护自然，才能更好地享受自然"的道理。巍山彝族生态文化可持续发展理念最直白的表达方式就是"要得富，多栽树"，这个"树"不是普通树，而是能给人们带来益处的"摇钱树"，生态利益和经济利益的契合点就在于此。这对广大山区的农村可以起到一定的借鉴作用，应该大力发展生态农业，走山、水、田、林、路综合治理的路子，林、农、牧、副、渔全面发展的模式，退耕还林还牧，防治水土流失，这对农业生态环境的保护大有裨益。保护生态环境、建设良好生态，目的是要在人与自然的和谐发展中使自然造福人类，发展生态农业，对农民致富与生态环境保护都有极为重要的意义。

二　有利于生态环境保护

传统文化中有大量有利于环境保护的因素："生活在边缘山区的少数民族，在传统文化中，保留着大量的保护生态环境的思想观念和行为习惯，在长期的实践中，经过大量的冲突和调整，已形成了一系列的内生机制，并以顽强的生命力维系至今，发挥着重要作用，影响着当地彝族的生产和生活。"[①] 澜沧江流域彝族中流传的对环境具有重要保护意义的系列文化，在历史上为澜沧江水的清澈和两岸林木的葱郁做出了贡献，发挥了作用，这也正是当今澜沧江流域彝族聚居区生态环境普遍较好的缘由所在。

环境是我们赖以生存的载体，保护环境就是保护人类自身。在物质层面，表现为利用自然资源方面注重对自然生态的适应和利用，而非刻意的改变和破坏。澜沧江流域彝族基于山区居住环境，探索出一套适应山地森林环境的生存方式，如刀耕火种的耕作方式，深色吸热

---

① 李晓莉：《论云南彝族原始宗教信仰对生态环境的保护作用——以直苴彝族村为例》，《西南民族大学学报》（人文社会科学版）2004 年第 6 期。

的保暖服饰，农、牧、猎、采集并重的生产方式，山地森林环境孕育
了彝族适应环境的生态智慧。俚伋人居住在冷凉山区，面临着平地较
少、交通不便等不利条件，然而俚伋人并没有放弃自己山青水秀的故
土，而采取适应和利用自然生态的方式来面对生活环境。他们把村寨
建在有树林的地方，树林为俚伋人的生活提供了绿色植物、新鲜空
气、木材、野菜、野果、水源、草药等，更重要的是俚伋人可以到树
林里放牧，这样既增加了他们的肉食蛋白又增加了一笔经济收入。俚
伋人用自己种植的麻织布，利用植物的汁液做染料。为了避免地气潮
湿及虫蛇侵害，古代的俚伋人把房子建在离地面三尺五寸的高度。他
们熟知下雨种茶成活率高、晴天采茶品质较好，充分利用气候条件搞
好茶叶生产。俚伋人民俗中表现出对自然生态的适应、利用和感恩，
反映出俚伋人与自然和谐相处的生态观念。俚伋人对生态的适应与利
用的理念告诉我们，在面对自然的时候，既不是束手无策，也不是肆
意索取，而是根据地理环境建造房屋，根据气候状况种茶采茶，根据
布谷鸟鸣叫播种庄稼。另外俚伋人靠山吃山，巧妙利用大山的资源，
衣食住行皆与大山有密切的关系。俚伋人对于祖祖辈辈繁衍生息的大
山有深厚的感情，甚至山神成了人们祸福的主宰，节日和山神一同分
享，遇到困难向山神祈求，就能够遇难呈祥。

澜沧江流域的彝族在生产中讲求轮歇休耕，不过度开发，使土地
能够保持一定的肥力，这样可以减轻甚至避免土地的荒漠化，另外对
预防水土流失也具有很好的效果。传统农业有利于生物多样性的传承
及农作物品质的保证，这从后箐乡20世纪50年代以前的农业状况可
以看出，具体情况见表4—1：

表4—1　后箐乡20世纪50年代以前的农业生物多样性情况表

物种类别	物种
农作物	稻谷、玉米、高粱、黄豆、冬荞、豆类、薯类、小麦、蚕豆、豌豆、洋芋、粟米
经济作物	甘蔗、棉花、花生、向日葵、咖啡、胡椒、生姜、辣子、茶叶、棕片、大竹、甜竹、花椒

续表

物种类别	物种
水果	黄果、橘子、杜果、番木瓜、香蕉、芭蕉、核桃、柿子、梨、木瓜、梅子、桃
家禽畜牧类	牛（本地灰皮水牛、黑皮水牛、本地黄牛、本地黑黄羊、荷兰牛 3 种和杂交后代 1 种）、马、骡、驴、猪（本地猪、内江秃嘴猪、四川荣昌猪及其杂交毛代）、本地山羊、绵羊（本地绵羊、丽江细毛羊 2 种）、兔、鸡（有本地黑肉鸡、本地白肉鸡、来杭鸡、贵洛黄、九斤黄）、鸭、鹅
药材	刺黄连、龙胆草、三七、吴茱萸、虫蒌、榨山叶、草乌、防风
植物资源	云南松、栗树、水冬瓜、红木、椿树、华山松、杉树、杨梅、香樟、白花树、竹类、杜鹃、红山茶、白山茶、鸡枞、木耳、蕨蕨、墨兰、虎头兰
动物	虎、豹、野猪、猴子、獐子、黑熊、狐狸、狼、穿山甲、孔雀、白鹇、箐鸡、水獭、旱獭、黄猴、野猫、黄鼠狼、野兔、鹦哥、喜鹊、画眉

资料来源：《1988 年云县乡镇概况·后箐彝族乡分册》，转引自赵俊臣等《特困民族乡奔小康——云南省云县后箐乡的个案》，中国书籍出版社 2004 年版，第 148 页。

从表中可以看出，后箐乡在农业及野生动植物方面都具有明显的生物多样性特征，这得益于传统生态文化理念中对生物多样性的重视及保护生态的实际行动。

在精神层面，他们崇尚自然，崇拜花草树木、潭泉河流的习俗客观上给人类带来了花香鸟语、绿茵铺地、山泉叮咚，这是大自然给山乡彝胞的福祉，是彝族注重保护生态的结果。澜沧江流域彝族自然崇拜中体现出对生存环境的爱护，彝族所崇拜的天地山川、动物植物正是自己的生存环境，把生境当作神崇祀从客观上有利于保护生态环境。

在制度层面，澜沧江流域的彝族村寨流传着保护环境的制度规约和信仰禁忌，能够对破坏环境的行为和个体起到约束作用。俐侎人"立丛"制度及对神山、神林、神树、动物的崇拜等，对森林、树木、动物保护具有积极意义，为俐侎山乡留下了一片片森林、古木、动物。例如，俐侎人的主要聚居地之一永德县乌木龙乡的生态环境就相对较好，全乡有林地 116000 余亩，占总面积的 40.36%，珍稀动植物资源有麂子、马鹿、山骡、野猪、虎、豹、熊、孔雀、白鹇等，植物有松、栗等。①

三 有利于生态文明建设

澜沧江流域彝族生态文化中始终贯穿着一条人与自然和谐相处的生态主线，这对生态文明建设具有重要的借鉴意义。在物质层面，彝族充分利用自然环境，把村寨安排在较为恰当的位置，村后的树林既可带来美丽的村寨环境，还可以放牧及采摘野生蔬菜，村前的土地提供了粮食，这样就形成一条系统利用生态的链环；衣服上花朵的绣饰，房屋上动植物图案及造型的装饰，用具上喜用自然天成的物品，所有这些，无不体现着彝族喜爱自然、亲近自然的绿色情怀。在精神层面，他们敬畏自然、感恩自然、尊重自然、善待自然，体现出浓烈的生态伦理观念。自然崇拜对生态保护发挥了积极作用，如双江县控角寨彝族有祭龙的习俗，祭祀活动在龙林中举行，村后的龙林保存较好。制度层面上，制定了保护生态的相关规约，这是保护生态、爱护环境最直接的体现。

在生态文明建设的大潮中，人与自然和谐共生是核心，在面对自然的时候，人类既不是自然的奴隶，也不是自然的主宰，而正确的人与自然关系是人类是自然密不可分的一部分，人类与自然的关系不是征服与被征服，人类要适应、利用、热爱大自然，这样大自然才会回馈给人类一个美丽、清新的自然环境，才能达到人与自然的协调、可持续发展。彝族与自然的关系是相互满足，这从巍山彝族《创世歌》的一段话中可以看出："麻雀哪里来？龙竹树上来！地上生五谷，田谷你来吃。田谷你来吃，莫抓娃娃脸，剁肉给你吃，莫啄娃娃眼，飞鼠来你叫，莫给娃娃哭，老虎来你喂，别让吃娃娃。"② 里边蕴含着一条人照顾山雀、山雀回馈人类的人雀和谐相处的生态链环，即喂养山雀—山雀不侵害娃娃—山雀替娃娃成为老虎的食物。彝族生态文化

---

① 李国文、施荣：《彝族俚㑇人民俗》，云南大学出版社 2004 年版，第 3 页。
② 巍山县彝学学会：《巍山彝族打歌山歌小调选编》，云南人民出版社 2011 年版，第 54 页。

与生态文明建设的主旨是一致的，都讲求人与自然和谐共生。生态文明建设是指在遵循人、自然、社会和谐发展的客观规律的前提下，达到人与自然、人与人、人与社会和谐共生、良性循环、全面发展、持续繁荣的根本目标。澜沧江流域彝族人与自然和谐相处、尊重自然、热爱自然的生态理念，是一种朴素的、传统的生态文明理念，这种理念如果能够很好地贯穿落实在生态文明建设中，将十分有利于生态文明建设宏伟大业的开展。

第五章

澜沧江流域彝族聚居区生态
文明建设的对策

澜沧江流域彝族传统生态文化是彝族文化的重要组成部分，其内容广泛，涉及物质、精神、制度等诸多领域，表现出人与自然和谐共生的文化特质，聚焦为人与森林和谐共生的思想。彝族传统生态文化有着悠久的历史和深厚的积淀，是彝族生存和发展的文化结晶，对维系彝族的生存和发展起着重要作用，在保护生态环境方面具有重要作用，传统生态文化浓郁则促使生态相对平衡，传统生态文化淡化则引发生态环境状况下滑。人与自然和谐共生的生态思想在生态文明建设中显得弥足珍贵，对生态文明建设具有重要的借鉴意义。在开展生态文明建设的过程中，应该充分挖掘澜沧江流域彝族传统生态文化，以促进澜沧江流域彝族聚居区生态文明建设，进而推动澜沧江流域的生态环境保护。

第一节　传统生态文化对生态环境的影响

一　传统生态文化发力下的良好生态环境

（一）茂密的森林展示出良好的生态状况

澜沧江流域彝族聚居的山区在古代有着良好的生态环境，甚至有大片原始森林。澜沧江是彝语"拉察依"的汉译谐音，含义为"老虎坠落的深谷"，从有老虎出没可以看出澜沧江流域良好的生态状况。澜沧江流域是生物多样性富集的区域，香堂人的《撒松毛调》中反映出彝族居住地区生态环境及动物的多样性:"'朵溪,用什么水洗松树叶?'朵溪答道:'树头有三种水,是洗天鹅的水;树中有三种水,那是蜂吸的水;树根有三种水,那是鼠饮水;草尖有三种水,那是苍蝇吸的水;草中有三种水,那是蚂蚱吃的水;草根有三种水,那是蚂蚁吃的水;山上有三种水,那是洗虎豹水;山中有三种水,那是洗麂子水;丫口有三种水,那是洗螃蟹水;箐里有三种水,那是洗白鹇水;水面浮着三种水,那是洗鸭水;水中有三种水,那是洗鱼水;这些都不能用来洗松叶。沙石涧流着三种水,你可拿来洗松叶。'"①调词中提到天鹅、蜂、鼠、苍蝇、蚂蚱、蚂蚁、虎、豹、麂子、螃蟹、白鹇、鸭、鱼十三种动物,说明历史上香堂人居住的地区生态环境十分优美,虎豹的存在证明了当时良好的生态环境状况。

明清时期澜沧江流域生态状况保持较好。500 年前的景东县安定乡旧村生态环境非常好:"东西南北中都是原始森林和荒山草地,到处都可看到熊、狼、虎和鸟类。"②旧村 500 年前森林茂盛和鸟兽众多的情况可以看作澜沧江流域当时广大山区的缩影,可见元末明初时期澜沧江流域彝族的生态环境处于优质状态。弥渡彝族聚居地区以前动物种类众多,这从猎物对象中可以看出:"有虎、豹、熊、野猪、山驴、麂、獐、岩羊、香猫、穿山甲、狼、野兔、松鼠、狐、狸猫、野鸡、鸟等。"③从明清时期澜沧江流域彝族农奴缴纳给土司的实物可以看出当时物种丰富:"要按期供应土司家所需的柴炭、松明、野鸡、麂子干巴、干鱼、药材、秋千杆、松棚等实物。"④从农奴缴纳物品的多样性可以看出当时生态环境较好。即便到了清朝,澜沧江流域彝族聚居区的生态状况依然保持较好,据康熙《顺宁府志》记载,清朝时期凤庆的物产包括稻、黍、麦、荞、菽、蔬、菌、果、菰、

---

① 思茅行政公署民委:《思茅少数民族》,云南民族出版社 1990 年版,第 311 页。
② 雷开泰:《雷氏家族史》,2004 年,第 35 页。
③ 李伟:《小河淌水的地方》,云南民族出版社 2004 年版,第 97 页。
④ 云南省景谷傣族彝族自治县志编纂委员会:《景谷傣族彝族自治县志》,四川辞书出版社 1993 年版,第 672 页。

花、草、竹、木、禽、兽、食货、药材等，每一个大类下又包括数个物种，如稻有"黄谷、黑谷、红谷、迟谷、花谷、安来谷、矮老糯、安喜糯、安庆糯"等，兽有"猪、羊、牛、马、驴、骡、虎、豹、獐、麂、兔、鹿、豺、狼、猿、猴、熊、豪猪、野猪、香猫、水牛"等，禽类有"鸡、鹅、鸭、莺、黄雀、乌鸦、鹊、慈鸦、鸠、雉、隼、鸽、鹦鸽、鹦鹉、鹦哥、白鹇、喜鹊、啄木鸟、鹧鸪、紫燕、沙燕、伯劳"等，鱼类有"细鳞、花鱼、沙沟、鲤鱼、鲫鱼、江鱼、鳅鱼、鳝鱼"等。[①]《放羊调》描写找羊艰辛的唱词反映出彝族地区良好的生态环境："九月放羊是重阳，重三早起又点羊，早起点羊三百对，晚上点羊差两双。箐底找到箐头上，听见老虎豹子哼。"[②]"箐底""箐头"说明植被覆盖较高，老虎、豹子的存在更是生态环境良好的力证。存于巍山县巍宝山龙潭殿内文龙亭桥墩上的《松下踏歌图》上一株枝繁叶茂、松果累累的古松十分耀眼，月光下远山上葱郁的树木依稀可见，此画作于清乾隆年间，从画上的自然景物可以看出当时良好的生态环境。打歌调中有描绘动物喧闹的唱词："林中鸟儿声嘶哑，蜜蜂喧轰轰，布谷鸟沙哑地啼。"[③] 森林中的鸟叫蜂鸣正是森林生态环境良好的写照，同时也说明了彝族地区森林生态系统保持较好。

20世纪50年代澜沧江流域的野生动物还比较多，从大理州收购野生动物的毛皮可以看出："1959年全州共收购豹皮118张，其中金钱豹皮91张，水獭皮195张，狐皮745张。"[④] 从这组数据可以看出当时狩猎在大理州有豹、水獭、狐狸等多种野生动物，野生动物数量较多反映出森林状况较好。漾濞县瓦厂乡白竹山有茂密的原始森林，

---

① 杨滋荣（整理点校）：《康熙顺宁府志》，天马图书有限公司2001年版，第12—13页。

② 巍山彝族回族自治县彝学学会编：《巍山彝学研究》第六集（内部资料），大理州新闻出版局，2013年，第189页。

③ 杨茂虞、杨世昌编译：《彝族打歌调》，云南民族出版社2002年版，第70页。

④ 杨聪：《大理经济发展史稿》，云南民族出版社1986年版，第110页。

其间有大量麂、鹿、獐、熊、穿山甲、绿孔雀等野生动物。[①]

(二) 良好的生态环境得益于传统生态文化

1. 物质层面对生态的适应及利用

利用自然并不与生态破坏画等号，如果能协调好利用与保护之间的关系，使生态系统保持在相对平衡的状态之下，就能实现人与自然和谐共生。彝族生产方式、生活方式、思想观念等都对生态环境具有重要的保护作用。生产方面，如物候历（以花开、鸟叫等为标志）、利用雨水冲刷村寨肥水增加田地肥力、轮歇地等，其间包含着利用自然和可持续发展的智慧。饮食方面，采集、狩猎活动为长期利用留有余地，食材的多样性有利于物种保持及生物多样性发展。服饰方面，刺绣图案饱含生态情怀，发挥着热爱自然的生态教育功能。居住方面，分散而居有利于开展混合农业，分散了人口活动造成的生态压力，房前屋后种果木，起到美化环境和采食水果的双重效果。有山有水有树林、地势开阔向阳是彝族建寨方面对地理环境的绝佳选择。保山的彝族村寨大多坐落在密林环绕的开阔地带、开阔明朗的山坡、高山林箐的边缘、平缓向阳的坡地、依山傍水的山脚。[②] 在房屋建造方面也很有生态讲究，如大理州部分彝族建造的土掌房就是巧妙适应环境的典例："屋面用木料铺成一个平面，上面和泥压紧，有微小的坡度，便于淌水，屋顶上可以晾晒粮食，避免猪食、鸡啄。这种土掌房一般冬暖夏凉，比较舒适。"[③] 这种房子既克服了雨水的困扰，又可作为阳光充足且不需要人看守的晒台，住起来冷暖调匀，里边充满彝家人适应自然的聪明才智。部分彝族还喜欢用日月及动植物图案把房子装扮得十分漂亮，景东县安定乡的彝族会在门楣上刻日、月、鸟兽等图案，在山墙的悬鱼、

---

① 漾濞彝族自治县民族宗教事务局：《漾濞彝族自治县民族宗教志》，云南民族出版社 2005 年版，第 307 页。

② 保山市民族宗教事务局：《保山市少数民族志》，云南民族出版社 2006 年版，第 83 页。

③ 云南省编辑组：《大理州彝族社会历史调查》，民族出版社 2009 年版，第 80 页。

屋檐的挑拱、垂花柱、屋内的梁枋、拱架上雕刻牛羊头、鸟兽、花草图案，就连屋内的锅庄石及石础、石门槛上都会雕刻怪兽神鸟、卷草花木图案，走进彝家住屋，给人自然清新之感。他们还充分利用身边的草木竹子等制作生产生活用具，大理州彝族"能够自己加工木水缸、木盆、木臼、木凳、木勺、木瓢、木桶、木甑、木犁架、背架等器物。有的山区村寨竹子较多，是编制家具的好原料。篾匠师傅用来编箩筐、筛子、囤箩、簸箕、竹筏、粪箕、竹篮、竹桌、竹床板、鸡笼等农具家具。"① 竹木器具反映出彝族巧用自然物的生产、生活方式。适应讲求尽可能自然而然，适应实际上就是对自然的原生态利用，对自然的影响较小。在适应基础上的利用讲求适度、多样性、可持续发展原则，尽可能观照生态系统的平衡，从而发挥着保护生态环境的作用。

2. 精神层面对大自然的敬重和热爱

宗教方面，崇尚"万物有灵"的原始宗教，包括天神、地母神、龙神、水神、火神、山神、林神、树神、动植物图腾崇拜等，其间蕴含着丰富的生态观念、生态意识和生态行为方式。保山彝族把孩子的茁壮成长与自然神灵联系在一起，具体表现为"把幼婴拜寄给山、石、树、水、竹、路、桥等，随之把婴儿的名字喊为阿山、石头、大树、小水、兴路等，认为这些自然神能保佑儿女健康成长"②。彝民们把自己心爱的孩子寄托给自然神，对自然物怀有深深的信赖和敬意。彝族的支系俐侎人有许多崇拜自然的习俗，包括祭色林（神林）、祭山神、祭天鬼、敬天神、祭地公地母、祭田公田母、祭龙、祭火鬼等，他们还崇敬树藤、芦苇、杜鹃木、三叶草、密花树等植物。③ 俐侎人崇拜自然、心系自然，骨子里饱含着对大自然的挚爱和热情。文学方面，在歌谣、民间传说、叙事诗中都有大量动植物的语

---

① 云南省编辑组：《大理州彝族社会历史调查》，民族出版社 2009 年版，第 78 页。
② 保山市民族宗教事务局：《保山市少数民族志》，云南民族出版社 2006 年版，第 110 页。
③ 李国文、施荣：《彝族俐侎人民俗》，云南大学出版社 2004 年版，第 148—161 页。

汇,或借动植物比兴,或描绘动植物,表现出他们对家乡的一草一木、一鸟一兽的真挚感情。艺术方面,有模仿动物的舞蹈,还喜欢在木器和石器上雕刻花、草、树木、鸟、兽及山、水、日、月的图案,流露出他们对大自然的热爱。

3. 制度层面对生态的保护和捍卫

通过一些习惯法、村规民约来保护生态。澜沧江流域彝族聚居区有很多保护森林的碑刻,碑刻上的条文多为当地村民的共同约定,这对生态保护具有积极意义。碑文中反映出彝族先辈们对森林的重视,透露出他们对树木重要意义的认识,一些惩戒性的规定对树木生长、生态保护能发挥重要作用。另外,一些传统禁忌客观上也有利于生态保护,如保山彝族认为"神树神林不能乱砍,否则会有灾难降临"[①]。

二 传统生态文化淡化下的生态状况下滑

(一) 生态状况下滑

澜沧江流域彝族聚居区生态状况与明清及近代时期相比有所下滑。调查问卷第 20 题"您认为您所处村寨的生态环境现状怎样",选"一般"的占 65.3%,选择"很好""不好""很差"的分别占 16.2%、16.1%、2.4%,从统计结果可以看出部分村寨的生态状况一般。森林是衡量一个地区特别是山区生态好坏的重要标准,调查问卷第 21 题"您认为村寨周围的森林现状怎样"的统计结果为:"很好""一般""不好""很差"分别占 19.9%、54.7%、18.8%、6.6%,这与第 20 题的统计结果基本吻合。野生动物以森林为栖息地,随着森林的减少野生动物种类及数量也会相应减少,野生动物堪称森林状况好坏的晴雨表,调查问卷第 22 题"您认为村寨周围树林里的野生动物多吗"的统计结果为:"很多""不多""几乎没有"

---

① 保山市民族宗教事务局:《保山市少数民族志》,云南民族出版社 2006 年版,第 115 页。

"以前很多，现在少了""比以前多"分别占 14.1%、33.1%、16.5%、36.3%、0%，"不多""几乎没有""以前很多，现在少了"合计 85.9%，可见如今野生动物已经很少，从"以前很多，现在少了"占 1/3 以上可以看出野生动物由多到少的变化特征，野生动物减少既是森林减少的外化，又是森林减少的结果。调查问卷第 27 题"您认为家乡最主要的环境问题是什么"，选"植被破坏严重"的占 44.5%，可见森林是大家比较关注的生态因素。

（二）传统生态文化淡化促使生态状况下滑

传统生态文化对生态环境保护具有重要的作用，在森林保护方面效果突出，主要基于四个方面的原因：其一是适应与利用自然兼融的生存智慧，其二是维护生态平衡的精神力量，其三是制度规约的持续发力，其四是木材主要自用而很少商品化。

传统生态文化淡化甚至遭到破坏则会引发生态恶化，特别是在森林遭到破坏方面表现尤为明显。在经济利益驱动下，传统生态文化受到冲击而不能很好地发挥保护生态的作用，由此引发的森林破坏较为严重。南涧县 1951—1957 年续修小普公路和海孟公路沿途森林几乎被砍光，1958—1962 年大炼钢铁耗费了大量森林，1978 年因种茶毁坏国有林 1670 亩。① 20 世纪 50 年代以前，彝族地区的木材主要用于建房、做家具等，出售部分所占比重较小。南涧县 1966—1993 年，年均采伐木材量在 5000 立方米左右，主要采伐自彝族地区。② 1974—1989 年的 16 年间，南涧森林资源锐减："面积减少 12.6 万亩，减少 22.6%；蓄积减少 123.28 万立方米，减少 50.32%。"③ 澜沧江流域彝族聚居区的木材也在规划采伐之列，大量树木被采伐出售："1978 年，景东县的木材产品产量为 338 立方米，到 2010 年达 6853 立方

---

① 南涧县志编纂委员会：《南涧县志》，四川辞书出版社 1993 年版，第 220 页。
② 南涧彝族自治县民族事务委员会：《南涧彝族自治县民族志》，云南民族出版社 1995 年版，第 26 页。
③ 南涧县志编纂委员会：《南涧县志》，四川辞书出版社 1993 年版，第 213 页。

米。大多采伐于彝族地区。"[1] 澜沧江流域彝族聚居区森林覆盖率对比的具体情况见表5—1：

表5—1　　　　　部分彝族聚居县份森林覆盖率变化表　　　（单位：%）

县名	1958 年覆盖率	1975 年覆盖率
景东	79.74	50.5
景谷	78.31	42.9
镇沅	78.61	43.5
江城	36.88	7.3
思茅、普洱	83.98	24.4

资料来源：严正元：《从人口与燃料关系探讨滇南重点林区的建设》，载于《人口与经济》1985年第3期。

表中所列的县份都有大量彝族聚居，1958年森林覆盖率除江城县外，其他各县高达68%以上，但到了1975年，均有较大幅度下滑，思茅、普洱的下滑度甚至将近60%，可见20世纪60年代森林破坏相对突出。

在耕作技术方面，传统耕作方式相对粗放，抛荒后的土地在一定时期内得以进行生态修复，土壤肥力随着抛荒及大量土地附着物的焚烧而得到恢复，休耕轮作不会对生态造成太大破坏。肥料以厩肥、绿肥为主，有机肥具有滋养土壤的作用。后来逐渐转变为固定地块种植，并且大量使用化学肥料、农药、薄膜等，造成土壤及水质不同程度的破坏。景东县20世纪50年代以前，一般只用畜肥、草木灰、土杂肥、绿叶肥，而在1954年，该县第一次引进氮素化学肥料1吨，1958年调入肥料153吨，1973年达7618吨，20世纪80年代每年化肥使用量一般在6000—8000吨，1990年达16275吨。[2] 该县化肥的使用量在逐年增加，化肥增加反映出有机肥的使用在逐渐减少。营盘

---

① 颜仕勇主编：《景东彝族自治县民族志》，云南民族出版社2012年版，第59页。
② 景东彝族自治县农业志编纂委员会：《景东农业志》，1999年，第116、117页。

村在20世纪80年代以后广泛使用化肥、农药，90年代除草剂推广开来。现代农业科技的应用及推广在促进粮食产量提高的同时，也对农村生态环境造成污染。如景谷县三个彝族聚居的村寨粮食产量有了很大提高，具体情况见表5—2：

表5—2　　　　　　　**部分彝族聚居村农业生产情况统计表**

地势	地区	年份	人均耕地面积（亩）	人均产粮（公斤）	人均收入（元）
山区	联合村	1978	2	423	326
		2009	1.6	661	1961
山区	勐烈村	1978	1.76	206	99
		2009	1.37	372	1982
坝区	团结村	1978	2.48	182	152
		2009	2.41	439	1982

资料来源：景谷傣族彝族自治县民族宗教事务局编：《景谷傣族彝族自治县民族志》，2010年，第106页。

三个村粮食生产有一个共同现象，人均耕地面积下降了，但人均产粮量提高了，除家庭联产承包责任制激发了农民生产积极性之外，大量化肥、农药、地膜等现代生产物资投入使用也是粮食增产的重要原因，然而这三种物资在增加粮食产量的同时造成不同程度的农业污染。漾濞彝族"采用了'塑膜育秧'、'中层施肥'、'配方施肥'、'宽窄行条栽'和苞谷'地膜覆盖'、'育苗定植'等生产新技术，以及推广良种良法，施用增产素、促壮素，有力地促进了彝区粮食生产"[①]。一些现代农业技术在促进粮食增产的同时也不可避免地带来环境问题，文中所言"塑膜""地膜""施肥""增产素""促壮素"等的大量应用都会对土壤、水源等造成污染，会引发农产品体内硝酸盐含量超标、重

---

① 漾濞彝族自治县地方志编纂委员会：《漾濞彝族自治县志》，云南人民出版社2000年版，第133页。

金属含量超标、农药残留等问题①。巍山彝区甚至到 20 世纪 70 年代才大量使用化肥，在 20 世纪 60 年代以前，因经济不发达及科技落后等原因，彝区基本只使用传统的农家肥。化肥的使用确实增加了粮食产量，同时也不能避免化肥带来的系列生态危害，如土壤板结、水污染、粮食体内有害物质超标。在农药使用方面，20 世纪 50 年代以前主要使用自治的农药，有植物类苦蒿、苦葛、冲天子、苦参及石灰、灶灰等，植物类农药不会对土壤和水质造成污染，石灰撒到地里能中和酸性土壤，灶灰具有增加土壤肥力的功能，传统的消灭病虫害的方法非但不会造成环境污染，而且具有改良土壤的功能。20 世纪 50 年代中期以后，化学农药在彝族地区得到广泛推广，在提高消灭病虫害效率的同时，也给空气、水质、土壤、粮食、蔬菜、水果等带来不同程度的污染。大量化肥农药的使用取代了传统农业中农业生态系统的内部循环，而且对土壤、水质、空气等造成危害。特别是 20 世纪 80 年代以后，大量覆膜种植方式在广大彝族山区推广，如 1987 年后弥渡县彝族山区推广了地膜覆盖种苞谷，1988 年高坪村公所地膜苞谷种植共 427 亩，1989 年增至 650 亩。② 大量薄膜使用后随地乱扔或者集中焚烧，造成土壤或空气污染。

一些新的农作物品种对生态环境带来破坏，较典型的有玉米和烤烟。万历《云南通志》有大理府、鹤庆府、蒙化府、永昌府、顺宁州、景东府等澜沧江流域玉米的记载，说明在明朝晚期澜沧江流域彝族聚居区已有玉米种植，但种植量不多，加之耕作粗放，其对生态的影响不大。近代以来，玉米种植量逐渐递增，对生态造成的破坏日趋突出。烤烟种植在改革开放前以土烟为主，而且种植量小，对生态破坏不大，但到 1980 年后，烤烟种植成为家庭经济的主要来源，存在为了扩大种植面积而毁林开荒的现象，加之烘烤需要大量薪柴，成为破坏森林的主要因素之一，在种植过程中广泛采用薄膜和化学肥料，

① 杨平、王海燕：《食品安全与施肥的关系》，《中国农学通报》2009 年第 3 期。
② 弥渡县志编纂委员会：《弥渡县志》，四川辞书出版社 1993 年版，第 722 页。

对环境、土壤、水质等造成污染。

新型工业生产方式对生态环境造成破坏，其中水电开发对生态环境造成的破坏较为明显。澜沧江流域水电开发对生态环境造成较大影响，澜沧江中游几个大型的水电站都建在彝族聚居区，分别是大朝山电站、漫湾电站、小湾电站。电站在带来经济效益的同时，对生态环境也造成一定程度的破坏。首先，移民安置会导致某一地区的人口大量增加。漫湾电站到 1996 年底，安置移民 7260 人；大朝山电站至 2001 年底，安置移民 6363 人；小湾电站计划到 2009 年安置移民 4.1 万人。[1] 在移民区主要通过开荒弥补耕地不足，甚至在坡度较大的山坡上开垦，造成植被减少和水土流失等生态问题。其次，随着水位上涨，大量森林被淹没，漫湾、小湾、大朝山 3 个水库淹没林地约 9.98 万亩，其中包含一些稀有物种。大坝的修建致使河流生境片断化，库区水域相对静态，对适应于流水环境的土著鱼类影响较大："取样研究表明，西洱河支流梯级电站的建设造成对鱼类生存条件的严重破坏，几乎没有鱼或物记录；漫湾电站坝上库区与坝下相比较，流水鱼类明显减少。"[2] 受水电站影响处于濒危或灭绝边缘的鱼类有双孔鱼、大鳍鱼、裂峡鲃、鲃鲤、缺鳍鲇、鱼芒等，正在减少的大中型鱼类有巨䱻、丝尾鳠、叉尾鲇、结鱼、鲅鲤等。[3] 水电工程会影响到生态系统平衡："水电工程改变了原有生物的生存环境，使得生物的个体数量、种群数量乃至整个生态系统的平衡状况随着环境因子的改变而改变。"[4] 最后，彝族搬离原住地，传统文化随之变化，传统生态文化也会随之发生变迁，如神山、神林、神树信仰方面因离开信仰对象而难以为继，传统生态文化对生态的保护作用因此受到制约甚或消失。

---

① 付保红、陈丽晖、朱彤：《云南高山峡谷区大型水电站建设开发性移民研究——以漫湾、大朝山电站为例》，《地域研究与开发》2004 年第 6 期。

② 耿雷华、杜霞、姜蓓蕾、黄昌硕：《澜沧江流域水资源开发利用影响分析》，《水资源与水工程学报》2007 年第 4 期。

③ 毛金龙、刘晓东、鲁俊、杨超、元建新、闫锐：《澜沧江糯扎渡水电站建设对鱼类资源的影响预测及保护对策》，《环境科学导刊》2017 年第 4 期。

④ 夏德康：《塔里木河干流泥沙运动及河道变迁》，《水文》1998 年第 6 期。

（三）传统生态文化与生态状况的呼应

生态状况的好坏能映照出传统生态文化的发力情况，传统生态文化作用发挥较好时生态状况良好，传统生态文化受到破坏或者制约时，生态呈下滑的情况也较为明显。传统生态文化中的自然崇拜有所淡化，如云龙县彝族支系罗武人最隆重的祭祀活动是祭天，但从 1950 年后，已经没有全民族的祭天活动。① 另外，如祥云彝族 20 世纪 50 年代以前自然崇拜较为普遍，对天、地、日、月、山、川、雷、电都加以崇拜，后来万物有灵观念逐渐淡薄，自然崇拜主要保留了天崇拜和山崇拜两个方面。② 景东彝族的信仰和崇拜也在逐渐消失和改变。③ 随着自然崇拜的原始宗教习俗逐渐淡化，自然崇拜在生态保护方面的作用随之弱化。自然崇拜中蕴含着人对自然的尊敬与重视，体现着人对自然的道德理念，然而随着自然崇拜的淡化，内里蕴含的保护自然的道德理念也随之淡化甚至消失，于是自然崇拜在保护生态方面的作用随之弱化。

传统生态文化的淡化引发生态状况下滑确实存在。20 世纪 50 年代以前，景东县森林状况较好："哀牢山、无量山及其众多的分支山脉，原始生态保持完好，林木除供烧柴以及乡村住户不时采伐些作起房盖屋之用外，木料尚不能变为商品，举目皆是浓荫匝地、古木参天的原始森林，多数树木处于自生自灭的自然状态。"④ 从这段话中可以看出在传统社会中，森林能够满足人们日常用林需求，而且还有大量原始森林，利用森林与保护森林契合融通，发挥了较好的生计、生态效益。20 世纪 50 年代末 60 年代初森林破坏较为严重，这从《原中共云南省委书记阎红彦到景东调查后给毛泽东的信》中可以看出，造成森林破坏的原因主要有三方面，首先是开办公社食堂造成烧柴浪费："食堂烧柴加社员自己烧柴，比各户单独起火浪费 30%，严重的

---

① 云龙县民族事务委员会：《云龙县民族志》，云南教育出版社 1994 年版，第 122 页。
② 王丽珠：《祥云县少数民族志》，云南人民出版社 1990 年版，第 71 页。
③ 颜仕勇主编：《景东彝族自治县民族志》，云南民族出版社 2012 年版，第 115 页。
④ 景东彝族自治县志编纂委员会编：《景东彝族自治县志》，四川辞书出版社 1994 年版，第 166 页。

是食堂要烧大柴、砍大树，原来这里是很好的林区，离村一二里就有烧柴，现在周围15—20里以内都已砍光。"① 其次是林权不清，利益驱动下村民争相砍伐森林："谁都可以去乱砍，社员一面对山林的破坏感到可惜、焦急，一面又认为，谁不砍谁吃亏。"②"对山林破坏感到可惜、焦急"反映出村民已经深刻认识到森林具有重要意义，其间透露出村民的传统生态观念依然存在，但在林权不清、责任不明的情况下，怀着破坏森林可惜但自己不砍树又觉吃亏的矛盾心理，最后还是在从众心理的驱使下选择砍树。再次是管理制度废弛："这里的群众有爱护森林的习惯，解放前有一套经营管理山林的办法，专人负责保护和管理林木，保护水源林，管理河堤林，经营果木林，培植烧柴林，看管风景林，每年定期开山3天，人人可以上山砍柴，但砍伐规格很严，不准乱砍滥伐，既解决群众烧柴的需要，又保护了山林；3天过后，鸣锣封山，封山期间，管山人专门巡查，如有人犯规破坏山林，要受到砸斧子、罚款、罚种树等处分。因此，山林保护和成长较好。几年来，旧的方法废弃了，新的办法未建立起来，即使林业部门规定了一些办法，因为没有研究群众过去管理森林的历史习惯，不是从群众中来，结果是章法不灵。"③ 这段话表现出制度层面传统生态文化对森林保护所发挥的重要作用和传统生态文化淡化后对森林造成的严重破坏。"爱护森林的习惯"是传统生态文化的通俗化表达方式，而具体措施具有很强的可操作性，主要体现在专人管理、分类管理、定期间伐、严惩乱砍滥伐四个方面。"专人管理、分类管理、严惩乱砍滥伐"反映出对森林重要性的认知，"定期"间伐既满足了人们对森林的利用，又可保证森林的可持续发展。从这四方面的管理措施中可以看出传统生态文化既注重生态又利用生态，传统生态文化表

---

① 景东彝族自治县志编纂委员会编：《景东彝族自治县志》，四川辞书出版社1994年版，第601页。

② 景东彝族自治县志编纂委员会编：《景东彝族自治县志》，四川辞书出版社1994年版，第603页。

③ 景东彝族自治县志编纂委员会编：《景东彝族自治县志》，四川辞书出版社1994年版，第603页。

现出利用森林和保护森林的二元一体格局，正是在这样一对看似矛盾的文化形态中，生态系统处于相对平衡的状态。"没有研究群众过去管理森林的历史习惯，不是从群众中来，结果是章法不灵"从反面告诫人们制定保护森林的制度要从实际出发才具有可操作性，也进一步映衬出传统生态文化的重要性。"废弃旧的方法"表现出传统生态文化的变迁，致使森林遭到严重破坏。传统生态文化并没有过时，因其本身具有的生态性、技术性等优势而对当今的生态文明建设仍然能发挥重要的指导和借鉴意义。

（四）破坏生态带来的后果

森林遭破坏带来的直接后果就是生态恶化，间接后果是人们的生计受到不良影响。茂密的森林能提供良好的放牧条件、丰沛的水源、优质的有机肥、上等的木材和薪柴等有形的生计所需，还有无形的生计所需，如美丽的自然环境、新鲜空气等，然而森林遭破坏随之引发系列生态、生计问题。澜沧江中游是彝族分布较为集中的地区，森林覆盖率由解放初的 52.8% 下降到 1997 年的 32.8%，森林减少随之带来水土流失加重、气温升高、降雨减少等生态环境问题。随着森林减少，旱灾发生频率攀升，水库水量降低，在田野调查中反映出的情况为："近几年来水量变少，溪流减少，鱼也变少。"森林覆盖率下降促使水土流失加重，澜沧江流域云南段"土壤侵蚀面积由 1986 年的 7420.84km^2 增加到 1993 年的 25746.59km^2"①。热带地区大量种植橡胶，因橡胶需水、耗肥量较大，从而成为区域性干旱的诱因。

随着森林遭到破坏，一些依赖森林的产业受到严重影响，特别是狩猎、采集受到严重影响。调查问卷第 7 题"您吃过野生动物吗"是当代打猎情况的缩影，选"经常吃""吃过几次""没有吃过"的分别占 8.8%、67.3%、23.9%，狩猎在经济生活中的作用微乎其微。如今野生动物种类减少，青云村有兔子、獐子、刺猬、野鸡等，平地村有麂子、山驴、山猫、獐、猴、野猪、土猪、灰毛兔、竹鼠等，南谷村有野

---

① 王红：《澜沧江流域水土流失及防治对策》，《水土保持通报》1997 年第 2 期。

鸡、穿山甲、蛇、竹鼠、野猪、麂子等，红星村有兔子、刺猬、野猪等，曼迁村有野猪、猴子、野鸭等。野生动物减少而使得狩猎对象减少，再加上《中华人民共和国野生动物保护法》的规定，于是狩猎几乎不复存在。采集也同样面临因森林破坏而萎缩的情况，比如木耳采集："以前木耳都是彝家人自己在山上找的，水冬瓜、杂木、麻栗树、核桃树还有半死的那种树并且有些干的树上才会长，松树上没有木耳。农历六月、七月雨水多的时候山上就有了，没有雨水（木耳）就出不来，男的女的看见了都可以采，只要菌种不采完就还会长，木耳只是在比较大的树上（直径 1 尺左右）才会出，小树上一般不会出，现在大树比较少了，所以采不到木耳了。"① 口述者详细讲解了木耳的生长习性，可以看出当地人对木耳特性有着深刻的认识，在长期采集过程中积累了宝贵的生态知识，然而最后在大树上采到木耳的概率大大降低的话语中透露出生态变迁问题，从中折射出破坏森林对生计造成的不利影响。

第二节　澜沧江流域彝族聚居区生态文明建设的具体措施

一　强化林业建设在生态文明建设中的重要作用

（一）森林之于维护生态系统平衡的核心地位

森林是衡量生态状况好坏的重要标尺，森林覆盖率较好的地方，生态状况通常不差，森林覆盖率低甚至没有森林的地方，生态状况一般比较恶劣。森林具有强大的生态功能，具体表现在防风固沙、涵养水源、保持水土、美化环境、净化空气和水体、调节气候、降低噪声等多个方面，森林可谓是陆地生态系统的生命线，森林具有维持生态系统平衡的重要意义，在整个生态系统中处于决定性地位。基于森林在维护生态系统平衡中的重要意义，以林业建设为着力点开展生态文

---

① 秦莹：《"跳菜"——南涧彝族的飨宴礼仪》，云南人民出版社 2010 年版，第144 页。

明建设显得更加必要。

（二）开展林业建设正当其时

开展林业建设具有良好的社会基础。调查问卷主观题第 34 题"您认为应该采取什么措施保护环境"，填写"植树"的达 72 次，"严禁乱砍滥伐"达 70 次，"造林"达 62 次，"退耕还林"达 19 次，"种树"达 18 次，可见植树造林在群众中呼声较高。森林是澜沧江流域彝族赖以生存的物质和生态基础，人们在敬畏森林的心理导向下利用森林，并且在利用森林的过程中总结出一些合理用林的技术和理念，具体表现在伐木季节的准确把握、根据功用需求选取木材等，这样使得木材的利用价值得到最大限度的发挥，其耐用性隐隐地保护了森林，更重要的是彝族利用与保护自然并重的生态理念及敬重自然的生态伦理思想起到了保护森林的重要作用。在开展林业建设的过程中，传统生态文化能起到促进森林保护的作用。

生产生活方式与森林关系的疏离为保护森林提供了契机。生产方面，随着退耕还林工程的推进及部分村民进城务工，垦荒对森林的破坏相应减少。后箐村后山顶上有茂密的森林，村寨附近的森林除经济林外都是自动恢复的，村民坚信 10 年后森林状况会更好。随着森林恢复的推进，动物数量随之增长。麂子数量增加很快，到玉米地吃玉米的野猪较多，另外还有少量的野山羊、猴子等动物。服饰方面，已很少采用草木植物纤维织布，也很少采用植物做染料。饮食方面，动物蛋白从猎物和畜禽并存到以畜禽为主，果蔬以采集为主到以种植为主。建筑方面，茅草屋、木楞房、闪片房、土掌房等逐渐被土木结构的瓦房及砖混结构的平房代替。燃料方面，随着沼气、电器使用量的增大，对木柴的需求量减少，树木作为燃料的消耗量下降。器具方面，塑料、金属器具在彝族地区使用较为广泛，砍伐树木制作生产生活用具的情况减少。生产生活方式的变迁对森林保护具有积极意义，同时对生态恢复具有重要意义。

（三）充分利用彝族传统知识开展林业建设

彝族传统生态文化中既有利用森林的成分，又有保护森林的智慧，在利用森林的过程中注重保护森林，保护森林的制度、方法及生态伦理观念使得利用更具有可持续性，人与森林和谐共生的生态思想是维系彝族地区森林资源可持续利用的根本原因。在林业建设中，单一强调植树造林和保护森林未必能够起到理想的效果，而应该充分挖掘地方性森林文化知识。传统森林文化知识具有较强的可操作性，原因有三。其一，传统森林文化知识在一定区域内经过长时间的流传播布，在区域范围内民众中有着深刻认同，这正是传统生态文化在保护森林方面的文化基础和心理基础。其二，传统森林文化知识在保护森林过程中发挥了实际效果，对森林保护更具有实效性。其三，传统森林文化知识是区域内居住人群总结出的适应地理环境的生态智慧，具有更强的应用性。基于这三点原因，在生态文明建设过程中既要抓具体的生态建设工作，又要挖掘和传承地方性生态知识，特别要挖掘和传承传统森林文化知识，在保护森林的同时考虑村民对森林的利用，只要用之有度，还能加快森林演替的进程，对森林发展能起到有益的效果。因为"一个地方的生态环境之所以得以保护，便是依靠了该地方的文化保护所产生的结果"①，换言之，传统生态文化是一定区域生态得以较好保护的内源机制，要恢复地方生态，就不能忽视地方生态文化在保护生态环境方面的重要作用，要恢复森林或者发展森林，既要应用造林护林的现代科技，同时也不能忽视传统森林文化知识的应用，在现代科技和传统森林文化知识的融合应用下，才能更有效地恢复和发展森林，才能更加高效地开展生态恢复。

二　以传统生态文化为内涵培育环保意识

（一）加强培育环保意识的必要性

环保意识是人们对环境的心理认知，这种认知决定着人们对待环境的态度，环保意识在保护环境方面具有重要的约束和指导意义。每

---

① 尹绍亭：《民族文化生态村——当代中国应用人类学的开拓：理论与方法》，云南大学出版社 2008 年版，第 38 页。

个人都是消费者，或多或少都对生态造成破坏，这就要求人们在消费的同时，树立起公共环保意识，这无形中为环境保护增添了巨大的保护伞。缺乏环保意识，生态保护将举步维艰。从调查问卷第5题"您认为当地人们的环境保护意识怎样"可以看出如今澜沧江流域彝族的环保意识不是很高，认为"很高"的仅占7.5%，而"一般"却高达58.1%，"低"及"很低"分别为25.4%、9%，可见随着人们物质追求的愈发强烈，一些传统文化渐渐淡化，附着在传统文化上的生态文化也随之弱化，作为生态文化重要组成部分的环保意识也变得一般，甚至有1/3处于较低层次。调查问卷主观题第34题"您认为应该采取什么措施保护环境"，填写"提高环保意识"的达59次，说明环保意识还有待提高。环保意识是推动生态文明建设的重要因素，同时也是衡量生态文明程度的标准之一，因此在生态文明建设过程中，必须加强培育环保意识，通过家庭教育、学校教育、大众传媒等多种手段促进人们形成更加良好的环保意识。

（二）以传统生态思想为根基培育环保意识

在推行生态文明建设战略的当下，应该充分挖掘少数民族中保护生态的环保意识，大力开展公共生态教育，摒弃唯利是图的短视发展误区，把保护生态作为发展底线，走可持续发展道路，走出一条人类与自然和谐共生的发展路径。澜沧江流域彝族传统生态文化中包含着人与森林和谐共生的生态思想，其生产生活技术、生态观念和制度规约中包含有强烈的生态意识，这为当今培育环保意识奠定了基础。传统生态文化如今虽有淡化，但并没消失殆尽，大多数人认为保护生态环境与自己密切相关，这从调查问卷第6题"保护生态环境与您有关系吗"的答案可以看出，选择"和我有很大的关系""和我有一点关系，但关系不大"的分别占55.9%、37.7%，绝大多数人认为与保护生态环境有关。调查问卷第11题"您和周围民族相比，您认为哪个民族更注重生态保护"选"彝族"的占56.2%，有半数以上的彝族认为本民族更注重生态保护。第6题、第11题反映出的情况都对培育环保意识较为有利，同时折射出传统生态思想在人们内心深处还有很大程度的遗存，这有利于人们积极主动地接受生态教育，易于进入环保意识培育的状态。传统生态思想是人类与自然相处的实践中得出的生态认知，其经历了长期的实践考验，具有较强的实用价值，只要理性继承，其实用价值在当代甚至未来都能在生态保护方面发挥重要作用。传统生态思想至今还发挥着作用，大理市市郊乡吊草村把《永远护山碑记》《永卓水松牧养利序》两块石碑供奉在土主庙中，说明村民对保护生态碑刻的敬重，同时也以这样的方式表达出对祖先保护生态精神的继承，并体现在生态保护实践中，至今村寨周围森林密布，一派生机盎然的景象。在培育环保意识的过程中，应该紧扣彝族传统生态文化的影响，以传统生态思想为根基来培育环保意识，这为环保意识的培养提供了群体心理基础、方法路径及文化动力等有利因素，能够加快培育环保意识的速度。

（三）以传统生态文化为主要内容培育环保意识

澜沧江流域彝族传统生态文化中人与森林和谐共生的生态思想对保护生态环境发挥着重要作用，对于传统文化在保护生态环境中的作用，调查问卷第 12 题"您认为自身的传统文化对于保护生态环境作用大吗"能提供相应的信息，选"很大""一般""虽然作用大，但由于其他方面原因而淡化""没有作用"的分别占 22.2%、38.2%、34%、5.6%，认为"没有作用"的仅占 5.6%，可见绝大多数人认为传统文化对生态环境保护有作用，但选"虽然作用大，但由于其他方面原因而淡化"的占 34%，这样的选择结果正好说明以传统生态文化为主要内容的必要性，因为传统文化对生态环境保护具有重要作用，特别是传统文化中生态文化这部分更是对生态环境保护起到长时间效果，所以培育环保意识过程中有必要汲取传统生态文化。彝族的宗教信仰特别是以"万物有灵"为核心的原始宗教对生态保护发挥着显著效果，调查问卷第 13 题"您认为宗教信仰中的一些观念对保护自然生态环境有作用吗"的统计结果是这样的，选择"起到很大作用""起一些作用""起作用但容易被忽略""没有作用"的分别占 21.5%、49.3%、19.3%、10%，前三项共占 90%，可见彝族对宗教信仰在保护生态环境方面所起的作用有一定认识，但也许是习以为常的缘故，有 19.3% 的人认为"起作用但容易被忽略"。利用宗教信仰保护生态环境并不是要倡导宗教信仰，更重要的是宗教信仰中崇尚自然的精神，在生态环境保护中，这种精神是捍卫自然的一股强大力量，因此要理性看待宗教信仰中崇尚自然的精神。

（四）多渠道传承传统生态文化

民族生态文化的隐蔽性给保存和传承带来一定困难。一方面民族文化的变迁会引发民族生态文化变迁，少数民族文化变迁主要有民族文化融合、民族文化区域化、民族文化流失、民族文化退化四种表现形式[①]。民族文化融合及民族文化区域化对民族生态文化的影响不大，不管是融合还是区域化，民族生态文化依托的载体还存在。民族文化流失及民族文化退化就会对附着其间的生态文化造成冲击，因其载体的流失或退化而发生相应的变迁。另一方面，民族文化传承场的变迁增加了传承民族生态文化的难度，民族文化传承场是指"一切人与人、人与社会接触的空间组合都可以是传承场"[②]，或者可通俗理解为人们生产生活场所中人员接触频率密集的地理空间及精神空间，具体包括牧场、村寨附近的森林、耕种及收割季节的田地、火塘、水井、村寨大树、村寨广场、农村集市、寺庙、仪式，等等。至今有些传承场减少或者消失了，如火塘正在被电器取代而逐渐减少，因自来水到家入户而不需到水井取水，部分水井处于闲置状态，现代生活中的民俗仪式趋向简化甚或消失。人员聚集是民族文化传承场发挥作用的必备要素，随着部分人口流出乡村，孩子进入传承场的频率也比较低，传承场的聚集人员主要变成了老人，传承对象出现断代的危机。传承场及传承场内人员的变迁都给民族文化的传承带来一定困难，也给民族生态文化的传承带来不同程度的影响，原来以潜移默化、口传

---

① 张桥贵：《少数民族文化的特征与变迁》，《云南民族大学学报》（哲学社会科学版）2005 年第 3 期。

② 赵世林：《民族文化的传承场》，《云南民族学院学报》（哲学社会科学版）1994 年第 1 期。

身授方式传承的民族生态文化因传承场的改变或者消失以及传承对象的减少或者不进入传承场而使传承变得空洞乏力。

历史上彝族传统生态文化的传承裹挟在生产经营、民俗活动、乡规民约、民间文学中进行，然而，随着传统文化逐渐淡化，传统生态文化赖以传承的载体也随之下滑，这对传统生态文化的传承造成障碍。第一，传统生态文化传承要贯穿在家庭教育中。从调查问卷第17题"您会给下一辈口头传输一些保护环境的故事或者理念吗?"的统计结果可看出，如今民间力量传承传统生态文化的分量在下降，选"不会""有时会""经常讲"的比例分别为7.7%、60.7%、31.6%，"经常讲"仅占1/3，说明家庭教育传承传统生态文化的模式受到多种因素的冲击而减弱。"有时会""经常讲"共占92.3%说明传承传统生态文化的家庭教育模式依然发挥着重要作用，因此在以传承传统生态文化培育环保意识方面，家庭教育以传统传承模式及对孩子启蒙教育的优势仍可作为培育环保意识的重要途径之一。调查问卷第18题"您是否担心后代人的生活环境会越来越差"的统计结果中，选"非常担心，并且想为环保做自己力所能及的事"的占61.2%，为家庭传承传统生态文化提供了心理认同和强劲动力。第二，要把传统生态文化纳入基础教育，至少在小学阶段开设民族传统文化课程，并把传统生态文化理念贯穿其中，这样既传承了民族传统文化，又强化了少年的环保意识，学校具体教育方式可以通过课堂教学、观看视频、实物展、图片展、文化传承人授课等方式进行。第三，传承途径可以利用现代媒体。随着现代媒体在乡村的流行，现代媒体成为乡村获取信息的主要渠道，调查问卷第19题"您是通过什么渠道获得有关环境保护知识的?（可多选）"证明现代媒体在传播环保知识方面具有较大优势，选"电视、广播""报纸杂志"的分别占38.2%、15.9%，合计54.1%，占一半以上。第四，政府在传承传统生态文化过程中应扮演主导角色，一方面这是政府的责任之一，另外政府确实能发挥重要作用，调查问卷中选"政府部门的宣传工作"的占29.1%，这说明政府在传播环境保护知识方面具有举足轻重的地位。第五，要重视民间本土力量，传统生态文化原本主要通过裹挟在传统文化中而得以传承，加强保护和传承彝族传统文化对传统生态文化的传承能起到强源固本的作用。第六，要开展生态文化普查，从技术、观念、制度三个层面开展普查，摸清传统生态文化的现状，在此基础上进行传承与保护才能做到有的放矢。较典型的、有重大影响的生态文化应该列入非物质文化遗产保护行列，在保护的过程中弘扬和传承。

传统生态文化的传承还得依靠文化主体的自觉和自信，传承传统生态文化的主体分为四个层面，即老年人、中年人、青年人及少年儿童，应根据不同年龄特征的主体对象分别实施，各自承担起传承生态文化的相应责任。因生态文化附生在传统文化中，特别是诸多民俗中，老年人是传统民俗的主要持有者，因此老年人要充分发挥传统生态文化传承人的作用，中年人、青年人、少年儿童所具有的民俗意识和民俗知识依次递减，好在澜沧江流域彝族里边中年人、青年人外出务工的比例不算太高，这对于保留和传承民俗及传统生态文化较为有利。少年儿童的民俗意识及民俗知识相对较浅，但他们又是关乎传统生态文化能否有效传承的主要对象，直接关系到彝族传统生态文化的有效传承，于是传承传统生态文化的重心注定要落在少年儿童身上，具体可通过家庭教育和学校教育相结合的方式开展。开展传统生态文化教育有一个重要的前提条件，就是要对现有的传统生态文化遗产进行大普查，这既有利于传统生态文化教育的开展及生态意识的培育，同时又能促进传统生态文化的研究和传承。开展传统生态文化教育的过程中会遇到两大难题，家庭教育方面因为现代年轻的父母们掌握的传统生态知识有限，学校教育缺乏把地方性知识融入课程当中的环节。针对传统生态文化代际断裂的情况，可通过跨代传承教育的方式解决。而学校教育方面可把传统生态文化编入德育教材，把生态知识作为德育课程的重要内容。

（五）以生态整体主义思想协调人与森林的关系

在讨论人类生存与保护生态的话题中，很容易执其一端，陷入人类中心主义或生态中心主义的偏激状态。实则不然，人类合理的生态位应该是生态系统的一部分，这就有必要从自然与人类融汇的视角探讨人在自然中的位置。美国环境保护的思想先驱利奥波德在《沙乡年鉴》中阐述了生态整体主义思想："土地伦理是要把人类在共同体中以征服者的面目出现的角色，变成这个共同体中的平等的一员和公民。它暗含着对每个成员的尊敬，也包括对这个共同体本身的尊敬。"① 共同体概念构成了生态整体主义思想的前提和基础，把人的生态位界定为共同体中平等的一员，并强调对每个成员和共同体的尊重。利奥波德从土地伦理的角度阐释了生态整体主义思想的深厚内涵，实际上澜沧江流域彝族在利用与保护自然资源的博弈中也包含着系统的生态整体主义思想，凸显出人与自然和谐共生的理念。党的十九大报告提出"人与自然和谐共生"的理念，里边包含着人类应该秉持的生态伦理向度。"人与自然和谐共生"中的自然可具体到与各族群所赖以生存的自然环境，如耕地、草原、森林、水源等。彝族长期在山地森林环境中生存，"人与自然和谐共生"的关系集中表现为人与森林的和谐共生。

生存与生态是一对矛盾统一体，其协调统一的根基就在于人与自然和谐共生的生态思想。在中国历史发展长河中，虽然有一些人与自然不协调的情况存在，并由此引发了一些生态灾变，但总体看来，人与自然和谐共生的理念还是处于主导地位，从而为中华文明的延续和发展提供了一个相对稳定的自然环境。森林为彝族长期的生存和发展提供着重要的生态环境和生存资料基础，在不断向森林摄取资源的过程中，森林生态系统还能总体保持相对平衡的状态，其关键原因就在于以人与森林的和谐共生为向度的彝族森林伦理起到了维系和调节的作用。

澜沧江流域彝族的人与森林和谐共生思想具有显著的生态整体主义

---

① ［美］奥尔多·利奥波德：《沙乡年鉴》，侯文蕙译，吉林人民出版社1997年版，第194页。

色彩。热爱和敬重森林是彝族森林伦理的基础，森林整体观是彝族对森林伦理重要性的深刻认知和具体表达，知足勿贪的用林理念既是彝族森林生态道德观及森林整体观的践行，又促使森林的存在和发展，进而推动人与森林和谐共生关系的延续和发展，人与森林和谐共生关系既是生态整体主义思想的形象表达又是生态整体主义思想发挥作用的结果。人与森林和谐共生构建在森林能够承受的物质和生态限度之内，如果超出限度，就会引发一系列诸如灾害、贫困、用林文化削弱等后果。利奥波德生态整体主义思想把"有助于保护生物共同体的和谐、稳定和美丽"①视为保护生态的准则。就保护和管理森林而言，必须把森林和人视为一个整体，使人与森林之间的共生关系良性运行。

在生态文明建设的大背景下，没有必要纠结在以自然为中心还是以人为中心的旋涡中，而应该以人与自然和谐共生的理念为引领和统系，从生态整体主义层面思考人类与自然的关系，把人视为生态系统的一部分，并充分认识到生态系统中每一个组成部分都缺一不可，个单方面强调人类生存的重要性或保护生态的重要性，而是兼顾人类生存和生态保护。这就要求我们以生态整体主义思想为总原则协调人与自然的关系，在谋求人类生存的过程中以维护生态平衡为行为准则，把山峰、森林、草原、湿地、河流、冰川、海洋、大地等每一个生态系统都看成相应的整体，最终把地球甚至宇宙看成统一的生态整体。

三　依托山地环境开展美丽乡村建设

美丽乡村建设既有利于提升村民的生活质量、幸福指数，更有利于提高农村的生态环境质量，而生态环境质量的好坏是提升村民生活质量的重要因素之一。要改善彝族地区的生态环境状况，必须解决好绿化和污染问题。

（一）以人与森林和谐共生思想为引导解决绿化问题

绿色是乡村的底色和灵魂，绿色的源泉和载体在于森林。彝族传

---

① ［美］奥尔多·利奥波德：《沙乡年鉴》，侯文蕙译，吉林人民出版社 1997 年版，第 213 页。

统生态文化中包含人与森林和谐共生的思想，具体表现在人养林和林养人两个方面，人养林主要体现在主动植树造林及通过村规民约、谚语、禁忌、神山、神林、神树、神花等方式来培育和保护森林；林养人则是人养林的回馈及人们对森林重要性的认识，说白了就是对森林的利用。在利用森林的过程中有一点与美丽乡村建设直接相关，即彝族村寨选址要靠近森林而且喜欢在庭院及房子周围种竹子、种树的习惯。在美丽乡村建设过程中，就是要倡导人与森林和谐共生的林人关系，以此为基础和导向开展绿化工作，这是对人与森林和谐共生思想的延续和应用。在森林资源不太丰富的情况下，应更加偏重于人养林而非林养人，但现实生活中从森林中获取生活资料的比重还较高，如木柴还是农村的主要燃料，这从调查问卷第 24 题"您家生产生活主要使用的燃料是什么"的统计结果可以看出：选"木柴""煤炭""沼气""电磁炉、电饭煲等"的分别占 58.1%、4.8%、14.9%、22.2%，可见木柴仍然是家庭生活中的主要能源，而用沼气、电的比重不高。在田野调查中见到几乎家家户户都有炉灶，甚至部分家庭还有火塘，这也说明了木柴用作燃料较为普遍。调查问卷第 25 题"您家木柴作为燃料主要是哪些方面"正好回答了木柴的具体用途："烧火做饭""煮猪食""烤烟"分别占 61.2%、25.2%、13.6%。如今农村已具备大量使用沼气及电做燃烧能源的条件，农村大量的秸秆、人畜粪便等为制造沼气创造了条件，大多数村民的经济条件都能承担买家用电器的费用，所以应该在彝族聚居的山区大量推广沼气及电等现代能源，以降低木柴的使用量，进而减少对森林的砍伐。在观念上部分村民对使用沼气较为认同，调查问卷主观题第 34 题"您认为应该采取什么措施保护环境"，填写"使用沼气"的达 23 次，填写"太阳能"的达 10 次，可见村民对新型能源还是比较认同的。

（二）强化公共环保意识，健全设施配套处理垃圾污染问题

随着现代生活方式在彝族地区的流行，垃圾污染问题也成为困扰乡村整洁的症结之一，调查问卷第 27 题"您认为家乡最主要的环境问题是什么"的统计结果中，选"生活垃圾污染"的占 27%，说明村民们已经认识到生活垃圾对生态环境造成的危害。调查问卷第28题"您家产生的生活垃圾如何处理"的统计结果为："直接倒在路边或空地""扔到河里""挖坑填埋""倒在垃圾箱内""其他"分别占34.7%、19.4%、20.1%、22.6%、3.2%，"直接倒在路边或空地""扔到河里"共占54.1%，这两项处理垃圾的方式都会对环境造成直接污染，且"倒在垃圾箱内"占22.6%可信度不高，因为在田野调查过程中几乎没有见到村中设有垃圾箱。农用薄膜也是造成污染的重要原因之一，调查问卷第33题"家里使用过的废弃农用薄膜，是如何处理的（可多选）"的统计结果中，选"直接丢在田地里""从田地里取出后随意乱丢"的分别占18.5%、16.8%，共计35.3%，而农业生产中如种植烤烟、玉米、辣椒等都会使用薄膜，大量薄膜随意乱扔是污染的重要因素之一。垃圾污染问题是现代生活方式的产物，主要的污染类型为塑料废弃物，解决垃圾污染问题要从强化公共生态意识和建立处理垃圾的设施两方面下功夫。公共环保意识是解决乡村垃圾污染问题的前提，因为只有在公共环保意识较强的情况下，村民才会自觉地按要求投放垃圾，从调查问卷主观题第34题"您认为应该采取什么措施保护环境"填写"不乱扔垃圾"达32次可以看出，如果有了投放垃圾的设施，乱扔垃圾的情况就能得到改观。完善垃圾处理设施是解决垃圾污染问题的核心要素，针对如今彝族乡村地区几乎没有公共垃圾收贮点的现状，应该根据人口密度设置垃圾收贮点，要设专人清运垃圾，并且通过垃圾焚烧发电的方式使垃圾变废为宝。

四　因地制宜开展生态农业建设

推广生态农业在彝族地区有深厚的基础，因为彝族传统农业中就包含浓郁的生态理念，推广生态农业，产量可能会降低，但因为农产品品质的提高，其价值、价格也将大为提高，这样就能保证农户低产不低收，而且还能打造一方生态农产品品牌，愈发促进农村增收致富。根据彝族山乡的实际情况，推广生态农业可以从无公害种植、经济林、生态养殖、混农林业四个方面下功夫。

（一）开展无公害种植以保证农产品质量

20 世纪 50 年代以前，澜沧江流域彝族农业生产不使用化肥和农药，产品质量较好。如今单纯用农家肥的情况较少，农业生产中农家肥与化肥一起用的情况比较普遍，现实情况可从调查问卷第 29 题"您如何给庄稼施肥"的统计结果看出：选"农家肥与化肥一起用"的占 63.1%，选"只用农家肥"的占 10.3%。而如今有机肥存在不被充分利用的现象，调查问卷第 30 题"农户的人畜粪便及污水如何处理"选"用作肥料"的占 50.7%，第 31 题"家里收割后的秸秆（稻秆、玉米秆、豆秆等），是如何处理的（可多选）"选"直接让秸秆烂在田里做肥料"的占 20%，从调查结果可以看出，有机肥用于农业生产还有潜在空间。过度使用化肥会带来系列危害："使蔬菜、水果的口感和品质变差，而且在土壤和水体中还会残留有害物质。"[①]在有机肥没有得到充分利用的情况下，应该增加有机肥的应用比例而减少化肥的使用量，进而降低化肥对农产品质量、土壤、水流等带来的危害。以生产无公害、绿色、有机食品为宗旨，开展测土配方施肥、病虫害生态防治、农业废物综合利用的绿色生态农业模式，降低农药、化肥、薄膜等农用物资对土壤和环境造成的污染。

澜沧江流域部分彝族地区已经成功走上无公害种植的路子。巍山县植保植检站在庙街镇、永建镇的三个村开展稻田养鸭实验，稻谷和鸭子合起来每亩比往年增收 181.6 元，而且因为有鸭子捉害虫，喷药次数比往年减少 3 次，既减轻了农药对空气、稻谷、稻田的污染，又节省了工时。[②]在生态文明建设过程中，这样的低污染、高效益的生态农业方式值得推广。

（二）以促进生态和经济双赢为目的抓好公益林建设

根据澜沧江流域彝族主要分布在山区的地理及气候特点，较适合种植核桃。走生态农业发展道路，走一条以核桃为中心的生态循环经

---

① 孙建利：《对过量使用化肥危害的思考》，《现代农业科技》2010 年第 16 期。

② 巍山彝族回族自治县地方志编纂委员会办公室：《巍山年鉴 2012》，德宏民族出版社 2012 年版，第 141—142 页。

济发展道路：核桃—绿肥—饲料作物—林下养殖—沼气—核桃。澜沧江流域彝族聚居区的核桃种植已成为致富的主要来源之一，"核桃之乡"漾濞在农民增收致富方面的效果十分明显，2015 年漾濞县泡核桃年产值超过 11 亿元①。另外，凤庆、昌宁、景东等地，核桃也成为近年来的新兴产业，在助推经济发展方面作用显著。目前有两个有利条件还可扩大核桃种植面积：其一是部分荒山的存在，这为种植核桃、绿化荒山提供了直接动因；其二是部分农民外出务工，造成部分土地抛荒，可以通过土地流转方式在荒地上种植核桃。总之，种植核桃能起到增加收入和促进生态的双重效益，核桃的经济效益自不待言，而且有一定的生态效益："核桃也是重要的生态树种，树体高大，枝叶繁茂，根系发达，用于城乡绿化，具有防尘、净化空气和环保作用，在山丘、坡麓、梯田堰边栽植，有涵养水源、保持水土的作用。"② 种植核桃树产生的生态效益是显而易见的。

把经济林建设与公益林建设相结合，寻找致富和环保的结合点开展林业建设。在经济林与公益林相契合建设方面，勐腊县象明彝族乡堪称典型："重视生态公益林建设，全乡共兑补生态公益林补偿金820 万元，退耕还林补助金 130 万元，扶持核桃苗 2.5 万株、竹子 35 万株。全乡现有森林管护面积 17.4 万亩、封山育林面积 7.8 万亩、林地面积 114.6 万亩，森林覆盖率达 85.24%。"③ 在公益林建设中大力扶持经济林木如核桃、竹子等，并且取得显著成效。

澜沧江流域一些彝族村寨在经济林建设方面取得很大成就，如凤庆县郭大寨乡的团山村，村民 85% 为彝族，1989 年后，该村坚持"粮茶并举，林牧并举"的致富原则，改造、新建茶园 2300 亩，种植白木瓜 1300 亩、花椒 500 亩；改造低产田 1000 多亩，造林 1000 余

---

① 张至松：《从"绿色数字"看"南涧生态"谈起》，《大理日报》（汉文版）2016年 11 月 5 日第 A03 版。

② 陈建志：《核桃：兼具经济生态效益的优良树种》，《大众数字报·致富导刊》2012年 4 月 19 日 B3 版。

③ 云南勐腊县象明乡彝族乡发展生态农业：http：//www.mzb.com.cn/html/Home/report/420981—1.htm2013—07—10。

亩，嫁接泡核桃5000余株、梨3000多株；培植人工草场2000亩；新修水沟5.7千米，修建小水塘坝4座。① 种经济林、农田改造、修水沟、修水塘等都是与生态密切相关的促进农村经济发展的措施。一些彝族村寨大量种植经济林，南涧县拥翠乡瓦舞彝族村截至1994年已种茶叶275亩、果木260亩；洱源县松鹤彝族村早在20世纪90年代就依靠林果业走上致富道路，截至1994年，全村拥有梅、梨等经济果木树15.3188万棵，户均300株。② 到2012年，巍山县核桃基地面积达5.44万公顷，已挂果面积达1.91万公顷。林业总产值达3.23亿元，森林覆盖率达60.7%。全县经济林以核桃林为主，用材林以华山松为主。全县水果种植面积约40822.8亩，主要有梨、桃子、葡萄等，其中占比重最大的是梨，梨树的种植面积为23716亩，约占全县水果种植总面积的56%。③ 果树既具有绿化、固土、蓄水等功能，又能产生经济效益，真是两全其美的事，应该多种植果树，并开拓水果加工产业，如果汁饮料、葡萄酒等行业，实现生态与经济效益双赢。澜沧江流域彝族种植的经济林既有利于脱贫致富，又绿化了荒山、美化了环境，促进生态系统良性运转。

（三）结合无公害种植及公益林开展生态养殖

生态养殖是循环利用自然资源并能产生经济效益和生态效益的养殖模式，生态养殖具有充分利用资源的功能："生态养殖有利于养殖过程中物质循环、能量转化和提高资源利用率，减少废弃物、污染物的产生，保护和改善生态环境，促进养殖业的可持续发展。"④ 澜沧江流域彝族聚居区有开展禽畜生态养殖的优越条件，粮食、秸秆等为生态养殖提供充足的饲料，而广阔的山林为生态养殖提供场地，如果

① 临沧地区志编纂委员会：《临沧地区志》，燕山出版社2003年版，第141页。
② 云南彝学学会大理分会：《大理彝族研究资料》，大理新华印刷厂1994年版，第171、178页。
③ 巍山彝族回族自治县地方志编纂委员会办公室：《巍山年鉴2012》，德宏民族出版社2012年版，第144、140页。
④ 秦建春、杜志敏、张佳成：《浅谈生态养殖的经济与环境效益》，《现代化农业》1999年第1期。

成功开展无公害种植，还可为生态养殖提供高质量的有机饲料，公益林能为生态养殖提供地理环境。彝族传统的养殖方式为生态养殖提供了观念和途径，放养的禽类啄食大量昆虫，对预防病虫害发生有一定积极作用，到树林中放养牲畜动物的粪便增加了土壤的肥力，能促进树木生长，家庭喂养以粮食和秸秆做饲料，为禽畜提供了品质优良的有机饲料，禽畜的粪便又为土地提供有机肥。秸秆和粮食喂养至今还占有一定比例，调查问卷第31题"家里收割后的秸秆（稻秆、玉米秆、豆秆等），是如何处理的？（可多选）"选"喂牲口"的占30.5%，第32题"您家使用饲料喂养动物吗"选"从来不喂饲料""粮食喂得多，饲料喂得少"的分别占20.1%、68.7%，可见传统喂养方式保留较好，这也正是彝族地区肉制品受市场欢迎的重要原因。随着经济林的广泛种植，还可发展林下养殖，可以在林中养鸡，鸡既可为茶林和核桃林除去害虫，又可以松土，鸡粪还变成肥料，这样形成一个简单的生态链环，在林中吃虫子和杂草、晒太阳、跑着长大的鸡是真正意义上的生态食品，鸡蛋和鸡肉都能起到较好的增收致富作用。营盘村农户从养鸡中获得一定收益，他们养殖的鸡是本地品种乌骨鸡，主要有麻、红、灰三色。一年四季养殖，鸡仔用自家母鸡孵出，每年孵鸡仔10—15窝，每窝出壳14—15只鸡仔。白天室外放养，夜晚收回到鸡舍中，用五谷杂粮喂养。鸡仔养7—8个月后可出售，出售时每只鸡4斤左右，价格在17—18元/斤，鸡蛋1元一个，有商贩到村里收购鸡和鸡蛋，因此不愁销路，大多数农户每年土鸡一项可获1万元左右的毛收入。营盘村土鸡之所以能带来好收益，主要因为土鸡具有较高的品质，老品种、放养、粮食喂养是造就高品质土鸡的三个重要因素，大部分山区村寨都具备这三个因素，营盘村养殖土鸡的模式可供其他彝族村寨借鉴，具有较强的推广价值。

（四）利用山地环境及传统生计技术发展混农林业

混农林业于1977年提出，当年成立了国际混农林业研究委员会（ICRAP）。混农林业是指"一种持续有效的土地使用管理体系，即在一片土地上根据当地经济背景和经营水平，同时或先后进行农林间作或林牧结合生产"①。混农林业的优势在于根据所处的自然环境，根据森林生态系统中各要素的相互联系，综合利用及培育生产生活资料，通过资源的综合系统利用以减轻人的生存对自然环境的压力，最终获得人与自然和谐共生的理想结果。

澜沧江流域彝族有着发展混农林业的山地环境及传统生计技术。澜沧江流域彝族有着传统的混农林业生产方式，如刀耕火种、农林牧猎兼容等等。澜沧江流域的混农林业已有一定的发展成效，但还存在一些欠缺："该地区混农林业发展还十分落后，存在规模小、经营粗放、产值低等问题，农林产品销售不畅、市场发展缓慢，缺乏相应的激励机制，个别混农林业类型资源消耗大、效益低，对生物多样性破坏大。"② 彝族聚居区的混农林业也或多或少存在这些问题。澜沧江流域彝族聚居区混农林业的发展应以自然环境及传统生计优势为依托，具体发展林农、林牧、林药等多种经济形态。

五　充分发挥地方法规规章保护生态环境的作用
（一）地方法规规章要平衡好生计和生态保护的关系

生态系统具有整体性，制定生态保护的地方法规规章也应该具有整体性和全局意识，要以人与自然和谐共生思想为导向。生计与生态保护看似是一对矛盾体，但实际上二者有相通之处，如果能平衡好二者的关系，就能达到生计与生态保护的互相促进，最终实现协调统一。平衡生计和生态保护的关系，也就是说在开展生态保护的同时尽可能兼顾到当地民众的生计。对于山地民族而言，森林既是获取生存资料的重要来源，又是生态保护的重要对象，平衡澜沧江流域彝族聚居区民众生计和生态保护的关系，其关键在于平衡好森林利用和森林

---

① 熊文愈：《生态系统工程与现代混农林业生产体系》，《生态学杂志》1991 年第 1 期。

② 赖庆奎、晏青华：《澜沧江流域主要混农林业类型及其评价》，《西南林业大学学报》2011 年第 2 期。

保护之间的关系。

森林是彝族赖以生存的生态基础和物质基础，彝族对森林的利用程度较高，森林的生态利用和物质利用共同促成了彝族的生存和发展。从生态基础的层面讲，主要指森林为彝族生存提供了重要的生态环境，一方面森林起到美化环境的作用，另一方面，森林涵养水源、保持水土的功能更是对彝族生存具有重要意义。从物质基础的层面讲，森林为彝族生存提供重要的物质条件，彝族直接从森林中获取木材、薪柴、植物采集等林业资源，各种生计活动也与森林密切相关。

用林与护林是一对矛盾体，如何处理好二者的关系是一个难题，彝族传统生态文化中的包含着用林与护林协调统一的思想。生态保护的目的在于让人类的生存环境更好，以及让生存环境被持续利用下去。森林保护与彝族生计并不是对立关系，其间有着协调统一的内在联系，森林为生计提供良好的生态环境和生活资料，为了能使森林之用持续不绝，彝族积累了大量保护森林的思想，从而实现了人与森林的和谐共生。在保护森林的过程中，应该对森林进行适度人为干扰，如剔除树木枯枝、清除林下落叶、采集食物和药材等，能起到添补农耕肥料、生活燃料、食物及药物的作用，这样既不会造成森林中部分可资生计的资源流失浪费，又能给森林周边的民众提供生计之需。对于澜沧江流域彝族聚居区在保护森林的大前提下适度利用森林是可行的，潮湿温暖的气候条件能为森林快速恢复提供客观条件，彝族有与森林和谐共生的优良传统，其就学、就业等方式流入城市以及现代建筑材料、金属器皿、塑料器具、电器的广泛使用都有利于森林保护。生态保护地方法规规章不是要把民众生计放在生态保护的对立面，而恰恰是要通过人为的方式协调好二者的关系。换言之，保护森林不等于绝对禁封，而是要适度开放，辅之以一定的人为干扰，既能发挥森林促生计的功能，又能促进生态平衡。

（二）确保生态保护的地方法规规章发挥实效

法制建设是生态文明建设的保障，民间传承着以习惯法、村规民约、护林碑刻、宗教禁忌等保护生态的传统方式，也就是说在中国传统文化中包含着强烈的保护生态的意识。在传统生态文化中，自然崇拜及相关禁忌对破坏生态的行为有一定约束作用，然而随着人们对自然认识更趋理性，神性色彩在保护生态环境方面的作用逐渐减弱，于是有必要构建起更健全、更具可操作性的法制保障体系。在不与上位法冲突的总原则下，特别有必要在地方法规规章上取得实质性成效。在具体制定规约方面，要做到既总览全局又细致入微，做到从澜沧江流域云南段到村委会的全覆盖。

首先，应考虑从省域层面制定一部《澜沧江流域云南段生态环境保护条例》。区域保护的优势较为明显："区域保护比单一的要素保护更符合生态系统的规律，也有助于从可持续发展的角度正确处理人与自然的关系。"[①] 因澜沧江流域云南段的生态系统具有整体性，站在省域的层面更有利于对整个区域的生态环境保护做到全局管理和统筹安排，可防止和避免不同行政区域在管理和执法过程中推脱、拖沓甚至不作为，澜沧江流域彝族聚居区的生态环境保护在整体性法规运行下才更容易取得实效。

其次，要制定实施好村规民约，要讲求实用性、民主性、公开性相结合的原则。澜沧江流域彝族聚居区历史上出现过大量有关森林保护的碑刻，其内容有显著的实用性、民主性、公开性特征，说明澜沧江流域彝族聚居区有较好的采用村规民约保护森林的优良传统，能为当今保护生态村规民约的制定提供文化基础和方法、内容借鉴。就实用性而言，要能够考虑到当地村民的生计及新出现的生态环保问题；就民主性而言，制定村规民约前要广泛征求意见，注重村民的参与性；就公开性而言，村规民约一旦制定出来，就必须广而告之，宣传到户到人。在田野调查中发现，很多村委会要么没有村规民约，要么制定了村规民约却缺乏宣传，村规民约摆在村委会办公室，村民不知晓有村规民约。只有做到实用性、民主性、公开性相结合，才能更好

---

① 廖华：《民族地区生态红线制度的地方立法研究》，《湖北民族学院学报》（哲学社会科学版）2015 年第 3 期。

地激发村民保护生态环境的动力，进一步促进村规民约的实施效果。很少有专项性保护生态环境的村规民约，保护生态环境的内容通常混合在整个村规民约中。根据目前的状况看，制定和实施好村规民约应该做好以下三个方面：一方面，要以坚守生态红线为原则，秉承"绿水青山就是金山银山"的理念，制定以保护森林为系统、保护水源、保护耕地、保护村寨环境并重的专项性生态环境保护村规民约；另一方面，村规民约一旦制定出来，就要加大宣传力度，集中召开户主会议，集体学习村规民约的内容，随后把村规民约的文本印发到各户，由户主组织家庭成员学习其内容；最后，根据《村民委员会组织法》的相关内容，村委会要严格执行村规民约，做到不偏不倚、不折不扣。

（三）禁止以经济林替换原有的森林

在发展经济过程中，要禁止以经济林取代水源林、原生林、次生林的做法。经济林因物种单一、耗水耗肥等多种原因，其生态价值比不上水源林、原生林、次生林。有的经济林已经带来较严重的生态问题，例如西双版纳的部分橡胶林是在破坏热带雨林的情况下发展起来的，带来诸多生态后果，包括热带雨林面积的锐减、水源减少、生物多样性减少等生态恶果。

澜沧江流域彝族聚居区数量较大的经济林木品种是核桃和桉树。核桃已成为当地增收致富的主要来源之一，但在近30年来，随着核桃种植的大面积推广，存在砍伐森林种植核桃的情况，如著名的核桃产出大县漾濞曾经出现过破坏水源林、生态林种植核桃的现象："漾濞县大力发展核桃种植业来提高群众的经济收入，许多河流、山谷周边的水源林、生态林被采伐，且核桃树种植周期长，保水能力差，水源地保护与经济林发展的矛盾日益凸显。"[1] 桉树在澜沧江流域（云南段）中段种植较广，在大理州、保山市、临沧市、普洱市种植较

---

① 苏智祥、杨迎军等：《云南漾濞彝族自治县农村饮用水水源地保护对策研究》，《中国防汛抗旱》2014年第5期。

多，截至 2005 年，云南桉树面积达 23.6 万公顷，其中大理州 4.0 万公顷，保山市 1.68 万公顷，临沧市 1.24 万公顷，思茅（后更名为普洱）市 4.59 万公顷。因桉树消耗养分、水分较多以及造成水质污染、干旱、生物多样性减少、病虫害严重等生态问题，应当少种桉树，禁止毁坏原生针阔叶林种植桉树，即便要种植桉树也必须保留原有地被植物。

"以林换林"表面上看并没造成森林损失，而且还可获得更多的经济收益，但因经济林的生态价值有限甚至还有负面生态效应，因此在发展经济林时应该考虑退耕土地及没有森林的荒山。为了避免"以林换林"的现象发生，各县林业部门有必要制定出台《经济林管理条例》，明确种植经济林木的土地类型，明确划分水源林、原生林、次生林的森林属性，制定破坏水源林、原生林、次生林的惩处措施，明确履职尽责的责任主体，以便理顺经济林发展与原有森林保护的关系，最终达到促进经济林发展和原有森林保护的双重效果。

参考文献

一　古籍

（北宋）欧阳修等：《新唐书》，中华书局 1975 年版。

（清）梁友檍纂：《蒙化志稿》，德宏民族出版社 2006 年版。

（清）檀萃辑，宋文熙、李东平校注：《滇海虞衡志校注》，云南人民
　　出版社 1990 年版。

（清）谢圣纶辑，古永继点校：《滇黔志略》，贵州人民出版社 2008
　　年版。

邓启华等：《清代普洱府志选注》，云南大学出版社 2007 年版。

杨滋荣整理点校：《顺宁府（县）志五部》，天马图书有限公司 2001
　　年版。

二　外文译著

［美］奥尔多·利奥波德：《沙乡年鉴》，侯文蕙译，吉林人民出版社
　　1997 年版。

［美］霍尔姆斯·罗尔斯顿：《环境伦理学》，杨通进译，中国社会科
　　学出版社 2000 年版。

［美］蕾切尔·卡逊：《寂静的春天》，吕瑞兰、李长生译，吉林人民
　　出版社 1997 年版。

［美］罗德里克·纳什：《大自然的权利：环境伦理学史》，杨通进

译，青岛出版社 2005 年版。

［美］唐纳德·沃斯特：《自然的经济体系——生态思想史》，侯文蕙
　　译，商务印书馆 1999 年版。

［日］安田喜宪：《森林：日本文化之母》，蔡郭达、邬利明译，上海
　　科学技术出版社 2002 年版。

［日］梅原猛：《森林思想——日本文化的原点》，卞立强、李力译，
　　中国国际广播出版社 1993 年版。

［日］佐佐木高明：《照叶树林文化之路：自不丹、云南至日本》，刘
　　愚山译，云南大学出版社 1998 年版。

［英］克莱夫·庞廷：《绿色世界史——环境与伟大文明的衰落》，王
　　毅、张学广译，上海人民出版社 2002 年版。

三　碑刻

黄珺：《云南乡规民约大观》，云南美术出版社 2010 年版。

李荣高：《云南林业文化碑刻》，德宏民族出版社 2005 年版。

徐鸿芹：《隆阳碑铭石刻》，云南美术出版社 2005 年版。

张树芳、赵润琴、田怀清：《大理丛书·金石篇》，云南民族出版社
　　2010 年版。

四　彝文汉译文献

郭思九、陶学良整理：《查姆》，云南人民出版社 1981 年版。

罗希吾戈、普学旺译注：《彝族创世史———阿赫希尼摩》，云南民族
　　出版社 1990 年版。

马学良等：《彝文〈劝善经〉译注·序注》，中央民族学院出版社
　　1986 年版。

马学良主编：《增订〈爨文丛刻〉》上册，四川民族出版社 1986
　　年版。

杨茂虞、杨世昌编译：《彝族打歌调》，云南民族出版社 2002 年版。

云南省楚雄彝族自治州人民政府编译：《彝族毕摩经典译注·祭祀经、巍山南涧彝族口碑文献》第五十五卷，云南民族出版社 2009 年版。

云南省民间文学集成办公室编：《云南彝族歌谣集成》，云南民族出版社 1986 年版。

五 近现代方志

保山市民族宗教事务局编：《保山市少数民族志》，云南民族出版社 2006 年版。

宾川县志编纂委员会：《宾川县志》，云南人民出版社 1997 年版。

大理市史志编纂委员会编：《大理市志》，中华书局 1998 年版。

大理州民族事务委员会编：《巍山彝族回族自治县民俗志》，云南民族出版社 2012 年版。

鹤庆县志编纂委员会：《鹤庆县志》，云南人民出版社 1991 年版。

江城哈尼族彝族自治县志编纂委员会编纂：《江城哈尼族彝族自治县志》，云南人民出版社 1989 年版。

金建、杨兆昌主编：《临沧地区民族志》，云南民族出版社 2003 年版。

景东彝族自治县志编纂委员会编：《景东彝族自治县志》，四川辞书出版社 1994 年版。

兰坪白族普米族自治县志编纂委员会编：《兰坪白族普米族自治县志》云南民族出版社 2003 年版。

临沧地区志编纂委员会：《临沧地区志》，燕山出版社 2003 年版。

勐腊县志编纂委员会编纂：《勐腊县志》，云南人民出版社 1994 年版。

弥渡县志编纂委员会：《弥渡县志》，四川辞书出版社 1993 年版。

南涧县志编纂委员会编：《南涧县志》，四川辞书出版社 1993 年版。

南涧彝族自治县民族事务委员会：《南涧彝族自治县民族志》，云南民族出版社 1995 年版。

双江拉祜族佤族布朗族傣族自治县民族事务委员会编:《双江拉祜族
　　佤族布朗族傣族自治县民族志》,云南民族出版社 1995 年版。

思茅行政公署民委编:《思茅少数民族》,云南民族出版社 1990
　　年版。

王丽珠:《祥云县少数民族志》,云南人民出版社 1990 年版。

西双版纳傣族自治州民族宗教事务局:《西双版纳傣族自治州民族宗
　　教志》,云南民族出版社 2006 年版。

祥云县志编纂委员会:《祥云县志》,中华书局 1996 年版。

颜仕勇主编:《景东彝族自治县民族志》,云南民族出版社 2012
　　年版。

漾濞彝族自治县地方志编纂委员会编:《漾濞彝族自治县志》,云南
　　人民出版社 2000 年版。

漾濞彝族自治县民族宗教事务局编:《漾濞彝族自治县民族宗教志》,
　　云南民族出版社 2005 年版。

永平县民族宗教事务局编:《永平县民族志》,云南民族出版社 2006
　　年版。

云龙县民族事务委员会:《云龙县民族志》,云南教育出版社 1994
　　年版。

云南省景谷傣族彝族自治县志编纂委员会编:《景谷傣族彝族自治县
　　志》,四川辞书出版社 1993 年版。

云南省普洱市民族宗教事务局编:《普洱市民族志》,云南民族出版
　　社 2009 年版。

云南省中甸县志编纂委员会编:《中甸县志》,云南民族出版社 1997
　　年版。

镇康县民族事务委员会编:《镇康县民族志》,云南民族出版社 1994
　　年版。

中共营盘镇委员会、营盘镇人民政府编纂:《云南省兰坪白族普米族
　　自治县营盘镇志》,云南民族出版社 2008 年版。

六　近人著作

白庚胜、王丽珠编：《中国民间故事全书》云南巍山卷，知识产权出版社2005年版。

白庚胜、吴家良：《中国民间故事全书》云南南涧卷，知识产权出版社2005年版。

昌宁县文化发展促进会、昌宁县文体广电旅游局：《昌宁民俗》，云南民族出版社2012年版。

邓承礼主编：《南涧民间文学集成》，云南民族出版社1987年版。

方国瑜、林超民：《方国瑜文集》第一辑，云南教育出版社2001年版。

高立士：《西双版纳傣族传统灌溉与环保研究》，云南民族出版社1999年版。

葛根高娃、乌云巴图：《蒙古民族的生态文化——亚洲游牧民族遗产》，内蒙古教育出版社2003年版。

管彦波：《民族地理学》，社会科学文献出版社2011年版。

郭家骥：《生态文化与可持续发展》，中国书籍出版社2004年版。

黄绍文、廖国强、关磊、袁爱莉：《云南哈尼族传统生态文化研究》，中国社会科学出版社2013年版。

景东彝族自治县民族宗教事务局编：《景东彝族简史》，云南民族出版社2011年版。

《景谷傣族彝族自治县概况》编写组编：《景谷傣族彝族自治县》，民族出版社2007年版。

李国文、施荣：《彝族俚侎人民俗》，云南大学出版社2004年版。

廖国强、何明、袁国友：《中国少数民族生态文化研究》，云南人民出版社2006年版。

林耀华：《民族学通论》，中央民族大学出版社1997年版。

刘宏涛：《不熄的火塘——彝族腊罗巴支系的亲属制度》，云南人民出版社 2009 年版。

毛建忠:《火映龙虎:迪庆彝族文化初探》,云南民族出版社 2011
年版。

弥渡县民族宗教事务局编:《弥渡彝族简史》,云南民族出版社 2004
年版。

南文渊:《高原藏族生态文化》,甘肃民族出版社 2002 年版。

秦莹:《"跳菜"——南涧彝族的飨宴礼仪》,云南人民出版社 2010
年版。

王清华:《梯田文化论》,云南大学出版社 1999 年版。

王玉德、张全民等:《中华五千年生态文化》,华中师范大学出版社
1999 年版。

巍山县彝学学会编:《巍山彝族打歌山歌小调选编》,云南人民出版
社 2011 年版。

巍山彝族回族自治县人民政府编:《巍山彝族简史》,云南民族出版
社 2006 年版。

尹绍亭:《人与森林:生态人类学视野中的刀耕火种》,云南教育出
版社 2000 年版。

余谋昌:《生态文化的理论阐释》,东北林业大学出版社 1996 年版。

余谋昌:《生态文化论》,河北教育出版社 2001 年版。

云南省编辑组:《大理州彝族社会历史调查》,民族出版社 2009
年版。

云南省编辑组:《云南巍山彝族社会历史调查》,民族出版社 2009
年版。

云南省编辑组:《云南彝族社会历史调查》,民族出版社 2009 年版。

赵俊臣:《特困民族乡奔小康——云南省云县后箐乡的个案》,中国书
籍出版社 2004 年版。

七　论文

艾怀森：《高黎贡山地区的傈僳族狩猎文化与生物多样性保护》，《云南地理环境研究》1999 年第 1 期。

白兴发：《少数民族传统文化中的生态意识》，《青海民族学院学报》（社会科学版）2003 年第 3 期。

陈建宪：《试论民俗的功能》，《民俗研究》1993 年第 2 期。

戴波、蒙睿：《云南彝族多样性图腾崇拜及生态学意义》，《云南师范大学学报》（哲学社会科学版）2004 年第 5 期。

单保庆：《生态文明观的演进与可持续发展》，《生态经济》2001 年第 1 期。

范例：《彝族服饰图纹类型、艺术特点及美学价值》，《云南师范大学学报》（哲学社会科学版）2004 年第 2 期。

付保红、陈丽晖、朱彤：《云南高山峡谷区大型水电站建设开发性移民研究——以漫湾、大朝山电站为例》，《地域研究与开发》2004 年第 6 期。

高立士：《"垄林"傣族纯朴的生态观》，《昆明师范高等专科学校》2000 年第 1 期。

葛根高娃、薄音湖：《蒙古族生态文化的物质层面解读》，《内蒙古社会科学》（汉文版）2002 年第 1 期。

耿雷华、杜霞、姜蓓蕾、黄昌硕：《澜沧江流域水资源开发利用影响分析》，《水资源与水工程学报》2007 年第 4 期。

古开弼：《我国各民族祭林拜树习俗的生态文化透视》，《古今农业》1997 年第 1 期。

管彦波：《民间法视阈下的水文生态环境保护——以西南民族为考察重点》，《贵州社会科学》2015 年第 5 期。

郭家骥：《西双版纳傣族的水信仰、水崇拜、水知识及相关用水习俗研究》，《贵州民族研究》2009 年第 3 期。

何星亮：《文化的民族性与世界性》，《云南社会科学》2002 年第 5 期。

金山、陈大庆：《人与自然和谐的法则——探析蒙古族古代草原生态保护法》，《中央民族大学学报》2006 年第 2 期。

赖庆奎、晏青华：《澜沧江流域主要混农林业类型及其评价》，《西南林业大学学报》2011 年第 2 期。

赖毅、严火其：《彝族传统山地农作的生物多样性智慧研究》，《中国农史》2009 年第 4 期。

李晓莉：《论云南彝族原始宗教信仰对生态环境的保护作用——以直苴彝族村为例》，《西南民族大学学报》（人文社会科学版）2004 年第 6 期。

李晓莉：《论云南彝族原始宗教信仰对生态环境的保护作用——以直苴彝族村为例》，《西南民族大学学报》（人文社会科学版）2004 年第 6 期。

李亦园：《生态环境、文化理念与人类永续发展》，《广西民族学院学报》（哲学社会科学版）2004 年第 4 期。

廖国强：《生态哲学：从"实体中心论"走向"虚体中心论"——以中国少数民族生态文化为视点》，《思想战线》2010 年第 5 期。

廖国强：《文化·生态文化·民族生态文化》，《云南民族大学学报》（哲学社会科学版）2011 年第 4 期。

廖国强：《云南少数民族刀耕火种农业中的生态文化》，《广西民族研究》2001 年第 2 期。

廖华：《民族地区生态红线制度的地方立法研究》，《湖北民族学院学报》（哲学社会科学版）2015 年第 3 期。

刘成成：《巍山彝族民歌文化述略与分析》，《民族音乐》2010 年第 5 期。

刘金龙、张明慧、张仁化：《彝族生计、文化与林业传统知识——以云南省南华县为例》，《中国农业大学学报》（社会科学版）2015 年第 6 期。

刘雁翎：《论西南少数民族的生态法治观价值》，《中国社会科学院研究生院学报》2016 年第 2 期。

龙春林、张方玉、裴盛基、陈三阳：《云南紫溪山彝族传统文化对生物多样性的影响》，《生物多样性》1999 年第 3 期。

麻国庆：《草原生态与蒙古族的民间环境知识》，《内蒙古社会科学》（汉文版）2001 年第 1 期。

马桂英：《论蒙古草原自然崇拜文化的生态意蕴》，《内蒙古财经学院学报》2006 年第 1 期。

毛新华、石高圣、倪松尧：《氮肥、磷肥、钾肥与荞麦产量关系的研究》，《上海农业科技》2004 年第 4 期。

［美］J. H. 斯图尔德：《文化生态学的概念和方法》，王庆仁译，《民族译丛》1983 年第 6 期。

［美］朱利安·H. 斯图尔特：《文化生态学》，潘艳、陈洪波译，《南方文物》2007 年第 2 期。

闵承龙：《保山地区彝族民间文艺概览》，《民间艺术研究》1995 年第 2 期。

南文渊：《藏族游牧生活考察》，《青海民族研究》1999 年第 1 期。

彭多意：《发展民族社区经济方法探索——以可邑彝族生态文化旅游村项目为例》，《思想战线》2001 年第 6 期。

秦建春、杜志敏、张佳成：《浅谈生态养殖的经济与环境效益》，《现代化农业》1999 年第 1 期。

苏智祥、杨迎军等：《云南漾濞彝族自治县农村饮用水水源地保护对策研究》，《中国防汛抗旱》2014 年第 5 期。

孙建利：《对过量使用化肥危害的思考》，《现代农业科技》2010 年第 16 期。

覃彩銮：《试论壮族文化的自然生态环境》，《学术论坛》1999 年第 6 期。

童绍玉：《云南稻作民族文化的生态适应研究》，《楚雄师范学院学报》2001 年第 4 期。

王红：《澜沧江流域水土流失及防治对策》，《水土保持通报》1997 年第 2 期。

王娟、黄莹、李帅锋、万开明、杨建华：《澜沧江自然保护区周边社区林业现状及发展对策》，《西南林学院学报》2007 年第 2 期。

王明东、颜绍梅：《云南彝族水利山林习惯法及其功能》，《思想战线》1998 年第 3 期。

王明东：《彝族生态文化探析》，《云南师范大学学报》（哲学社会科学版）2002 年第 5 期。

王四代、颜霁琪：《论彝族毕摩绘画的艺术形式》，《云南民族大学学报》（哲学社会科学版）2009 年第 4 期。

夏德康：《塔里木河干流泥沙运动及河道变迁》，《水文》1998 年第 6 期。

熊文愈：《生态系统工程与现代混农林业生产体系》，《生态学杂志》1991 年第 1 期。

徐丽华：《构建红河州农村生态文明的彝族生态文化建设》，《毕节学院学报》2010 年第 5 期。

徐晓光：《黔东南侗族传统林业生计及其习惯法规范》，《原生态民族文化学刊》2010 年第 2 期。

许斗斗：《技术的社会责任与生态使命》，《自然辩证法研究》2017 年第 3 期。

严正元：《从人口与燃料关系探讨滇南重点林区的建设》，《人口与经济》1985 年第 3 期。

杨甫旺、伍茜溪：《试论彝族原始宗教对生态保护的意义》，《楚雄师范学院学报》2006 年第 5 期。

杨红：《凉山彝族生态文化的继承与凉山彝区生态文明建设》，《西南民族大学学报》（人文社会科学版）2005 年第 2 期。

杨庭硕：《苗族生态知识在石漠化灾变救治中的价值》，《广西民族大学学报》（哲学社会科学版）2007 年第 3 期。

杨宗亮：《云南壮族的自然崇拜及其对生态保护的意义》，《云南民族大学学报》（哲学社会科学版）2005 年第 2 期。

尹绍亭：《基诺族刀耕火种的民族生态学研究（续）》，《农业考古》
　　1988 年第 2 期。

余满晖：《论贵州侗族传统稻作文化的生态意蕴》，《农业考古》2015
　　年第 3 期。

喻见：《贵州少数民族地区生态文化与生态问题论析》，《贵州社会科
　　学》2005 年第 3 期。

张纯德：《浅论彝族古代毕摩绘画》，《云南艺术学院学报》2003 年第
　　1 期。

张桥贵：《少数民族文化的特征与变迁》，《云南民族大学学报》（哲
　　学社会科学版）2005 年第 3 期。

张桥贵：《少数民族自然崇拜与生态保护》，《生态经济》2000 年第
　　7 期。

赵世林：《民族文化的传承场》，《云南民族学院学报》（哲学社会科
　　学版）1994 年第 1 期。

钟敬文：《民俗文化的性质与功能》，《哲学动态》1995 年第 1 期。

周鸿、赵德光、吕汇慧：《神山森林文化传统的生态伦理学意义》，
　　《生态学杂志》2002 年第 4 期。

洲塔：《崇山祭神——论藏族神山观念对生态保护的客观作用》，《甘
　　肃社会科学》2010 年第 3 期。

邹雅卉、左停：《云南社区森林的乡土知识及传承——临沧地区云县
　　后箐乡勤山小流域案例研究》，《林业与社会》2004 年第 4 期。

附录一

云南省凤庆县腰街乡开明村彝族
传统生态文化考察报告

一 山乡腰街，生态开明

（一）腰街乡地理概况

腰街彝族乡位于凤庆县东北部，国土面积 92.87 平方千米。乡政府所在地距县城 76 千米，东南与云县茂兰镇相接，西南与洛党镇相连，西与小湾镇接壤，北与大理州南涧县小湾东镇仅一江之隔。境内最高海拔 2539 米，最低海拔 965 米，政府驻地海拔 2190 米。全乡气候属亚热带季风气候，干湿季分明，立体气候明显，全年积温 4500℃，年平均气温 13.7℃，年降水量 1230 毫米。林地面积 89324.7 亩，森林覆盖率 48%（源自 2008 年腰街乡政府工作报告）。全乡辖星源、函关、民安、腰街、复兴、开明 6 个村民委员会、62 个村民小组，境内居住着彝、汉、白三种民族，彝族人口众多。2011 年末全乡农业人口 2113 户 8461 人，少数民族 7806 人（其中彝族 7687 人，白族 119 人），彝族人口占全乡农业总人口的 90.85%，该村日常用语为彝语，是典型的彝族乡。全乡 95% 是山区，总耕地面积 10874 亩，其中水田 2327 亩，旱地 8547 亩，农民人均占有耕地 1.31 亩。经济来源主要来自种植业、养殖业和务工收入，经济发展相对落后。

（二）调查地点开明村地理概况

开明村委会距离乡政府 15 千米，国土面积 30.20 平方千米，东北与云县茂兰镇接壤，南临腰街村，西与南涧县隔江（澜沧江）相望。海拔 2300 米，年平均气温 13.70℃，年降水量 1230 毫米。当地人说不会下雪，冬天低洼的地方会下霜，干旱少雨。全村有耕地 2735 亩，主要种植玉米、水稻、烤烟等农作物。有林地 21707.80 亩，2011 年林业收入达 174.28 万元。该村的主要产业为茶叶、烤烟和养殖，产品主要在县内销售。全村辖 15 个村民小组，包括团山、青树、李家、田心、龙塘、河边、尾里、开明、中村、下村、鲁邑、平路、大村 13 个自然村，有农户 548 户，姓氏主要为杨、茶、字、罗、李五姓，有乡村人口 2262 人，其中彝族 2045 人，占全村总人口的 90.4%，是典型的彝族聚居山村。截至 2011 年底，全村有 496 户通自来水，有 36 户饮用井水，有 52 户建小水窖。有 28 户居住砖木结构住房，有 513 户居住土木结构住房，其他居住类型 7 户。村里没有垃圾集中堆放场地，人畜混居 450 户。

二　凤庆县彝族传统生态文化的内容

（一）物质层面

1. 因地制宜，充满山野气息的生产方式

农业是开明村最主要的产业模式，农业在经济生活中的比重占 42% 左右。在长期的农业生产过程中，形成了与生态密切相关的农业文化体系。因为山区的缘故，开明村旱地多、水田少，旱地大多在村寨周围，水田大多靠近澜沧江边，处于村寨的最下方，这样可保证水源充沛，可有效灌溉的农田达 1408 亩。土地坡度通常保持在 30—40℃，为了保持水土，部分坡度较大的土地进行了坡改梯，土地向阳性较好，也有部分背阴的低洼土地。根据光照情况种植作物，向阳的土地栽种烤烟，背阴的种小麦和玉米。烤烟是开明村的重要经济作

物，栽种面大概占旱地总面积的80%，玉米大概占20%。如果遇到过于干旱的年份，烤烟失收，会改种玉米或者黄豆。在农业生产过程中紧扣节令，通常遵循传统的二十四节气，他们总结出很多与历法有关的农事经验，如大春作物烤烟和玉米必须在农历四月份以前种植，清明节前要育秧苗，流传这样一种说法："农历五月十三前不栽秧，收成减半。"小春作物如小麦、豌豆、蚕豆等在农历八九月份播种。在耕种过程中还形成了一些农作技术：在选种方面，干旱的年份更喜欢选用老品种，因为耐旱、抗倒伏，而雨水丰沛的年份要多选用新品种，因为收成更高。开明干旱少雨，为了保证种子的发芽率，大部分种子泡了才种。播撒稻种讲求密度适中，以保证壮苗，育秧阶段要每天浇水，秧苗达5—6厘米高时要揭开薄膜通风透气，待秧苗长至15—20厘米高时即可移栽。插秧时讲求"海拔越低秧苗越稀疏，海拔越高秧苗越稠密"，据说是因为海拔低气温高、肥力强、水源更充沛、长势较好，故要稀植；海拔高、气温低、肥力差、水源紧缺、长势较差，故需密植。无论旱地作物还是水田作物都要除草，通常从出苗至收割前需除草3次，一般2次。施肥方面，据村民反映，5年前施农家肥的多，现在施化肥的多。稻田不施农家肥，一方面稻田所在地较低，山上和村寨的冲积物都汇集到稻田，给稻田提供了肥料，另外稻田离住处较远，施农家肥运输成本高，所以只施复合肥和尿素。旱地更多的是使用农家肥，村民认为农家肥更好，有果实更饱满、产量更高、保持土壤肥力等优点。除虫普遍用农药，烤烟喷洒农药的情况较普遍。收割庄稼要选择晴天，成熟度不够的暂缓收割，采取人工脱粒，晒干后装柜。秸秆处理情况根据问卷的调查结果整理如附表1-1。

从问卷选项可以看出，秸秆用作牲口饲料的情况比较普遍。

开明村位于山坡上，是典型的"靠山吃山"的村寨，林业在经济总收入中的比例大约为13%。开明村植被情况较好，村寨周围是田地，田地周围是林地，村与村之间有一些林地，从团山村去青树村调查的途中，就经过了一片林地，村里大青树比较多，有的很高大，据

附表 1-1　　　　　　　　　**秸秆处理情况表**

选项	选择次数	占总选择次数的比例（%）	占总人数的比例（%）
就地焚烧	15	10.4	21.7
随意丢弃	2	1.4	2.9
直接让秸秆烂在田里做肥料	20	13.9	29.0
喂牲口	59	41.0	85.5
制作沼气	18	12.5	26.1
用秸秆烧火做饭	30	20.8	43.5

家里收割后的秸秆（稻秆、玉米秆、豆秆等），是如何处理的？（可多选）

村民说有二三百年的历史。一些容易滑坡、低洼、地势险要的地带是禁封区，这些区域松树较多，也有零星的果树，由于禁封地带不准砍树，甚至不可以放牧，这些地带草木茂盛。为了提高树木的成活率，村民一般会选择在雨季（农历五六月份）植树，喜欢在地边种竹子，在容易滑坡的地方种水冬瓜树，水冬瓜树生长快，能较快发挥保持水土的优势，还可以做柴、木材，叶子可以垫圈做肥料。端午节前后人们喜欢在房前屋后种果树，品种有梨树、李子树、桃树、酸木瓜树等，还喜欢在庭院里种植花草。村里有100多亩集体林，也是水源林，位于村寨下方的澜沧江边，专门配备有1位林管员，每月发400元工资，林中的树木主要是水冬瓜树和松树，村民可以到林中砍柴，但不准砍树。每户有20亩左右的自留山，自留山上的树种主要有水冬瓜树和麻栗树，随着核桃价格的走俏，村民们也在自留山上种核桃。村民们认为树林能给自己带来很多好处，调查问卷结果见附表1-2。

附表1－2　　　　村寨周围的森林为村民提供便利情况表

选项	选择次数	占总选择次数的比例（％）	占总人数的比例（％）
放牧	54	18.0	78.3
蘑菇（菌子）	45	15.0	65.2
草药	53	17.7	76.8
柴草	51	17.0	73.9
涵养水源	38	12.7	55.1
猎物	8	2.7	11.6
野菜	15	5.0	21.7
木材	36	12.0	52.2

您村寨周围的森林可以为村民提供哪些生活便利？（可多选）

　　八个选项都是森林给村民带来的好处，每一项都有人选，可见森林给村民带来的便利较多，特别是"放牧""采蘑菇""草药""柴草"方面的好处更突出。经济林主要集中在茶叶和核桃方面。茶叶是凤庆县的支柱产业，凤庆是著名的"滇红"之乡，作为凤庆县一分子的开明村也有种植茶叶的传统。茶叶在雨季栽种成活率更高，选择背阴的低洼地带栽种，水分充足，有利于茶树的生长，村寨上片种茶较多，因为海拔高，发芽次数多，而靠近澜沧江岸的低海拔地带种茶的情况较少。茶叶种植主要供自家饮用，能有剩余出售的户数不多。凤庆县有种植核桃的优良传统，1639年，徐霞客在顺宁（凤庆）发现当地人用核桃油点灯照明，核桃油还是比较珍贵的，能用作照明，可见产量较高。村里一直都有种核桃的传统，笔者在田野调查的过程中就看到村里有数十棵高大的核桃树，只是随着核桃价格的攀升，从2006年起，种植核桃的情况更加普遍，自留山甚至耕地都种有核桃树，现在村里的核桃达7616亩。核桃树在立春前后栽种才有较高的成活率，要挖1米见方的深坑，施100—150公斤左右的农家肥做底肥，大苗（价格高）的成活率在95％左右，小苗（价格便宜）的成活率在85%左右，栽好后要浇水，每年都要修剪枝丫，主要修剪病枝和较密的枝丫，长2—3年后再施化肥，5年就挂果了，盛果期一棵每年打下的核桃可卖400—500元，最大的核桃树打下的果实甚至可卖到上千元。

有的村民偶尔会到森林中打猎，他们把打猎称为"串山"。打猎一般在冬天进行，这样可以避开动物的繁殖期。现在村里的猎人很少，总共有十多个猎人，狩猎工具为铜炮枪，打到的猎物主要有麂子、兔子、鸽子、斑鸠等。从问卷"您吃过野生动物吗"中可以看出现在狩猎的状况，选"经常吃"的占10.1%，选"吃过几次"的占65.2%，选"没有吃过"的占24.6%，经常吃野生动物的较少，可见现在狩猎情况不是很突出。

宽广的山场为畜牧业的发展提供了便利条件，开明村畜牧种类主要有牛和山羊，畜牧业占经济收入的30%左右。大部分家庭都养牛，黄牛多于水牛，冬天牛在山上散养，家人偶尔到山上去照看一下，但自从2011年有十多头牛被偷走后，现在村民们很少在没人看管的情况下把牛留在山上过夜了。过去养羊的家庭比较多，现在随着一些人外出打工，养羊的户数减少。在长期的养殖过程中，人们积累了治疗羊病的一些办法，比如羊舌生疮或者肚子胀都能用草药医治。猪通常是圈养，但开明村也有村民把猪赶到山上放牧。开明村放养小猪和母猪的比较多，大多数家庭喜欢养黑猪，因为黑猪是本地品种，肉质好、适应力强。养猪主要是为家庭提供肉食，主要用玉米和青饲料，地多玉米多的家庭一般养3—4头猪，地少、玉米少的户养猪的较少，每年各家各户都会宰杀1—2头猪供做一年的肉食。

因为村寨位于澜沧江畔，所以有打鱼的情况存在。现在村里共有两户人家打鱼，过去打鱼的人家也不多，打鱼通常从农历九月开始一直持续到正月，这个阶段澜沧江水位较高而且稳定，雨水天因为江水浑浊不打渔。通常采用渔网捕鱼，一天能捕到两三公斤，有时也能捕到五六公斤，2007年，曾有人捕到一条54公斤重的大鱼。现在江里的鱼少了，主要原因是江水浑浊不利于鱼的生长。捕鱼的收入很低，2011 年全村的渔业收入为 1.5 万元，只能为家庭添加一些零花钱，偶然补充一下食物。

2. 饮食中的生态情怀

因为居住地海拔的差异，导致气候特征不一样，在饮食口味上也因之不同，海拔较高的上片区因气候凉爽，喜欢吃辣味较重的食品，靠近江边的下片区因气候较热，喜欢吃较酸的食品。粮食、肉制品、蔬菜主要靠自己生产，粮食类自种比例约占 60%，肉类几乎全部源于自家养殖的畜禽，蔬菜类自种及采集的比重约占 80%。前些年的主食为玉米面，现在几乎常年吃大米，以前大米主要靠自己种植，近两年主要靠买米吃，大部分人家稻田都改种烤烟了，另外杂粮类靠自己种植，如土豆、荞麦、小麦等。很多人家房前屋后就有菜园，根据节令种一些时令蔬菜，夏秋时节菜园里有茄子、辣椒，冬春之际菜园里长满绿油油的青菜、白菜、莴笋等，一年四季种一点佐料，如芫荽、葱、蒜等。

村里的采集种类较为丰富，经常采集的种类有蜂蛹、野菜、蘑菇、药材等，采集到的物品主要自用，很少出售。采蜂蛹的时间为每年农历六月至八月，爬到树上用松明柴（当地称明子）做成的火把烧葫芦蜂巢。采摘的野菜主要有鱼腥菜、蕨菜等，鱼腥菜生长在潮湿地带，一年四季都可采摘。春天是采摘蕨菜的大好时机，蕨菜采回后先煮，然后再用冷水泡，泡过之后抹上灶灰，据说通过这样三道工序后，蕨菜鲜香可口而无涩味。雨季来临，凤庆的蘑菇（菌子）悄悄从土里钻出来，而且种类繁多，据康熙《顺宁府志》记载，凤庆的蘑菇有"鸡枞、栗莴、青头菌、木耳、香蕈、白参、柳菌、胭脂菌、牛肚菌、红菌、芝麻菌"① 等。每到雨季，开明村附近的山上会长出很多蘑菇，村民们捡拾较多的蘑菇是鸡枞和青头菌，家家户户都有捡蘑菇的经历，有经验的拾菌人知道菌窝所在，采得的菌子较多。村民们有辨识毒菌的方法，认为红菌及长毛毛的菌不能吃，没人捡拾的也

① 杨滋荣（整理点校）：《康熙顺宁府志》，天马图书有限公司 2001 年版，第 12 页。

不能吃，炒菌子时放一点大蒜，若蒜变黑菌子就不能吃。村民们经常采摘的草药有灵芝、七叶一枝花、黄草、臭灵丹、苦参、臭草、芍药等。他们对各种草药的功效十分清楚，比如灵芝具有治头晕、咳嗽的功能，臭灵丹治疗感冒及口干舌燥具有较好功效，苦参对于胃病、肚子痛等有明显疗效，臭草是出了名的刀伤药，具有很好的止血效果，芍药是很好的补药，对治疗头晕效果较好。从前人们吃草药的比较多，但现在更多倾向于西医治疗，因为西医见效快。

在长年累月的生活中，村民们还积累了一些制作饮食的独特工艺。当地流行喝清香可口的"百抖茶"，其制作方法是先把土茶罐置于火炉上烤，待达到一定温度后再放入茶叶迅速抖动烤熟后放入茶叶，抖了再烤，需有节奏地抖动上百次，反复烤至茶叶烤熟散发出浓郁的清香为止，然后将沸腾的水倒入茶罐，稍焖片刻，即可倒入杯中饮用，据说百抖茶有清凉解毒、提神醒脑的功效。当地制酱的时间一般选择在冬天，把辣椒面、姜、豆腐、豆瓣、盐巴等拌在一起调匀，然后装入土罐，再盖上衣服或者其他具有保暖功效的物品捂一两个月，待揭开衣物有一股轻微的香气飘出时便可食用。

3. 传统服饰的花鸟情节

现在村里很少有人穿民族服装，在笔者调查的过程中，村民们都是穿现在市面上卖的服装，例如夹克、西服，穿胶鞋的较多，也有的穿自己做的布鞋及买来的皮鞋。据村民介绍，20多年前村民大多数都穿民族服装，衣服、鞋子上都绣有一些花鸟图案，平常穿的绣饰较少，年节时的盛装绣的图案较多。现在不穿民族服装的主要原因是绣花麻烦、费时间，于是大家更喜欢到市面上买衣服穿。

4. 追求生态内涵的居家方式

寨子的选址很讲究。开明村寨子的布局是：寨子周围是耕地，耕地周围是森林，例如团山村被一些耕地环绕，村子的后山是绿茵茵的森林，团山村再往下走就到了青树寨，寨子周围是耕地，寨子后边有一座小山，山上有一些松树和灌木，寨子前边也是耕地，再往前就到江边，有一片森林。建盖房屋时讲究朝向，一要向阳，二要看山形，要对着山。20 年以前茅草房、闪片房较多，瓦房少，建房的时候用泥土夯墙，而现在砖木结构的瓦房较多，偶尔也能见到几间混凝土的平房。村民喜欢在院子里及房前屋后栽花种树，还喜欢在房子正面的木板墙上雕刻一些花草、动物图案，有些窗户也是雕花的。

（二）精神层面

1. 农耕礼俗中的生态意蕴

以前遇到干旱的年份，村里的老头会集中到水边或者树边举行祭龙仪式，在祭祀地点杀鸡、磕头、烧香、聚餐，祈求降雨，以便及时耕种。另外还有一定的开耕仪式，表现形式为在种玉米前村里要选属猴的人（猴子善于攒食）到地里边撒种子边念经，祈求有个好收成。

2. 神山崇拜

正月十三村民们会到灵宝山朝山。灵宝山位于腰街乡东部，是全乡境内海拔最高的山峰，山上有庙，每到正月十三，人们从四面八方赶来到庙里烧香、磕头。灵宝山是腰街乡彝族同胞心中的神山，山中树木不准砍伐，树木茂密。

村里三四家甚至七八家人会相约选择寨子附近的大树做山神，人们会在被选作山神的大树前用石头或者砖块筑一个平台以供祭祀之用，一般在春节、火把节、中元节时都要祭献山神，在树边杀鸡、放鞭炮、烧香、烧纸钱，杀鸡前进行一次生祭，待煮熟后再祭一次，称为"熟祭"，祭祀过程中念词通常为"某年某月某日，我们来祭献山神，以求平安"之类。人们都不敢也不会砍山神树，即便树枯死了仍然要祭献，比如团山村旁边的一座小山上有一个麻栗树桩就有七户人家依然以此为山神树，在重要的节点以及家里遇到灾难时都会前往祭祀。

3. 动植物崇拜

在访谈中得知，村民们最崇拜两种动物，分别是布谷鸟和燕子，布谷鸟是报春鸟，每当布谷鸟叫了，就意味着春天来了，播种的时节到了。燕子是益鸟，可以捕捉害虫。另外据调查问卷第 14 题"您崇拜的动物有"显示，村民们崇拜的动物有：兔子[18]*、猫[14]、狗[12]、小鸟[11]、大熊猫[5]、牛[5]、马[4]、野鸡[4]、狮子[4]、狼[3]、猴子[3]、猪[3]、鸡[3]、老虎[3]、家畜[2]、小鹿[2]、画眉[1]、蝴蝶[1]、猫头鹰[1]、鱼、山羊[1]、蛇[1]、鹅[1]、野生动物[1]、所有动物[1]。从问卷调查的情况可以看出，人们普遍喜欢生活中常见的兔子、猫狗、小鸟之类。

村民们崇拜大青树，小孩生病，会去拜树，认树做干爹，并取一个和树有关的名字，例如去拜寄大青树，就称孩子为"青树宝"。据调查问卷第 15 题"您崇拜的植物有"显示，村民们崇拜的植物有：青树[22]（榕树，可以摘青苞、净化空气）、松树[18]、花[10]、桉树[1]、橘子树[2]、所有果树[3]、都喜欢[5]、梅树[2]、桑树[3]、杏树[2]、竹[2]、细叶青[1]、兰花[6]、灯笼花[1]、小草[3]、大树[1]、小花[2]、棕树[2]、橡树[1]、树[7]、草[2]、花草[1]、红花[1]、菊花[1]、桃花[1]、核桃[1]、山茶花[2]、柏树[1]、柳树[1]。从问卷中可以看出，村民们最崇拜的树木为大青树，另外是松树，也很喜欢其他的花草树木。

4. 文学艺术中的生态情节

当地流传石宝山、石宝水的传说。离村寨一千米处的南山又称石宝山，原来石宝山下有两个石头，据说是一公一母，现在只有一个石头（公的，母的飞走了），石头原本有两只翅膀，但现在只剩下一只，另一只被雷击坏了。石头下有山泉流出，称石宝水，泉水甘冽可口，有些人家会带孩子到石头处祭拜，并取名为"石宝"。

每逢节庆，村民会自发参与打歌活动，场面十分热闹。在长期的生产生活中，还积累了一些民间曲调，如《阴调》《闷笛调》《放羊调》《想娘调》《隔娘调》《平路调》《上坡调》《串亲调》《苦闷调》《采花调》《进门调》《瑙棚调》《送郎调》《感谢调》《慢叙客》《蜜蜂过大江》《小细嚼慢咽》《点白调》《小回门》《阴阳大南山》《幽

---

* 为右上标的数字为村民们在问卷中书写的次数，下同。

大过街》《大搭桥》等。①

（三）制度层面

1. 县级层面

凤庆县十分注重对森林的保护，曾出台过一些保护森林的规章制度，现选取部分摘录如下：

民国时期，私有山林各自保护，村族共有的山林，自订乡规民约，共同遵守。民国二十九年（1940），把农历三月初二定为植树节，可见政府对植树造林的重视。在山林权属方面，政府专门做了相关的划分，1960 年 7 月凤庆制定的《保护森林实施办法》中规定："成片 300 亩以内的山林为公社管理区所有，300 亩以上的为国有。"1961 年 11 月，在贯彻中央《关于确定林权，保护山林和发展林业若干政策规定》时又规定："大面积的牛肩山及其他水源林，国家投资兴建的大中型水库周围的山林，公路干线两侧、澜沧江、勐佑大河、南糯河两岸禁伐区的山林为国有，其他山林因国家不便经营，划归附近公社、大队、生产队所有。"② 政府还采取封山育林措施，1963 年，县人委决定将大河（大寺）、水箐、红塘、后山、青树、清水河、安石、东山、复兴、勐佑、中和、新林、立果、习谦、万明山箐、大河（诗礼）、三合、大兴、乐平等大队和恒虎水库、木瓜寨丫口水库、厂坝水库、黄草坝水库、平和水库列为禁伐区，实行全面封山育林。1975 年，县委又将红尖山箐、安石、后山箐等国有林区全面封闭。1983 年，县政府决定将澜沧江漭街渡大桥两岸的山林作为护桥林，严禁采伐、开荒，并对凤山、虎山、东山等墓景林做出保护措施。③

2. 乡级层面

腰街乡人民政府曾多次采取措施保护森林的措施，比较典型

---

① 凤庆县民委等编：《凤庆民族民间器乐曲集成》，云南人民出版社 1994 年版。
② 凤庆县志编纂委员会编：《凤庆县志》，云南人民出版社 1993 年版，第 149 页。
③ 凤庆县志编纂委员会编：《凤庆县志》，云南人民出版社 1993 年版，第 149 页。

的有：

（1）1987年五月二十一日由腰街区公所出台的《关于严防森林火灾和清理乱砍滥伐的紧急通知》①，其内容如下：

当前正值高温干旱时节，森林火灾有所发生，为保护森林资源和人民生命财产的安全，根据县政府《关于严防森林火灾的紧急通知》精神，经区公所、区护林防火指挥部研究，特作如下紧急通知：

一 各乡人民政府要进一步加强对旱季防火安全工作的领导和指挥，时时做好预防森林火灾的扑救准备工作，把各项预防扑救措施落实到各村、社、户、人。

二 采取过硬措施，严格控制野外用火，火险期间一律不准野外用火，如有特殊需要需在野外用火者，必须办理野外用火证，同时要求用后清除险情，违者引起森林火灾的要追究其责任。

三 各乡护林防火指挥机构的成员，要坚持轮流值班制度，值班人员必须全面了解本乡、村、社的火险情况，加强请示汇报制度，做到严密监视，一旦发生火灾，迅速组织人力扑灭，并及时上报，查清案情，严肃处理。对发生火灾不组织扑救、不向上汇报者，要追究领导和值班人员的责任。

四 各乡要把保护森林资源、乱砍滥伐林木纳入护林防火工作的责任范围，采取多种形式，广泛宣传《森林法》及其《实施细则》，进一步落实国家的林业方针、政策，同时开展一次乱砍滥伐林木、严重毁林开荒案情的清查工作。

五 清查中发现乱砍滥伐、严重毁林开荒的要按政策规定收缴山本费、育林基金、更新费、罚款和有关税收。对偷伐、盗伐、少批多伐者，要按云南省《关于破坏森林资源刑事案件的立

---

① 关于严防森林火灾和清理乱砍滥伐的紧急通知：1987－5－21［B］.凤庆：凤庆县档案馆（全宗119，目录2，卷宗93）。

案标准和处理原则的规定》进行处理。

六 各乡要对八六年限额采伐数量进行全面清理，凡超过"三充"核定年采伐量的要追究批伐者的责任，同时在八七年的指标内和扣回八六年的超额数。

以上通知，请结合本乡实际，认真研究，制定措施、层层落实，贯彻执行，并将执行情况报区护林防火指挥部。

此通知结合省、县及腰街区自身实际对护林防火和清理乱砍滥伐做出明确规定，并提出了相关措施，其内容既不越位，又体现出较强的可操作性。

（2）1990年7月5日腰街乡政府发出《关于确定封山育林区和制定管理办法的通告》①，其内容如下：

为推进林业生产发展，促进生态平衡，保护水土资源，加强林政管理，保证交通畅通，经乡人民政府研究，特制定封山育林区域及管理办法，现通告如下：

一 从腰街梁子公路至开明村公路以上，公路以下五十米内均划为封山育林区。

二 任何单位和个人不准采伐封山育林区树木（包括修枝打杈），未经批准，也不准许开垦种植农作物。

三 封山育林区附近的生产用火、生活用火等要符合护林防火规定，严禁违章操作，杜绝林区火灾。

四 爱林护林是每个公民应尽的义务和神圣职责，乡人民政府希望各族人民立即行动起来，积极投入爱林护林运动，乡人民政府对在爱林护林中做出突出贡献的人员，要给予表彰奖励，对无视上述规定，违反林区管理者，要视其情况和态度，给予批评教育，赔偿损失，并处以二十元以上二百元以下的罚款，情节严

---

① 1990 - 7 - 15 ［B］. 凤庆：凤庆县档案馆（全宗119，目录2，卷宗128）。

重者，要送交司法机关严惩。

　　五　本通告从一九九〇年七月二十日起执行。

　　此通告对封山育林的范围及区域内有损生态的因素都做了禁止性规定，另外奖惩分明，对爱林护林有功者给予奖励，违反管理规定的要给予惩罚。

　　3. 村级层面

　　开明村若有家庭要用到木材，需办理审批手续方可砍伐。村规民约里有"不准乱砍滥伐、严禁野外用火、无审批砍树要罚款"等条款，这几年村里没有乱砍滥伐行为，盖房要出生态管理费，一方木材出 15—16 元的生态管理费。

　　打猎过程中不捕捉怀胎的动物，不猎杀带幼崽的动物，不猎捕幼小动物，这样的打猎方式有利于动物的生长，包含着可持续发展理念。

三　凤庆县腰街乡开明村生态变迁

（一）植被及野生动物状况

　　古代凤庆县的森林情况较好，野生动物种类十分丰富，兽类有"虎、豹、獐、麂、兔、鹿、豺、狼、猿、猴、熊、豪猪、野猪、香猫、水牛"等，禽类有"莺、黄雀、乌鸦、鹇、慈鸦、鸠、雉、隼、鸽、鹦鸽、鹦鹉、鹦哥、白鹇、喜鹊、啄木、鹧鸪、紫燕、沙燕、伯劳"等①。新中国成立初期，凤庆县林地面积为 2250000 亩，森林覆盖率为 44.55%。到了 1973 年，林地面积减少到 991695 亩，1990 年，林地面积增至 1356553.5 亩，森林覆盖率为 22.7%。②从三个时间点的林地面积可以看出，新中国成立初期林地面积最多，可以反映

---

① 杨滋荣整理点校：《康熙顺宁府志》，天马图书有限公司 2001 年版，第 12—13 页。
② 凤庆县志编纂委员会编：《凤庆县志》，云南人民出版社 1993 年版，第 144 页。

出传统文化对森林发挥了保护作用，而 1973 年林地面积锐减，可见新中国成立后砍伐森林过于严重，到 1990 年林地面积有所回升，表现出改革开放后加强对森林的管理。近年来，凤庆县大力扩展经济林种植面积，截至 2011 年，全县森林覆盖率达到 64.23%（数据来自于云南省临沧市林业局）。凤庆县 1990 年森林覆盖率为 27.2%，腰街乡森林覆盖率为 32.7%，① 在当时凤庆县 15 个乡镇中排第四位，腰街乡的森林状况在全县相对较好。

开明村的森林也经历了由新中国成立初期的较好到 20 世纪六七十年代的破坏严重，村寨周围森林里的树木情况也证明了这样的发展趋势，森林中很少有特别粗大的古树，更多的是直径二三十厘米的树木。据调查问卷第 21 题"您认为村寨周围的森林现状怎样"得知，选"很好"的占 13%，"一般"占 62.3%，"不好"占 18.8%，"很差"占 5.8%，"不好"和"很差"的比例相加超过"很好"，有将近 1/3 的村民认为森林情况不好，而更多的人认为"一般"。在和村民交谈过程中得知，森林中较多的野生动物是蛇、麂子、野羊等。森林中还时不时地有猴子出现，村民们认为周边森林中可能有 15 只左右的猴子，有时猴子还会到田间地头觅食。从调查问卷第 22 题"您认为村寨周围树林里的野生动物多吗"可以看出，有 55.1% 的人选择"以前很多，现在少了"，大多数人认为现在野生动物没有以前多了。

（二）农业生态

村民们认为过去的饮食更好、更健康，过去庄稼很少用农药、化肥，而现在农药化肥用得多，造成饮食不太健康，对身体害处大，因此生病比以前多。在第 29 题"您如何给庄稼施肥"的问卷调查中，选"农家肥与化肥一起用"的占 44.9%，"只用农家肥"的占 11.6%，"只用化肥"的占 43%，"根据土壤肥瘦情况施肥"无人选

---

① 凤庆县志编纂委员会编：《凤庆县志》，云南人民出版社 1993 年版，第 145 页。

择。在第 30 题"农户的人畜粪便及污水如何处理"一题中，选"用作肥料"占 53%，可见该村处于农家肥与化肥并用的状况比较明显，用农家肥的传统还大量保持。开明村烤烟种植量较大，而种烤烟普遍使用地膜，从调查问卷第 33 题"家里使用过的废弃农用薄膜，是如何处理的？（可多选）"可以看出废弃薄膜的处理情况，统计数据见附表 1-3：

附表 1-3　　　　　　　　**废弃农用薄膜处理情况表**

选项	选择次数	占总选择次数的比例（%）	占总人数的比例（%）
直接丢在田地里	7	6.0	10.3
从田地里取出后随意乱丢	6	5.2	8.8
交给薄膜收集站统一处理	29	25.0	42.6
扔进垃圾箱	40	34.5	58.8
卖给收废品的	31	26.7	45.6
家里不用薄膜	3	2.6	4.4

选择"交给薄膜收集站统一处理""扔进垃圾箱""卖给收废品的"是合理处理薄膜的方式，三项相加占比达 86.2%，而选择"直接丢在田地里""从田地里取出后随意乱丢"则为处理薄膜不恰当的方式，可见绝大多数村民对处理废弃薄膜有正确的方式。在饲养动物方面，还保持着大量使用粮食喂养的传统，在调查问卷第 32 题"您家使用饲料喂养动物吗"中，选"从来不喂饲料"的占 29.0%，选"饲料喂得多，粮食喂得少"的占 4.3%，选"粮食喂得多，饲料喂得少"的占 66.7%，选"全都是饲料喂养"的占 0%。

（三）村寨环境

在调查问卷第 26 题"您觉得自己周围的生态环境变化情况是怎样的"中，选"逐渐好转"的占 30.4%，选"相对稳定"的占 40.6%，选"继续恶化"的占 29.0%，大部分村民认为自己周围的生态环境"相对稳定"，也分别有 1/3 的村民认为周边的生态环境"逐渐好转"及"继续恶化"。在调查问卷第 27 题"您认为家乡最主要的环境问题是什么"中，选"没有环境问题"的占 10.1%，选"植被破坏严重"的占 31.9%，选"生活垃圾污染"的占 33.3%，选"空气污染"的占 2.9%，选"农药、化肥污染"的占 17.4%，选"其他"的占 4.3%，从调查情况可以看出，当地主要存在的环境问题是"植被破坏严重""生活垃圾污染""农药、化肥污染"。

四　充分挖掘彝族传统生态文化，大力开展彝乡生态文明建设

（一）开明村彝族传统生态文化的特征及意义

1. 开明村彝族传统生态文化的特征

（1）依山就势，适者生存。开明村彝族居住在山坡上，他们在长期的生产生活实践中，形成了一套适应大自然的生存体系。寨子建在向阳的山坡上，寨后有林好放羊，寨前有地好耕粮。在农业生产方面，把坡地改成梯田，根据当地的气候特征，非常清楚什么季节适合种什么庄稼，根据光照、地形、湿度情况种恰当的庄稼，还形成了一套农作物管理技术。林业方面，总结出雨季种茶植树容易成活的经验，种植核桃树要在立春前后。打鱼要错开雨季，待水位较高而且稳定的时节才开展捕鱼活动。称打猎为"串山"，表现出内心对猎物的友好，打猎大多选在冬天进行，猎物肥壮而且又避过繁殖季节。有了山林，放牧十分方便，并且知道牲口生病采取什么方法治疗。历史上彝族自给自足，充分利用自然的力量，能够做出可口的酱，还能腌制可口的火腿，在长期的采集过程中，总结出辨别毒菌的方法，有一套加工蕨菜的较好工序。开明彝族积累了丰富的适应并利用自然的生存智慧，表面看是朴素的生存生活方式，但实际上堪称生态智慧，而且其间包含一定的科学道理。开明彝族并不是一味利用大自然，也有强烈的保护自然的理念，问卷调查第 16 题"您认为人与动植物的关

系是怎样的"正好反映了这一点，选"很友好"的占 26.1%，选"既要保护又要开发利用动植物"的占 72.5%，选"只是利用动植物"的占 1.4%。开明彝族的生态智慧中蕴含着可持续发展理念，如坡改梯，树木砍伐后又栽种树木，打猎不捕幼崽、怀孕动物等。

（2）敬重自然，天人合一。开明彝族崇拜山神、动植物，表现出他们对大自然的敬重。在房屋上雕刻动植物图案，文学艺术中有很多动植物意象，这些表达了他们对动植物的热爱之情。开明彝族生活在大山上，对山及动植物都有着深厚感情，正是这样一种对山的崇敬之情，才使得开明周围的山岭没成为重山秃岭，对保护生态发挥了明显作用。开明彝族敬重山神及动植物的现象透露出彝家人与山是相融通的，也正是这样，他们自己认为是很注重保护生态的民族，这一点能从调查问卷第 11 题"您和周围民族相比，您认为哪个民族更注重生态保护"的统计结果中看出，选"彝族"的占 76.8%，选"汉族"的占 18.8%，选"其他民族"的占 4.3%。

2. 开明村彝族传统生态文化的意义

开明村周围的植被状况较好，村寨中还有一些核桃树、大青树之类的古树，这跟该村浓郁的传统生态文化有关。崇拜神山神树之类的民间信仰在保护森林方面起到一定作用，据调查问卷第 13 题"您认为宗教信仰中的一些观念对保护自然生态环境有作用吗"可知，认为"起到很大作用"的占 27.5%、"起一些作用"占 33.3%、"起作用但容易被忽略"占 23.2%、"没有作用"占 15.9%，84% 以上的人认为宗教信仰对保护生态是起到作用的。正是人们对大自然的不断探索，才总结出一些种庄稼、养牲口、采集方面的良好经验。彝族传统生态文化对保护生态环境和积淀生态知识都发挥了重要作用，这从调查问卷第 12 题"您认为自身的传统文化对于保护生态环境作用大吗?"可以看出传统文化对保护生态的作用，认为"很大"的占 23.2%、"一般"占 47.8%、"虽然作用大，但由于其他方面原因而淡化"占 26.1%、"没有作用"占 2.9%，认为有作用的占 97% 以上，可见村民们深深感到传统文化对保护生态是具有一定效果的。

（二）开明村彝族的生态意识

开明彝族的生态意识不是很强烈，从调查问卷第 5 题"您认为当地人们的环境保护意识怎样？"可以看出，其中选"很高"的占 2.9%、选"一般"的占 87.0%，选"低"的占 10.1%，选"很低"的占 0，可见当地村民的生态意识不是很突出。在调查问卷第 6 题"保护生态环境与您有关系吗？"中，选"和我有很大的关系""和我有一点关系，但关系不大"的分别占 76.8%、21.7%，"和我一点关系都没有"占 1.4%，可见人们保护环境的主体意识较强。在调查问卷第 8 题"您认为在保护生态方面，自身的环境意识重要还是国家的政策法规重要？"中，选"自身的意识重要"的占 10.1%、"国家政策法规重要"占 18.8%、"两者都重要"占 71.0%，绝大多数人认为在保护生态方面，自身的环境意识和国家政策都非常重要。在调查问卷第 9 题"您认为自然灾害的发生与生态破坏有关系吗？"，选"有很大关系"的占 46.4%、"有一定关系"占 50.7%、"没有关系"占 2.9%，"有很大关系"和"有一定关系"占 97.1% 强，可见当地人普遍认为自然灾害的发生与生态破坏有关。在调查问卷第 10 题"如果有一家污染严重的企业要到村子里投资建厂，您同意吗？"中，选"同意"的占 7.2%、"可以考虑"占 24.6%、"不同意"占 68.1%，可见有将近 2/3 的村民对污染严重的企业在村子里建厂持否定态度。在调查问卷第 18 题"您是否担心后代人的生活环境会越来越差？"中，选"非常担心，并且想为环保做自己力所能及的事"的占 65.2%、"担心，但没有办法"占 18.8%、"不担心"占 11.6%、"无所谓"占 4.3%，可见大多数人对未来的生态环境十分关注。在问卷调查第 34 题"您认为应该采取什么措施保护环境？"中，答案较为趋同，主要包括"植树造林""禁止乱砍滥伐""保持水土""保护树木、保护水源""保护生态环境""保护野生动物""不乱堆垃圾、垃圾分类处理、回收再利用""在家院中多种些花草树木""提高保护环境意识""加强环境保护宣传""加大法律宣传""不乱用农药"等，填写"植树造林""不乱砍滥伐"的较多，说明人们清醒地认识到森林对环境保护的重要性。调查问卷第5、6、8、9、10、34题都属于调查村民们生态意识的题目，而第5题意在从总体上了解当地村民的生态意识，具有一定的抽象性，第6、8、9、10、34题从具体问题上了解村民的生态意识，更具有针对性，第5题反映出人们生态意识的主观性趋于一般，第6、8、9、10、34题表现出人们对环境保护具体问题上有清醒认识，生态意识"一般"并不代表无生态意识，而且针对具体的环境保护问题具有清晰的认识，可见开明村村民的生态意识普遍较好，意味着村民们保护生态环境的主动性较强，这将对该村开展生态文明建设具有较好的推动作用。

（三）开明村生态文明建设的构想

1. 传承彝族传统生态文化

开明村彝族传统生态文化对生态环境保护起到一定作用，在开展生态文明建设的大潮中，应该充分挖掘并传承这一优良的生态文化传统，为生态文明建设服务。传统生态文化是一笔宝贵的财富，其传播的主要渠道是家庭教育。在调查问卷第17题"您会给下一辈口头传输一些保护环境的故事或者理念吗？"中，选"不会"的占5.8%、"有时会"占42.0%、"经常讲"占52.2%，从统计数据可以看出，该村传承传统生态文化方面做得较好。

2. 做活做强山乡绿色产业

开明村的出路在山，应该进一步做实做强山林经济，做大做强茶叶和核桃产业，茶叶及核桃种植既可给农民带来经济收益，而且还能绿化环境、保持水土，对保护生态环境能起到重要的作用。凤庆县是茶叶之乡，"滇红"茶饮誉世界，山村开明可以利用自己种茶的传统，再结合现代种茶技术，栽培出更加优质的茶叶，为"滇红"茶厂输送茶叶原材料。该村核桃种植已成规模，现在大多数核桃树还较小，挂果率较低，待大量核桃挂果之后，核桃的销售可能会陷入困境，村里应该尽早成立核桃合作社，对核桃栽培提供更好的技术，为核桃销售提供门路。随着茶叶和核桃的广泛种植，还可发展林下养殖，可以在林中养鸡，鸡既可为茶林和核桃林除去害虫，又可以松土，鸡粪还变成肥料，这样形成一个简单的生态链环，在林中吃虫子、杂草、晒太阳、跑着长大的鸡是真正意义上的生态食品，鸡蛋和鸡肉都能卖好价钱。

农业方面要发展生态农业，以生产无公害、绿色、有机食品为宗旨，开展测土配方施肥、病虫害生态防治、农业废物综合利用的绿色生态农业模式，降低农药、化肥、薄膜等农用物资造成的对土壤和环境的污染。烤烟给村民们带来大量经济收入的同时，也对生态造成一定破坏，烤烟需要大量的木柴烘干，对森林造成一定破坏，施化肥及喷洒农药造成对土壤和空气的污染，薄膜造成对环境的污染，另外当雨季来临，烟沟里的泥土容易流失，泥土直接随雨水流入澜沧江中，对于烤烟给环境带来的不利影响，应该考虑替代烤烟的经济作物，比如扩大核桃药材、种植等。

3. 建设绿色生态村寨人居环境

人畜共居的现象较为普遍，要倡导设置卫生圈，尽量做到人畜分居。因为没有统一的垃圾集中堆放场，导致生活垃圾到处乱扔，特别是在塑料制品在农村也比较普及的当下，一些塑料袋成了生活垃圾污染的主力军，每个自然村应该设置2—3个垃圾堆放场，并安排专人定时清运垃圾。开明村光照条件较好，适宜建沼气池和太阳能热水器，然而截至2011年，该村建有沼气池的农户数190户，装有太阳能的农户数15户，应进一步推广沼气池和太阳能的建设。随着政府对农村人居环境越来越重视，在政府和开明村民的共同努力下，相信该村的人居环境会越来越好。村后是翠绿的森林，村前有澜沧江缠绕，村中有古树婆娑的身影，生活在风景如画般村寨中的开明村民是幸福的。

附录二

澜沧江流域彝族传统生态文化
调查问卷统计结果[*]

问卷数量表

地区	项目	
	份数	比例
凤庆	69	11.1
景东	80	12.8
南涧	80	12.8
巍山	81	13.0
大理	80	12.8
昌宁	71	11.4
景谷	81	13.0
勐腊	81	13.0
总数	623	100.0

1. 性别:①

选项	人数	百分比（%）
①男	351	56.3
②女	272	43.7

---

* 为开展问卷调查的时间集中在 2013 年 1—3 月。

① 表格中标有"人数""比例（%）"的，表明该题为单项选择题，比例＝选择人数/总人数，下同。

2. 年龄：

选项	人数	百分比（％）
①18 岁以下	150	24.1
②18—35 岁	207	33.2
③36—60 岁	145	23.3
④60 岁以上	121	19.4

3. 民族：

选项	人数	百分比（％）
①彝族	576	92.5
②其他民族	47	7.5

4. 文化程度：

选项	人数	百分比（％）
①小学以下	116	18.6
②小学	204	32.7
③初中	196	31.5
④高中	66	10.6
⑤大专及以上	41	6.6

5. 您认为当地人们的环境保护意识怎样？

选项	人数	百分比（％）
①很高	47	7.5
②一般	362	58.1
③低	158	25.4
④很低	56	9.0

6. 保护生态环境与您有关系吗?

选项	人数	百分比（%）
①和我有很大的关系	348	55.9
②和我有一点关系，但关系不大	235	37.7
③和我一点关系都没有	40	6.4

7. 您吃过野生动物吗?

选项	人数	百分比（%）
①经常吃	55	8.8
②吃过几次	419	67.3
③没有吃过	149	23.9

8. 您认为在保护生态方面，自身的环境意识重要还是国家的政策法规重要?

选项	人数	百分比（%）
①自身的意识重要	121	19.4
②国家政策法规重要	120	19.3
③两者都重要	382	61.3

9. 您认为自然灾害的发生与生态破坏有关系吗?

选项	人数	百分比（%）
①有很大关系	358	57.5
②有一定关系	251	40.3
③没有关系	14	2.2

10. 如果有一家污染严重的企业要到村子里投资建厂，您同意吗?

选项	人数	百分比（%）
①同意	35	5.6
②可以考虑	160	25.7
③不同意	428	68.7

11. 您和周围民族相比，您认为哪个民族更注重生态保护？

选项	人数	百分比（%）
①彝族	350	56.2
②汉族	241	38.7
③其他民族	32	5.1

12. 您认为自身的传统文化对于保护生态环境作用大吗？

选项	人数	百分比（%）
①很大	138	22.2
②一般	238	38.2
③虽然作用大，但由于其他方面原因而淡化	212	34.0
④没有作用	35	5.6

13. 您认为宗教信仰中的一些观念对保护自然生态环境有作用吗？

选项	人数	百分比（%）
①起到很大作用	134	21.5
②起一些作用	307	49.3
③起作用但容易被忽略	120	19.3
④没有作用	62	10.0

14. 您崇拜的动物有：狗[102]、牛[62]、虎[53]、猫[40]、兔[37]、猪[36]、羊[32]、鸡[26]、马[22]、鸟[21]、狮子[21]、豹[15]、鹰[12]、猴子[10]、蛇[9]、狼[7]、大象[7]、蜜蜂[2]。①

15. 您崇拜的植物有：松树[170]、竹子[39]、红毛树[33]、青树[28]、核桃[24]、榕树[9]、柳树[8]、梅树[7]、柏树[5]、茶树[5]、桑树[3]、棕树[2]。

---

① 右上标的数字为村民们在问卷中填写的次数，下同。

16. 您认为人与动植物的关系是怎样的？

选项	人数	百分比（%）
①很友好	162	26.0
②既要保护又要开发利用动植物	443	71.1
③只是利用动植物	18	2.9

17. 您会给下一辈口头传输一些保护环境的故事或者理念吗？

选项	人数	百分比（%）
①不会	48	7.7
②有时会	378	60.7
③经常讲	197	31.6

18. 您是否担心后代人的生活环境会越来越差？

选项	人数	百分比（%）
①非常担心，并且想为环保做自己力所能及的事	381	61.2
②担心，但没有办法	162	26.0
③不担心	42	6.7
④无所谓	38	6.1

19. 您是通过什么渠道获得有关环境保护知识的？（可多选）①

选项	选择次数	占总选择次数的比例（%）	占总人数的比例（%）
①电视、广播	536	38.2	86.0
②政府部门的宣传工作	408	29.1	65.5
③报纸杂志	223	15.9	35.8
④亲友、同事	140	10.0	22.5
⑤其他途径	97	6.9	15.6

---

① 注：表格中标有"被选次数""被选率（%）"的，表明该题为多项选择题，被选率 = 被选次数/总的选择次数，下同。

20. 您认为您所处村寨的生态环境现状怎样？

选项	人数	百分比（%）
①很好	101	16.2
②一般	407	65.3
③不好	100	16.1
④很差	15	2.4

21. 您认为村寨周围的森林现状怎样？

选项	人数	百分比（%）
①很好	124	19.9
②一般	341	54.7
③不好	117	18.8
④很差	41	6.6

22. 您认为村寨周围树林里的野生动物多吗？

选项	人数	百分比（%）
①很多	88	14.1
②不多	206	33.1
③几乎没有	103	16.5
④以前很多，现在少了	226	36.3
⑤比以前多		

23. 您村寨周围的森林可以为村民提供哪些生活便利？（可多选）

选项	选择次数	占总选择次数的比例（%）	占总人数的比例（%）
①放牧	474	15.3	76.1
②蘑菇（菌子）	462	14.9	74.2
③草药	407	13.1	65.3
④柴草	463	14.9	74.3
⑤涵养水源	350	11.3	56.2
⑥猎物	207	6.7	33.2
⑦野菜	349	11.3	56.0
⑧木材	390	12.6	62.6

24. 您家生产生活主要使用的燃料是什么？

选项	人数	百分比（%）
①木柴	362	58.1
②煤炭	30	4.8
③沼气	93	14.9
④电磁炉、电饭煲等	138	22.2

25. 您家木柴作为燃料主要是哪些方面？

选项	人数	百分比（%）
①烧火做饭	381	61.2
②煮猪食	157	25.2
③烤烟	85	13.6

26. 您觉得自己周围的生态环境变化情况是怎样的？

选项	人数	百分比（%）
①逐渐好转	72	11.6
②相对稳定	325	52.2
③继续恶化	226	36.3

27. 您认为家乡最主要的环境问题是什么？

选项	人数	百分比（%）
①没有环境问题	54	8.7
②植被破坏严重	277	44.5
③生活垃圾污染	168	27.0
④空气污染	44	7.1
⑤农药、化肥污染	76	12.2
⑥其他	4	.6

28. 您家产生的生活垃圾如何处理？

选项	人数	百分比（%）
①直接倒在路边或空地	216	34.7
②扔到河里	121	19.4
③挖坑填埋	125	20.1
④倒在垃圾箱内	141	22.6
⑤其他	20	3.2

29. 您如何给庄稼施肥？

选项	人数	百分比（%）
①农家肥与化肥一起用	393	63.1
②只用农家肥	64	10.3
③只用化肥	8	1.3
④根据土壤肥瘦情况施肥	158	25.4

30. 农户的人畜粪便及污水如何处理？

选项	人数	百分比（%）
①随意堆放	129	20.7
②放入沼气池	174	27.9
③用作肥料	316	50.7
④其他	4	.6

31、家里收割后的秸秆（稻秆、玉米秆、豆秆等），是如何处理的？（可多选）

选项	选择次数	占总选择次数的比例（%）	占总人数的比例（%）
①就地焚烧	295	21.8	47.4
②随意丢弃	67	4.9	10.8
③直接让秸秆烂在田里做肥料	274	20.0	44.1
④喂牲口	413	30.5	66.4
⑤制作沼气	151	11.2	24.3
⑥用秸秆烧火做饭	154	11.4	24.8

32. 您家使用饲料喂养动物吗？

选项	人数	百分比（%）
①从来不喂饲料	125	20.1
②饲料喂得多，粮食喂得少	62	10.0
③粮食喂得多，饲料喂得少	428	68.7
④全都是饲料喂养	8	1.3

33. 家里使用过的废弃农用薄膜，是如何处理的？（可多选）

选项	选择次数	占总选择次数的比例（%）	占总人数的比例（%）
①直接丢在田地里	192	18.5	30.9
②从田地里取出后随意乱丢	174	16.8	28.0
③交给薄膜收集站统一处理	150	14.5	24.2
④扔进垃圾箱	129	12.4	20.8
⑤卖给收废品的	296	28.5	47.7
⑥家里不用薄膜	96	9.3	15.5

34. 您认为应该采取什么措施保护环境？

答：植树[72]、严禁乱砍滥伐[70]、造林[62]、提高环保意识[59]、不乱扔垃圾[32]、使用沼气[23]、退耕还林[19]、种树[18]、太阳能[10]。

后　记

　　人与自然的关系是学界长期关注的问题之一，究竟怎样处理人与自然的关系？中国传统的"天人合一"思想已给出了理性的回答。我自幼对生机勃勃的田野、苍翠的森林、清澈的溪流、湛蓝的天空充满挚爱之情，高中时《好大一棵树》被选为班歌，我从中领略到自然生态的人文魅力。从学术层面对人与自然关系的思考始于硕士学位论文《傣族生态文化研究》，从此便专注于民族生态文化的学习与探究。

　　关于人类生存与自然保护的关系问题，往往会得出程式化的答案，人类生存会危害到自然保护，人类要维系生存就必须从自然界中摄取资源，摄取资源就必将破坏自然，这样的解释不无道理，确实发生过一些因过度开发利用自然资源而引发灾害、致使文明中断甚至消亡的惨剧。简单地把人类生存与自然保护置于对立境地明显有失公允，我们把视角调整到人类在自然界中生生不息上来就会有更加恰当的认识，如果人与自然的关系处理得当，能够有适度摄取自然资源的理念，能够有合理利用自然的技术，能够有敬畏自然的态度，能够有保护自然的制度，显然人类是能够持续生存的。单方面强调人类生存而忽视自然保护或者只强调自然保护而忽视人类生存都不利于解决现实生态问题，沿着人与自然关系研究的旨趣，2012 年 3 月我以"澜沧江流域彝族传统生态文化研究"为题申报国家社会科学基金项目，意在重点从物质、精神、制度三个层面对彝族传统生态文化进行深入分析，探析彝族利用和适应自然环境的生态智慧，探讨其间蕴含的生态伦理，展现人与自然和谐共生的绿色意蕴，缕析出彝族丰富而又深刻的生态文化，并进一步探索澜沧江流域彝族聚居区保护生态环境、建设生态文明的方案。令人惊喜的是，2012 年 5 月 25 日选题被全国哲学社会科学规划办公室批准立为西部项目。

在搜集资料及田野调查过程中，得到了当地人弥足珍贵的关心和帮助，在此致以衷心的感谢。澜沧江流域生态系统复杂，这一区域彝族支系较多、分布广泛，加之民族生态文化具有一定的隐蔽性，需要对大量文献资料进行挖掘、整理、提炼，搜集资料是开展课题研究的重要工作之一。在云南省图书馆、大理州图书馆、大理州彝学会、保山市图书馆、凤庆县档案馆、凤庆县图书馆、临沧市图书馆、临沧市档案馆、普洱市图书馆、景东县图书馆、永平县图书馆、楚雄州中国彝族文献图书馆、云县档案馆、云县图书馆查阅资料的过程中，得到相关领导及工作人员的大力支持，一些热心人士赠送了文献资料，如大理州彝学会杨培香、临沧市佤族文化研究院杨逸平、景东县图书馆黄映瑶等。在田野调查中，当地干部和乡民在交通、食宿、向导、访谈及问卷调查方面都给予大力支持，使课题研究获得宝贵的第一手资料，鉴于篇幅，在此不一一列举他们的名字。正是因为有了文献资料及田野调查资料的支撑，最终成果得到了匿名评审专家一定程度的肯定："以较为扎实的田野调查见长，研究内容可靠可信；突出了澜沧江流域彝族生态文化这一地域和民族特色，填补了这一领域的学术空白；田野资料、文献资料和民族学相关理论相结合，研究方法有创新；提出了一些彝族生态文化研究的新观点，拓展了彝族文化研究的视野；在彝族生态文化建设中具有一定的适用性和可操作性，该成果既是民族理论成果，又是适用性较强的应用成果。"

在课题研究过程中，得到师友们的大力支持，如尹绍亭、周琼、廖国强、白兴发、杨耀程、张国儒、蔡红燕、李毅斌、王国强、张山、张春晖、郭连锋、董应龙等，对于他们的支持和帮助，在此致以诚挚的谢意。在课题结项时，匿名评审专家对书稿的学术规范、框架结构、论证的深入性和学术性等都提出了中肯的建议，深表感谢。编辑耿晓明为本书付出了大量辛劳，她严谨的字斟句酌为本书增色不少，谨表谢忱。本书出版得到贵州师范大学历史与政治学院学科建设经费资助，工作过程中学院领导及同事给予大力帮助和支持，使我有更多时间进行书稿校订及修改，特此感谢学校和学院的支持。

　　尽管我对民族生态文化有着浓厚的研究兴趣，一直致力于人与自然关系问题的探究，但终究学力有限，其中肯定存在不少疏漏之处，恳请广大读者批评指正！

刘荣昆

2020 年 7 月 20 日